「学力の3要素」を意識すれば授業が変わる！

中村祐治・尾﨑 誠 著

「なんとなく」から「ねらって育てる」授業へ

教育出版

【著者】

中村祐治　元横浜国立大学

尾﨑　誠　横浜国立大学教育人間科学部附属鎌倉中学校

まえがき

　子どもに学習指導が届く，子どもに学力を付ける，子どもが食いつく授業を展開しようと，言葉かけ，板書の工夫，ワークシート作成等に，現場の先生方は日々努力されていると思います。

　本書は，そうして日々努力されている先生方に，『学力の3要素』（p.7 図Ⅰ-3参照）をキーワードにして，『学力の3要素』を「ねらって育てる」授業改善の方法を示したものです。

　すなわち，本書では，授業を一方向からでなく，『学力の3要素』の三方向の視点から「ねらって育て」て授業改善していく方法を示すようにしています。

　三方向から働きかける理由は，『学力の3要素』により脳や身体などの学習特性が異なるため，その学習特性に応じて三方向から「ねらって育て」れば，子どもが実感として『学力の3要素』の学習指導を無理なく受け取り，構造化された真の学力が付き，子どもが食いつく授業展開ができると考えられるからです。

『学力の3要素』	脳や身体の学習特性	三方向からの働きかけ
知識・技能 ⇒	記憶を司る脳等の部分 ⇒	覚える記憶させる働きかけ
思考・判断・表現 ⇒	思考を司る脳等の部分 ⇒	思考を自ら促す働きかけ
関心・意欲・態度 ⇒	情意を司る脳等の部分 ⇒	情意を刺激する働きかけ

　本書の内容は，難しい指導理論ではなく，ふだんから「なんとなく」無意識に行っていた授業実践を，『学力の3要素』を明確にした三方向から「ねらって育てる」視点で実践面から理論化したものです。

　初任の先生もベテランの先生も，本書を読んで授業実践していただければ，「あー，そうだったのか」「なるほど」「やっぱりそうか」「なんでいままで気づかなかったのか」と思いを新たにし，いままでの指導経験に磨きがかかり，いままで以上に子どもに届く授業展開ができるようになると思います。第Ⅰ章から第Ⅳ章までは実践編で，もっと理解を深めたい先生方には第Ⅴ章と第Ⅵ章が参考になるよう構成されています。

　『学力の3要素』を三方向から「ねらって育てる」と，子どもが学習活動で見せる姿が，「覚える」「思考する」「情意を高める」の三形態になることに気づいてくるはずです。

　学習活動で見せる子どもの三様の姿が手に取るように見えてくると，おもしろいように学習指導の結果にフィードバックされて，教師冥利を味わえるようになってきます。

　本書を，ご自身の授業改善のハンドブックとしてご活用いただくだけでなく，初任者研修，校内研究や校内研修，年次研修などでも活用されることを期待しています。

（中村祐治・尾﨑　誠）

目次

まえがき

はじめに 「なんとなく」から「ねらって育てる」授業へ
学力を根付かせるうまい授業展開とは …………………………………………………… 2
「なんとなく」から「ねらって育てる」授業へ …………………………………………… 4

第Ⅰ章 『学力の3要素』を意識した授業づくりとは？
1 『学力の3要素』を意識する ………………………………………………………… 6
2 『学力の3要素』の学力特性 ………………………………………………………… 7
3 学力形成の流れ ……………………………………………………………………… 9

第Ⅱ章 『学力の3要素』を育てる授業展開10のポイント
1 『学力の3要素』を意識した「板書」のポイント ………………………………… 16
2 『学力の3要素』を意識した「教科書」の使い方のポイント …………………… 20
3 『学力の3要素』を意識した「言葉かけ」のポイント …………………………… 23
4 『学力の3要素』を意識した「ワークシートや教材作成」のポイント ………… 26
5 『学力の3要素』を意識した「指導姿勢」のポイント …………………………… 36
6 『思考・判断・表現』の学習指導のポイント ……………………………………… 39
7 『思考・判断・表現』を意識した「支援」のポイント …………………………… 43
8 『思考・判断・表現』の学習評価のポイント ……………………………………… 48
9 『関心・意欲・態度』を育てる学習指導のポイント ……………………………… 52
10 『関心・意欲・態度』の学習評価のポイント ……………………………………… 54

第Ⅲ章 『学力の3要素』を育てる授業構成5つのポイント
ポイント1 1単位授業時間を『学力の3要素』を意識した
"サンドイッチ型"で構成してみる ……………………………………… 60
ポイント2 授業展開で「教える場面」と「考えさせる場面」をつくってみる … 67
ポイント3 集団活動では，「個→集団→個」の流れをつくってみる …………… 73
ポイント4 年間指導計画，単元や題材の展開を，ゴールから
逆向きにつくってみる …………………………………………………… 76
ポイント5 『学力の3要素』を意識したペーパーテストをつくってみる ……… 82

第Ⅳ章　『学力の3要素』がうまく育たないときのQ&A

- Q1　子どもの「学習しぐさ」に変化がないのですが…？ ……………………… 88
- Q2　ワークシートがないと育てられないのでしょうか？ ……………………… 90
- Q3　どうすれば「学習しぐさ」がよく見えますか？ …………………………… 91
- Q4　「教える」と「考えさせる」が区別できないのですが…？ ……………… 92
- Q5　『思考・判断・表現』を育てる支援って，難しいですね…。 …………… 93
- Q6　『学力の3要素』と言語活動って，関係あるんですか？ ………………… 94
- Q7　ふり返りを改善するポイントは？ …………………………………………… 96
- Q8　『思考・判断・表現』の場面で，子どもが静かになってしまうのですが…？ …… 99
- Q9　授業規律を重視して，私語を禁止していますが？ ……………………… 100
- Q10　子どもの「学習しぐさ」を成績づけの資料に使うのですか？ ………… 101
- Q11　子どもに「気づかせる」のは，『関心・意欲・態度』でしょうか，
『知識・技能』でしょうか，『思考・判断・表現』でしょうか？ ……… 102
- Q12　"サンドイッチ型"を毎時間取り入れるのはちょっと…。 ……………… 103
- Q13　話が盛り上がってくると，それをさえぎりにくいのですが…？ …… 104
- Q14　ついつい答えを教えたくなってしまうのですが…？ ………………… 105
- Q15　この話を聞いていると，ペーパーテストを
先につくったほうがよさそうなのですが…？ …………………………… 106
- Q16　それでもうまくいかなかったら？ ………………………………………… 107
- Q17　『学力の3要素』でメリハリをつくっている授業は，どんな様子？ …… 108
- Q18　自分では，『思考・判断・表現』の学習と思っても，
見ている人には『知識・技能』の学習に見えるそうです。 …………… 109
- Q19　これから求められる指導力とは？ ………………………………………… 110
- Q20　学級間の格差をなくす工夫はありますか？ …………………………… 114

第Ⅴ章　『学力の3要素』と「観点別学習状況の観点」との関係

1. 『学力の3要素』はどの教科にも通用する概念 ……………………………… 118
2. 法令で見られる学力と観点 ……………………………………………………… 118
3. 本書での『学力の3要素』 ………………………………………………………… 120

第Ⅵ章　『学力の3要素』を育てるために
　　1　『思考・判断・表現』を育てる学習指導と育った姿の学習評価 ……………………… 122
　　2　『関心・意欲・態度』を育てる学習指導と育った姿の学習評価 ……………………… 144
　　3　指導と評価の一体化 ………………………………………………………………… 158
　　4　バランスのとれた『学力の3要素』の大切さ ………………………………………… 164

おわりに

はじめに

「なんとなく」から「ねらって育てる」授業へ

子どもが授業に食いついてこない。どうしたら子どもをひきつける授業ができるかな…。

子どもをひきつける授業をするには,「覚える」「考える」「気持ちをふくらませる」の『学力の3要素』を意識して「ねらって育てる」授業づくりをしてはどうでしょう。

この本から『学力の3要素』を意識した働きかけのヒントを得て,「なんとなく」から脱皮して授業改善を試みては?

『学力の3要素』を「ねらって育てる」を意識したら,うまくいった!

学力を根付かせるうまい授業展開とは

学力を根付かせるうまい授業展開とは

　子どもを引きつける授業づくりをするため，教材研究，子どもの実態を考慮した学習指導案づくり，授業研究などに日々努力しているものの，何かもうひとつの「＋α」を求めているあなたに本書がお役に立てばと思っています。

　本書では，これまで「なんとなく」働きかけていた，授業や学年・学期・単元・題材・章などの指導計画の立案を，「覚える」「考える」「気持ちをふくらませる」の『学力の3要素』の学力特性を意識して「ねらって育てる」ポイントを示しています。

　本書での『学力の3要素』は，学校教育法第30条第2項で示されている学力の三つの要素を『知識・技能』『思考・判断・表現』『関心・意欲・態度』でとらえています。詳しくは，第Ⅴ章をお読みください。

　「ねらって育てる」授業づくりにより，『学力の3要素』の学力特性に応じて子どもの学習活動の「学習しぐさ（シンプトムともいわれるが，本書では「学習しぐさ」と呼ぶ→p.44）」が異なってきます。逆に，学習活動の中での「学習しぐさ」を読み取ることにより，うまく『学力の3要素』を使い分けた授業づくりができるようになってきます。

　これからの時代の「上手な授業づくり」のポイントは，板書や言葉かけ，ワークシート，学び合いなどによる働きかけを，『学力の3要素』を意識して使い分け，それぞれの学力を「ねらって育てる」ことにあると思います。「ねらって育てる」授業づくりをしていくと，子どもの「学習しぐさ」に変化が出て，子どもが食いついてくることに気づくと思います。

本書の構成

　本書の各章は，以下のような内容構成になっています。

　第Ⅰ章では，『学力の3要素』の学力特性を生かして「ねらって育てる」ための授業づくりの必要性の概要を説きます。

　第Ⅱ章では，『学力の3要素』を「ねらって育てる」ために必要な「言葉かけ」「板書」「教科書」「ワークシート」などの具体的な方法を紹介します。

　第Ⅲ章では，『学力の3要素』を「ねらって育てる」ための学習指導案や指導計画などの授業構成の基本的なポイントを示します。

　第Ⅳ章では，『学力の3要素』を「ねらって育てる」授業を実践する中で生じうる20の疑問についてQ＆A形式で解説します。

　第Ⅴ章では，本書での『学力の3要素』と「観点別学習状況の評価」との関係や概念規定を示します。

　第Ⅵ章では，『学力の3要素』を「ねらって育てる」ために授業を展開していく学習指導と学習評価の実践理論について解説します。

事例は,すべての校種や教科に利用できるよう工夫しています

　第Ⅱ章～第Ⅳ章は,小学校でも中学校でも,また,どの教科でも使えるよう,校種や教科の実践事例をイメージ的に示し,読者の皆さんが十分理解できるように工夫していますので,ご自分の校種や教科に置き換えながら,本書を利用していただければ幸いです。

本書の活用場面のイメージ

　本書は,各先生方ご自身の授業改善を模索するために利用できますが,校内研究や校内研修,年次研修などにもご利用いただけることを希望しています。そのため,第Ⅵ章では,校内研究や校内研修の進め方にもふれています。

　本書をご利用くださり,子どもたちに真の『学力の3要素』が身に付き,これからの激動する社会で通用する確かな学力が育つことを期待しています。

「ねらって育てる」授業展開のイメージ

　『学力の3要素』を意識して「ねらって育てる」授業展開のイメージを示してみます。

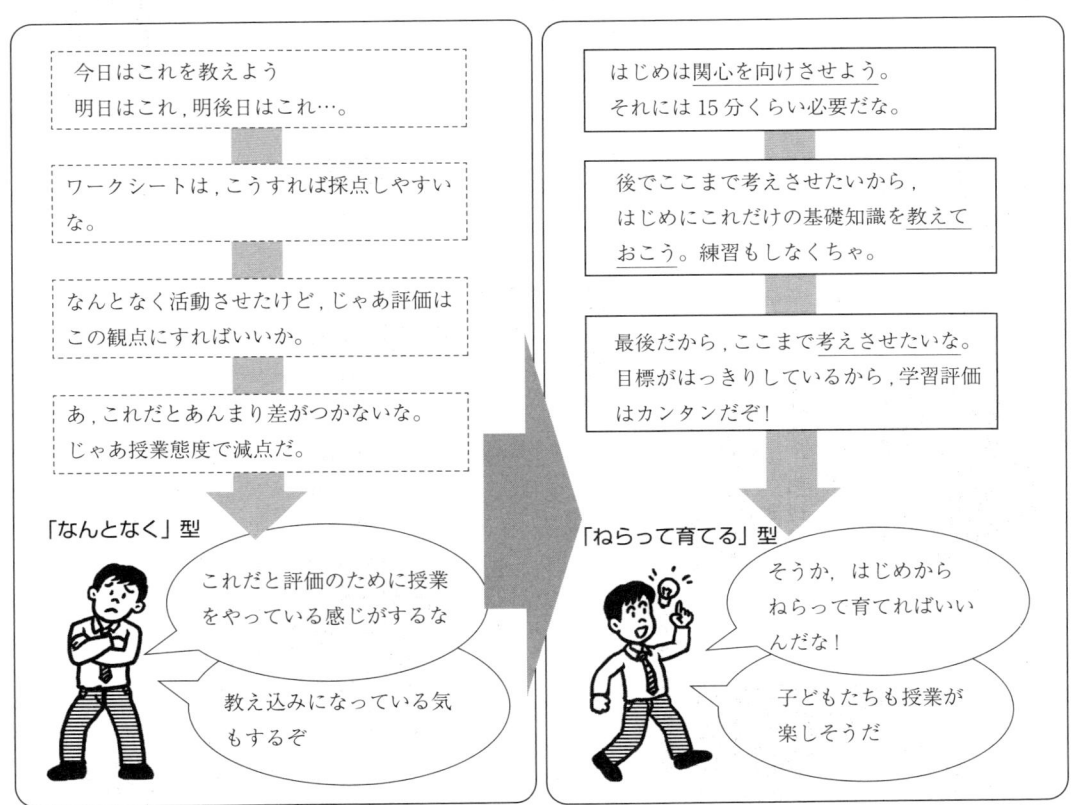

「なんとなく」から「ねらって育てる」授業へ

今まで，黒板はなんとなく使ってたんだけど…

↓

約束事は，紙に書いて張ってみよう！
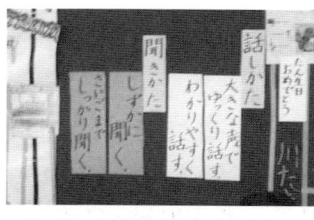

みんなで考えるときは，意見を整理できるように書いてみよう！

しっかり理解させるときには，写真を順番に並べてみよう！

ねらって育てるだけで，授業にメリハリがでてきたわ！

もう少し，考える力（『思考・判断・表現』）が伸びてほしいな…

自分たちで考えて練習できるようになったな。

課題をはっきりさせよう

ふり返っていたら，だんだん考え方が分かってきたわ！

『思考・判断・表現』したことをふり返らせよう

ねらって育てる『学力の3要素』を決めておくと，授業にメリハリがでてきて，楽しいな！

第Ⅰ章

『学力の3要素』を意識した授業づくりとは？

指導経験を体系化して
「なんとなく」から
「ねらって育てる」へ

どうしたら授業改善ができるか…
よい方法がないか？

「なんとなく」でなく，『学力の3要素』を意識して「ねらって育てる」ように授業改善をすればいいのか。

「ねらって育てる」を意識すると，たしかに子どもの姿が違ってくるぞ！

1 『学力の3要素』を意識する

(1)「なんとなく」の感覚で学習指導していないか

　長い間，相対（集団準拠）感覚で『学力の3要素』を意識せずに授業をしてきたと思います。

```
┌─────────────────────────────────────────────┐
│ 過去の経験のみで『学力の3要素』を意識せずに授業を展開 │
└─────────────────────────────────────────────┘
            ▼ なんとなく学習指導
┌─────────────────────────────────────────────┐
│ 『学力の3要素』が混在した子どもの学習状況             │
└─────────────────────────────────────────────┘
            ▼ なんとなく学習評価
┌─────────────────────────────────────────────┐
│ 『学力の3要素』が混在し，観点別の学習評価が不明確になる │
└─────────────────────────────────────────────┘
```

図Ⅰ-1 『学力の3要素』が混在した学習指導

　『学力の3要素』が混在している授業では，『学力の3要素』の学習状況を区別して読み取るのは困難であり，指導と評価を一体化した授業改善には，なかなかつながりません。

(2)『学力の3要素』を「ねらって育てる」を意識する授業づくり

　『学力の3要素』を意識して学習指導を試みれば，『学力の3要素』の育ちの違いが，表情，鉛筆回し，頭をかかえるなどの「学習しぐさ」の姿として学習活動にあらわれてきます。
　『学力の3要素』が子どもの「学習しぐさ」にあらわれる学習指導を心がければ，『学力の3要素』の学習状況がたやすく読み取れ，学習評価が容易にできるようになります。

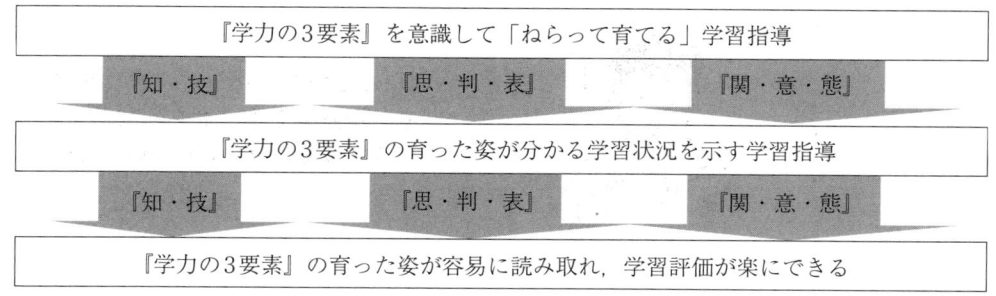

図Ⅰ-2 『学力の3要素』を「ねらって育てる」学習指導

備考：図中の『知・技』は『知識・技能』を，『思・判・表』は『思考・判断・表現』を，『関・意・態』は『関心・意欲・態度』をそれぞれ示します。本書では，学校教育法第30条第2項で示されている「基礎的・基本的な知識・技能」を『知識・技能』，「思考力・判断力・表現力」を『思考・判断・表現』，「主体的に学習に取り組む態度」を『関心・意欲・態度』とそれぞれ表現し，『学力の3要素』として示していきます。それらの関係及び概念規定は，第Ⅴ章で詳しく述べていきます。

2 『学力の3要素』の学力特性

(1) 『学力の3要素』の学力特性を意識する授業イメージ

『学力の3要素』を意識した学習指導のイメージは，図Ⅰ-3に示すように『学力の3要素』を「ねらって育てる」ことを意識して，メリハリのある指導をするというものです。

『知識・技能』は，「教科書を読んで」「教科書にマーカーを引いて」と"上から""指示して"学習指導する感じです。個別指導も必要ですが，一斉指導・一斉学習のイメージです。

習得内容を活用した『思考・判断・表現』は，子どもが考える学習活動を"横から""うながし""背中を押し支援する"学習指導のイメージです。

『関心・意欲・態度』は，『知識・技能』及び『思考・判断・表現』の学習活動を通して，教科内容の対象物への心情を"下から""刺激して"学習指導するイメージです。

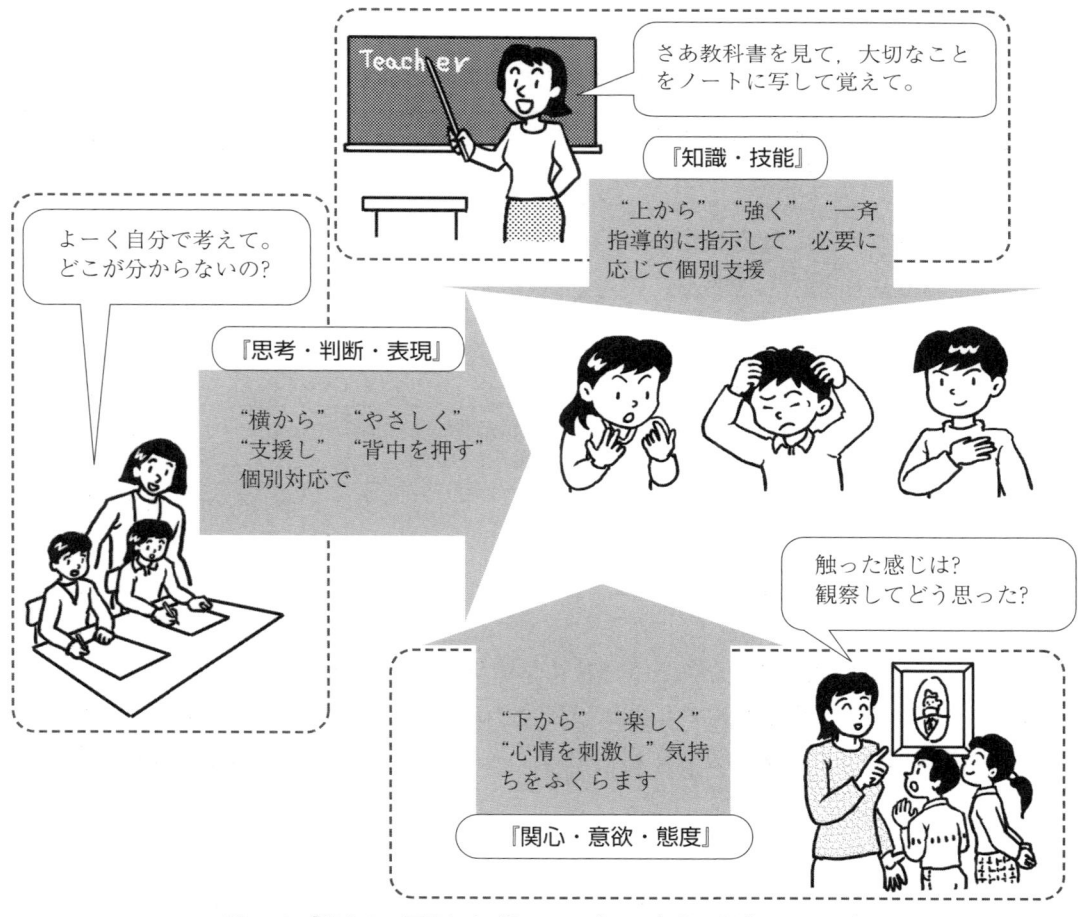

図Ⅰ-3 『学力の3要素』を「ねらって育てる」学習指導のイメージ

(2)『学力の3要素』の学力形成の違い

　子どもにとって学力は，最終的には学習成果の総体として，『学力の3要素』が総合化されて身に付くと考えられます。しかし，最終的に総体として総合的な学力を身に付けるには，学習指導の過程で，『学力の3要素』の学力特性を意識して学習指導する必要があります。

　それは，『学力の3要素』により，頭脳の働き方，学力が形成されていく道筋，学力が形成される時間などが異なるからです。

　例えば，『関心・意欲・態度』は，題材・単元・章などの単位，あるいは学期や学年単位の長期的スパンで形成されます。『思考・判断・表現』は，習得した『知識・技能』を活用して思考活動に入りますから中期的スパンで形成されます。『知識・技能』は，定着や概念構成には 習得→活用→定着 などの流れで反復を繰り返す時間を要しますが，極端にいえば「この時間に覚えて」などと短期的スパンで習得できます。

　『学力の3要素』の学力特性の概要を表Ⅰ-1に示してみます。学習指導の具体例は，第Ⅱ章～第Ⅳ章で，学力特性を生かす学習指導の詳細は，第Ⅵ章で述べていきます。

表Ⅰ-1 『学力の3要素』の学力形成の違い

『学力の3要素』	『学力の3要素』の特質	学力形成にかかる時間	評価規準の語尾	領域[*1]
『関心・意欲・態度』	情意や気持ちの方向性，情意が表出した態度・行動	長い時間を要する態度形成（長期的）	～しようとしている ～に関心をもち	情意領域
『思考・判断・表現』	習得内容を活用した頭脳での思考を伴う知的活動	ある程度の時間を要する能力形成（中期的）	考える・判断する・表現することができている	認知領域
『知識・技能』	記憶する習得活動（知識）	定着には時間がかかるが，比較的短期間で習得できる（短期的）	知る，分かる理解している	認知領域
	手足等の身体を使う身体的活動（脳内操作も含む）（技能）		手足などを使って～ができる	精神運動領域

　相対（集団準拠）感覚の「なんとなく」の学習指導を抜け出し，『学力の3要素』を「ねらって育てる」ことを少しだけでも意識した学習指導を工夫していくと，「学習しぐさ」（→p.44，p.65）など子どもの姿の違いが明らかになってきて，授業実践も楽しくなってきます。

[*1]　B.S.ブルーム他著，渋谷憲一・藤田恵璽・梶田叡一訳（1973）『教育評価法ハンドブック——教科学習の形成的評価と総括的評価』第一法規

3 学力形成の流れ

(1) 指導者と学習者の関係からみた学力形成の流れとは？

指導者と学習者との関係からみた学力形成の流れは，『学力の3要素』ごとに異なります。

学習者が学習指導を受ける前の姿を「入力」とし，指導を受けた後の学力形成した姿を「出力」とすると，『学力の3要素』の学力形成の流れは，図Ⅰ-4～9のようになります。

『学力の3要素』のそれぞれの学力特性をより理解していただくために，『知識・技能』『思考・判断・表現』『関心・意欲・態度』の順で示していきます。

★『知識・技能』習得の流れ

習得すべき基礎的・基本的な『知識・技能』は，図Ⅰ-4に示すように指導者が提示する「入力」と同一の内容を学習者が「出力」として記憶し再現できる習得の流れになります。

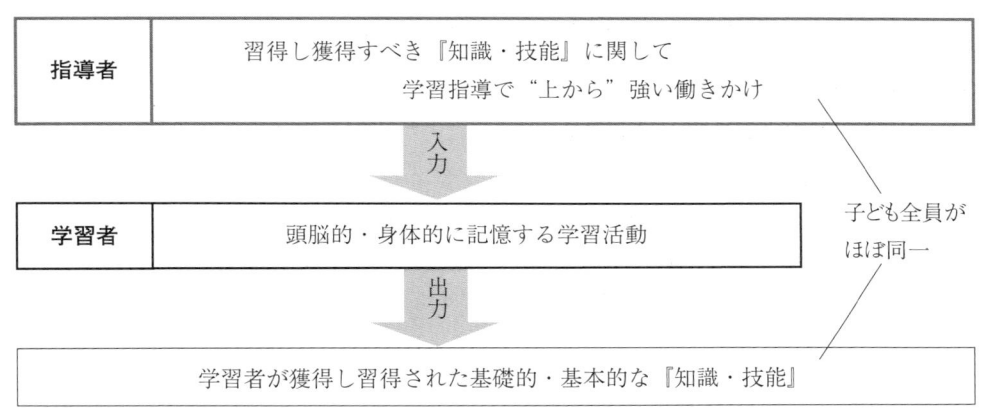

図Ⅰ-4　『知識・技能』の学習活動での習得の流れ

『知識・技能』は，指導者が示した「入力」と学習者が獲得した「出力」とが同じになることが基本的には求められ，学習者全員の「出力」もほぼ同一の内容となることが求められています。

学習者全員がほぼ同一の内容になるのは，『思考・判断・表現』を学習者なりにとらえていくための共通基盤とするためでもあり，学問や文化を伝承し，進展・発展させる土台となるために必要な営みだからでもあります。

指導者は，図Ⅰ-4に示すように，"上から"強く指示する「ねらって育てる」イメージの学習指導になりますが，教科の特性や学習者の発達段階により，学習者自身が自ら習得する学習形態や学習者自らの意思を尊重し，意欲的で楽しく・分かりやすく習得できる学

習指導が必要になります。また，学習者個々の習得パターンや習得速度の違いにより，個別的な学習指導の工夫も必要になります。

　習得状況の学習評価は，ペーパーテストやパフォーマンステストなど，記憶状況を再現できたかどうかで読み取ることが可能です。

★『思考・判断・表現』形成の流れ
　まず，『知識・技能』は，図Ⅰ-5に示すような学力形成の流れになります。

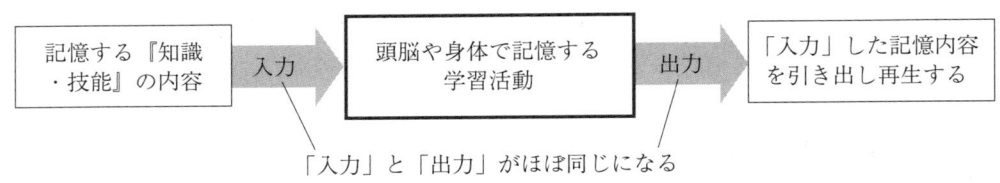

図Ⅰ-5　『知識・技能』の構造図

　『思考・判断・表現』の学習指導が，知らず知らずのうちに図Ⅰ-5に示す構造で正答を求める『知識・技能』的構造の学習指導になっていないでしょうか。

『思考・判断・表現』へのステップ1

　『思考・判断・表現』は，図Ⅰ-6に示すように，「入力」は「何のために」や「何を」といった「学習の課題」，「出力」は「どうする」や「どうした」といった「学習の課題を解決した結果」となるような学力形成の構造となります。

　『思考・判断・表現』と『知識・技能』との違いを構造的に理解していれば，無意識のうちに一つの正答を求めてしまうような学習指導をしなくてすむようになります。

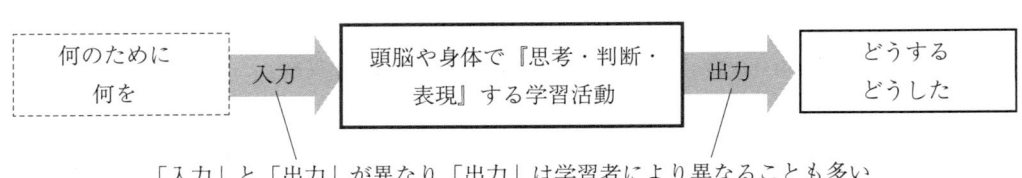

図Ⅰ-6　『思考・判断・表現』の基本構造図

『思考・判断・表現』へのステップ2

　『思考・判断・表現』を成立させるには，図Ⅰ-7に示すように習得した基礎的・基本的な『知識・技能』を活用することが必須条件になります。ですから，事前に『思考・判断・表現』に必要な『知識・技能』を押さえておく必要があります。

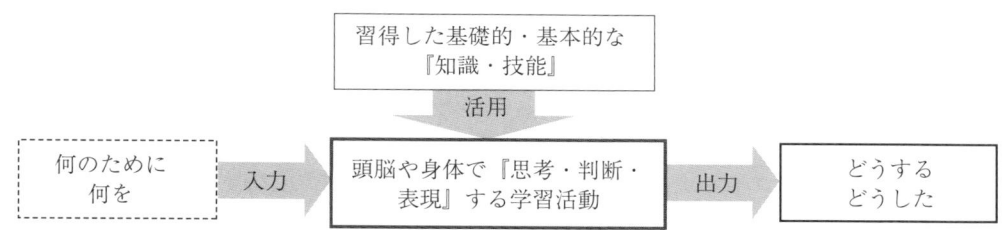

図Ⅰ-7 『知識・技能』を活用する『思考・判断・表現』の構造図

〈『思考・判断・表現』へのステップ３〉

「出力」の結果は子どもにより異なりますが，子どもの気ままな回答では学力形成が成立しません。教科でねらう『思考・判断・表現』の範疇に収める必要があります。そのために，「出力」である解決策は，図Ⅰ-8で示すような制約条件や外部状況のもとで出す必要があります。

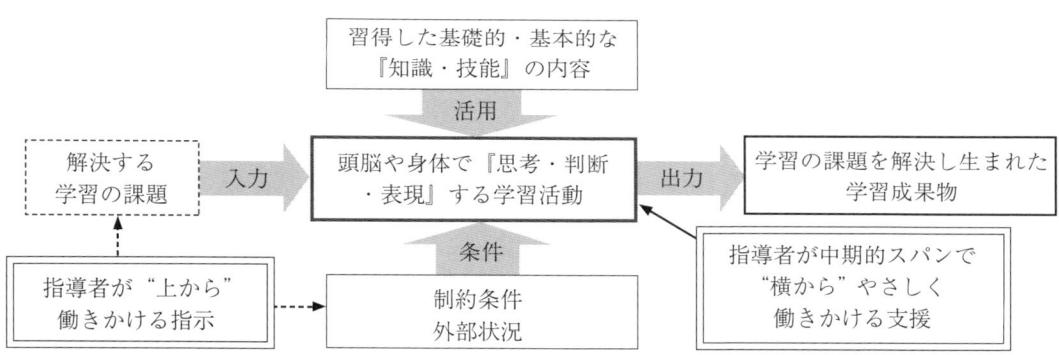

図Ⅰ-8 「制約条件や外部状況」のもとでの『思考・判断・表現』の構造図

指導者からの学習指導は，図Ⅰ-8に示すように，"上から"働きかける指示と"横から"やさしく働きかける支援の二つのパターンになります。

〈『思考・判断・表現』に必要な要素〉

図Ⅰ-8の構造図で示した，制約条件，外部状況，「入力」「出力」の内容は，次のようになります。
○制約条件は，「与えられた時間内に」「ワークシートの枠内に」「この資料や道具を使って」など学習のねらいや学習すべき内容に沿った条件になります。
○外部状況は，学習内容に関した観察の状況など，子ども以外の状況です。教師が指示する場合や子ども自らが見つける場合などがあります。
○「入力」は，図Ⅰ-7までは「何のために」「何を」と示していましたが，教師が指示する場合や，子ども自身が設定する場合の「学習の課題」になります。

○「出力」は，図Ⅰ-7までは「どうする」「どうした」と示していましたが，子ども自身が『思考・判断・表現』の学習活動で解決した学習成果物である，レポート，発表内容，作品，見方・考え方の回答などになります。

　指導者は，子どもの『思考・判断・表現』を"横から"支援する学習指導の形態ですが，「学習の課題」や「制約条件」などは"上から"指示する必要があります。

　『思考・判断・表現』の育った姿を読み取る学習評価は，学習成果物，「入力」と「出力」の差異，学習活動のふり返り，ペーパーテストなど，さまざまな方法があります。

★『関心・意欲・態度』形成の流れ

　『関心・意欲・態度』は，図Ⅰ-9の矢印に示すように「入力」時点で希薄である「思い・気づき・感じ方」が少しずつ醸成されながら，ねらいの「出力」に向かう学力形成の流れになります。向かう方向が学習者によってそれぞれ異なりますが，教科がねらう方向に向かわせる必要があります。

　例えば，理科での植物に対して「きれい」の感じ方は，「葉，茎，根の特徴への構造美」への関心で，「自然の中の造形美」への美術的な関心に流れすぎては理科がねらう「出力」の枠を飛び出すことになります。

　学習者にとって，学習対象物への心情は，教科の枠を越えた総合的なものでしょうが，各教科がそれぞれの役目を背負って学習指導をするのですから，教科のねらいの枠内で『関心・意欲・態度』の到達度を読み取る必要があります。

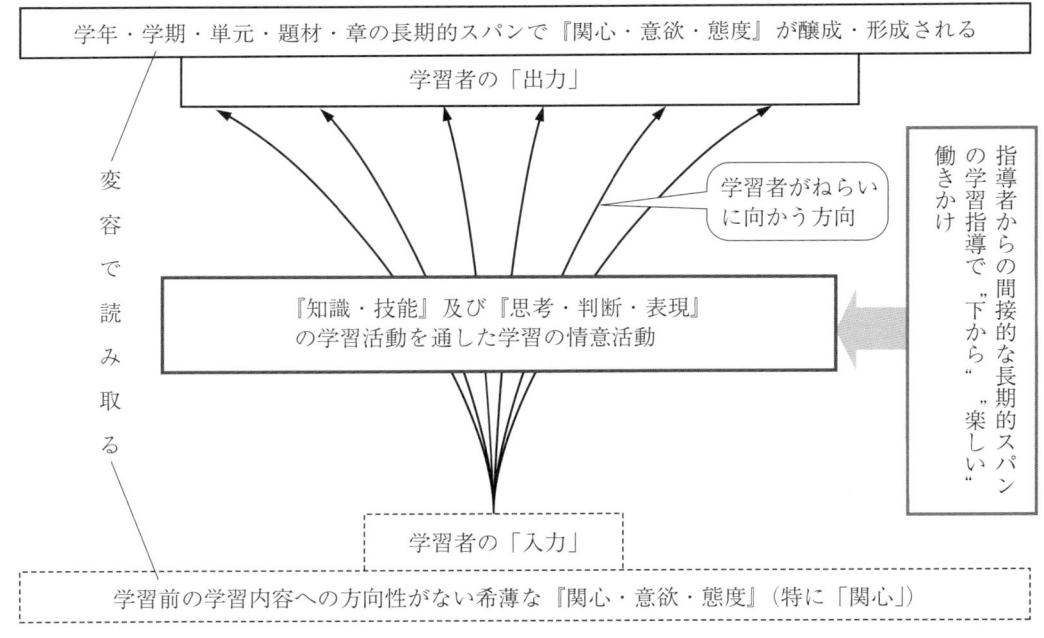

図Ⅰ-9　「関心・意欲・態度」の学力形成の流れ

学力形成された到達度は，学習者それぞれで方向性が異なるため，学習者それぞれの「入力」と「出力」の変容で読み取るのが最適であると考えます。学習評価は，「入力」と「出力」のワークシートの記載内容の変容を読み取る評価活動が主となります。

　「入力」と「出力」のワークシートの記載内容の変容で読み取る方法は，第Ⅱ章の9と10及び第Ⅵ章の2で詳しく述べていきます。

　指導者の「ねらって育てる」働きかけは，「入力」と「出力」の過程で，直接的でなく，学習者の心情に対して"気持ちをふくらます""間接的な働きかけ"となります。

　"間接的な働きかけ"の一つは，『知識・技能』及び『思考・判断・表現』の学習活動を通した働きかけで，二つは，五感を通した働きかけです。この具体的な働きかけの方法についても，第Ⅱ章の9と10及び第Ⅵ章の2で詳しく述べていきます。

　間接的な働きかけの方法としては，例えばワークシートに記載する言語活動などがあり，記載活動により，子どもの内面にある気持ちが表出し，徐々にふくらみ具体化していきます。

(2)「ねらって育てた」バランスのとれた『学力の3要素』

　『学力の3要素』を「ねらって育てる」ことを意識して学習指導した結果，学習者には，『学力の3要素』がバランスよく身に付いてきます。バランスよく身に付いた『学力の3要素』は，未知の課題に主体的に向き合い，将来の社会で遭遇する問題に，試行錯誤しながら対応できる「生きる力」そのものです。

　『学力の3要素』は，図Ⅰ-10に示すようなトライアングルの学力構造になります。トライアングルの学力構造は，建築物の耐震構造のように困難に打ちかつ「丈夫さ」，三脚のようにどんな種類の問題にも対応できる「安定性」，楽器のトライアングルのように人間性豊かな「調和」ある学力になってきます。

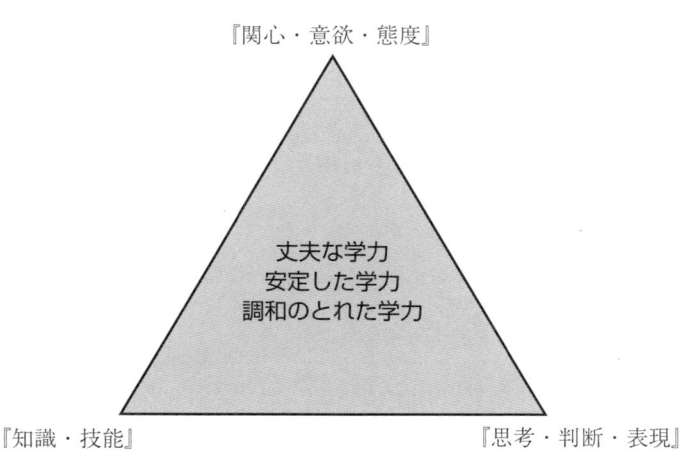

図Ⅰ-10　バランスのとれた学力

(3)「ねらって育てる」ための授業構成

「ねらって育てる」には，授業構成を工夫する必要があります。例えば，図Ⅰ-11に示すような『学力の3要素』を"サンドイッチ型"に配置する授業構成があります。

"サンドイッチ型"とは，展開Ⅰと展開Ⅱとを「導入」と「まとめ」の『関心・意欲・態度』ではさむ形態です。ふだんから無意識にこのかたちで実践されていることが多いため，イメージ的にとらえることができると思います。

授業構成は，校種，学年，教科の性格により異なりますが，1単位授業時間単位，単元・題材・章の指導計画単位などでサンドイッチ的になればよいと考えます。

"サンドイッチ型"でなくとも，『学力の3要素』を意識した授業構成が，バランスのとれた学力の形成につながると考えられます。

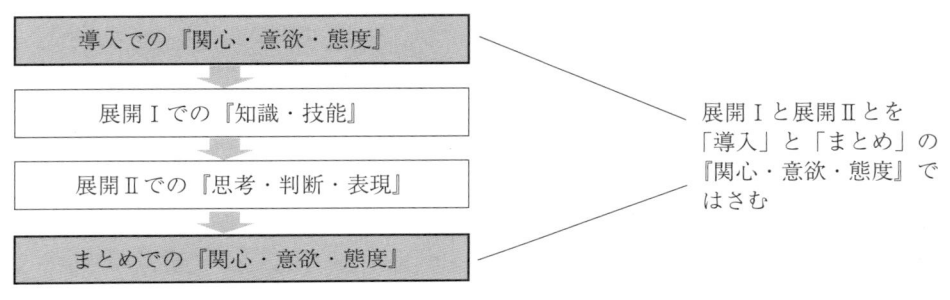

図Ⅰ-11 "サンドイッチ型"授業構成

(4)「ねらって育てる」ための指導形態

本書では，「ねらって育てる」ための指導形態を，表Ⅰ-2に示すようにとらえています。

表Ⅰ-2 本書での指導の概念

一般概念	本書での概念	『学力の3要素』
指導	指示（伝達）：子どもの学習活動を直接的に学習指導する指導者の活動 　　一斉の指示と個別の指示がある	○『知識・技能』に向いている ○授業開始時に指示する，学習のめあて・学習方法など
	支援：子どもの主体的な学習活動を助言・資料提供などにより間接的に支える指導者の活動 　　一斉の指示と個別の指示がある	『思考・判断・表現』に向いている
	隠れた支援：醸し出す雰囲気から子どもの学習活動を促進する人的・物的・言語的などの学習環境を整える指導者の活動	『関心・意欲・態度』に向いている

第Ⅱ章

『学力の３要素』を育てる授業展開 10のポイント

　ここでは、『学力の３要素』を「ねらって育てる」授業づくりのポイントとして、板書や言葉かけなど、10のポイントを例示します。

　どれも「当たり前のこと」と感じるかもしれませんが、指導者が「なんとなく」無意識に行っていることを意識的に行うことが、学力を「ねらって育てる」ためのポイントであり、本書が強調したいことでもあります。

1 『学力の3要素』を意識した「板書」のポイント

　ふだん、なにげなく使っている「黒板」。でも、使い方をほんの少しだけ意識すると『学力の3要素』を育てる、もっとも力強い教具になります。

表Ⅱ-1　『学力の3要素』を意識した「板書」のポイント

『知識・技能』の板書	『思考・判断・表現』の板書	『関心・意欲・態度』の板書
○正しい用語を書く ○しくみを図解する ○ノートに書かせる内容を板書する ○板書を書き写させる	○考える流れを示す ○考えるヒントを示す ○子どもの手元を拡大する ○考える見通しをもたせる	○書かない 　（見せる、張る等） ○会話のテンポを大切にする

(1) 『知識・技能』の学習指導での板書の仕方

　子どもにしっかり覚えてほしいこと、作業のポイントなど、学校教育の役割として各教科に関連する内容をしっかり教えることは、文化の継承という観点からも大切なことです。こうした内容は、指導者が板書したことを、子どもがノートやワークシート等にしっかり書き写しながら習得させることが大切です。

知識をしっかり押さえる

技能を練習して習得させる

図Ⅱ-1　『知識・技能』の板書の例

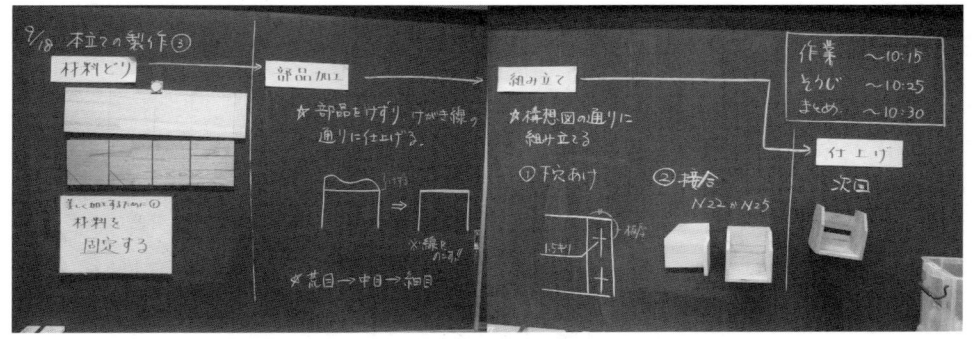

図Ⅱ-2　作業の流れと同時に、各段階での技能のポイントを教える板書の例

(2)『思考・判断・表現』の学習指導での板書の仕方

　子どもに考えさせる場面では，板書で「考えるヒント」を提示したり，指導者が頭の中で考えている過程を板書で見えるように（可視化）したりする方法が有効です。板書がなくて考えるよりも，子どもの思考がぐっと深まり，「ああ，いっぱい考えてるなー」という子どもの姿が多く見られるようになります。思考の場面では，ぜひ板書を工夫してみましょう。

考えるヒントの楽譜をたどる

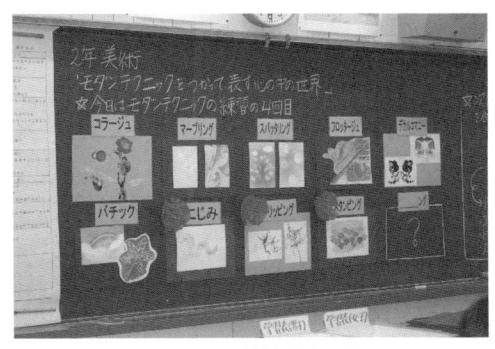
考えるヒントの技法見本を見せる

本時の学習の見通しを示す

みんなの考えを共有する

黒板を作業スペースにして情報を整理する

考える手順を示す

図Ⅱ-3 『思考・判断・表現』の板書の例

(3)『関心・意欲・態度』の学習指導での板書の仕方

　子どもに関心をもってもらったり，気持ちをふくらませたりする場面では，板書をしないほうが効果的です。子どもの発言を一つひとつ丁寧に板書していると，せっかく盛り上がっている子どもの気持ちが萎えてしまいます。板書することよりも，子どもとのやりとりやテンポを大切にするとよいでしょう。

　ただし，関心をもってもらうきっかけになる写真を張ったり，図を描きながら「これ，何だと思う？」といったような使い方は，子どもにとって大変おもしろい板書になるでしょう。

図Ⅱ-4　『関心・意欲・態度』で板書を書かない例

(4) 学習方法を指示する板書の仕方

　学習方法を指示するための板書は，伝統的な教授法の一つとして，大切にされています。本時の日付，学習課題，学習のねらい，手順や指示といった内容を，黒板に示すことで，子どもの主体的な学習を支えることができます。最近，黒板をメモ書き程度にしか使っていない授業を見かけることがありますが，板書を適切に活用することは，『学力の3要素』を意識するのと同じくらい大切なことですから，まずは板書計画を立て，子どもたちが学習に取り組みやすくなるような板書を心がけるとよいでしょう。黒板とチョーク1本だけで，『学力の3要素』を意識する授業をやってみると，オーソドックスな授業の強さを実感することができます。

```
9/7　○○をやってみよう              ←日付，学習課題
　　　　・○○を調べてみよう          ←学習のねらい
　　　　・○○について考えてみよう
　　　手順　①・・・・・・・・・10：10まで   ←手順や指示
　　　　　　②・・・・・・・・・10：25まで
　　　　　　③・・・・・・・・・10：40まで
```

図Ⅱ-5　学習方法を指示する板書の例

(5)『学力の3要素』を意識した板書の例

表Ⅱ-1 『学力の3要素』を意識した板書のイメージ

	『知識・技能』	『思考・判断・表現』	『関心・意欲・態度』
板書のイメージ	整然，揃え，表形式，箇条書き	流れ，矢印，関係性	曲線，走り書き，フリーハンド
子どもの反応	単語を発音	「学習しぐさ」で見せる	驚きや感嘆で見せる
指導者の姿勢	それぞれの内容を丁寧に確認する	流れを理解させ，板書を考えるヒントにする	子どもの発言などにうなずく

★「考えるヒント」と「習得する内容」を区分けした板書の例

実習の場面では，技能面・安全面で指導を徹底したいことや，作業の見通しを立てさせたいことなど，『学力の3要素』のどれにもつながる内容を書きたくなります。そこで，黒板のエリアを『学力の3要素』ごとに区切って板書するのもひとつのアイデアでしょう。

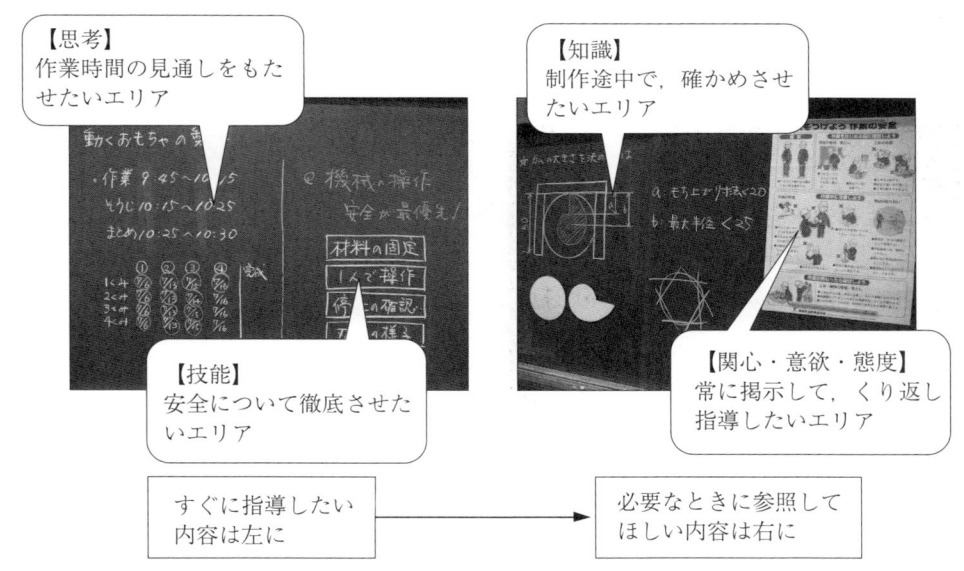

図Ⅱ-6 『学力の3要素』で板書のエリアを区切った例

> **ひとこと アドバイス**
> 伝統的な「板書」の指導技法は，『学力の3要素』を意識するための基盤になります。

2 『学力の3要素』を意識した「教科書」の使い方のポイント

ふだん，なにげなく使っている「教科書」ですが，その使い方によって，『学力の3要素』を「ねらって育てる」ための有効なツールになります。

表Ⅱ-2 『学力の3要素』を意識した「教科書」の使い方のポイント

『知識・技能』 教科書の使い方	『思考・判断・表現』 教科書の使い方	『関心・意欲・態度』 教科書の使い方
○じっくり読む ○声に出して読む ○書き込む ○線を引く ○マーカーでなぞる	○大まかにつかむ ○事例を眺めて，大まかな体験活動の流れをつかむ ○考える過程で必要な情報を拾う	○気軽に，口絵や本文の写真などを見る ○内容をイメージでとらえ関心を広げる

(1) 『知識・技能』の学習指導での教科書の使い方

子どもにしっかり身に付けてほしいこと，正しく理解させたいことは，教科書を声に出して読ませる（または範読する），書き込ませる，線を引かせるといった使い方が大切です。

体を動かす場合は，教科書の説明や図を見ながら，自分で体を動かしてみることで，内容の理解を深めることができます。

この場合，教科書をすべて読むのではなく，『思考・判断・表現』につながる部分はふれない，太字部分だけマーカーでなぞる，などの工夫が必要です。

教科書に線を引く

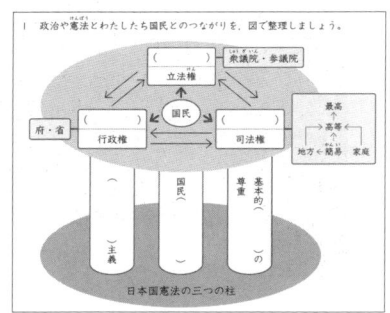

教科書に書き込む
（教育出版『小学社会 6下』p.30 より）

図Ⅱ-7 『知識・技能』の教科書の使い方の例

(2) 『思考・判断・表現』の学習指導での教科書の使い方

★教科書を参考資料として使う

子どもが課題を解決する場面では，考えるさいに足りない情報を補っていくことがあります。そんなとき，教科書から必要な情報を拾いながら考えさせるようにすることが大切

です。また，教科書に考え方の具体的な事例（課題解決のケーススタディ）が載っている場合は，その内容を眺めながら，考え方の大まかな手順（課題解決の大まかな流れ）をつかませてから，各自の『思考・判断・表現』の学習活動に取り組ませるとよいでしょう。こうした使い方は，子どもが『思考・判断・表現』するヒントを，教科書から得る方法といえます。

必要な情報を拾う

教科書の手順を参考にして考える

図Ⅱ-8 『思考・判断・表現』で教科書を参考にする使い方の例

★教科書に書き込んで考える

他にも，教科書に矢印を書き込んだり，図に補助線を書き込んだりして，『思考・判断・表現』を深めることがあります。小学校用の教科書には，『思考・判断・表現』の学習活動を支援するために，考える手順や，子どもが書き込みながら『思考・判断・表現』を深めていく内容が載っていることがあります。教科書に『思考・判断・表現』用のスペースがある場合は，そのスペースに書き込んだり，教科書を見ながら『思考・判断・表現』させたりすることで，学習効果が高まります。

教科書の本文や図版に書き込みを加えることで，子ども自身の『思考・判断・表現』の過程を書き残し，『思考・判断・表現』を活発にすることができます。また，このような（落書きではない）書き込みによって，教科書に愛着がわきますし，教科書そのものが「知の作品」へと変化していきます。ただし，子どもたちは消しゴムを多用する（→ p.88）と思われますので，教科書が破れない程度にしておくとよいでしょう。

```
2  次の三つの言葉を使って，「政治と国民のつながり」というタイトルで，あな
   たの考えを書きましょう。

     選挙    代表    権利

   _____
   _____
   _____
           書き込みながら考える教科書の例
```

図Ⅱ-9 『思考・判断・表現』で教科書に書き込む使い方の例
(教育出版『小学社会 6 下』p.30 より)

(3)『関心・意欲・態度』の学習指導での教科書の使い方

教科書には，子どもの興味・関心を広げるために，多くの写真やイラストが使われていて，学習内容のおもしろさを感じられるよう工夫されています。教科書の中で，ぱっと目に入った写真やイラストを見ながら「これ何だろう？」「ここってどうなってるのかな？」と，子どもたちとの会話をはずませると，学習が楽しくなってきます。ほかにも，興味のわいたコラムを読むなど，教科書を気軽に見る・読むことが，子どもの『関心・意欲・態度』を育てます。

教科書の導入ページの例（教育出版『小学社会3・4上』p.5より）

図Ⅱ-10 『関心・意欲・態度』の教科書の使い方の例

(4)「教科書を使う授業」を大切に

以前から，教科書の内容をページ順に扱っていく展開は多く見られました。このような使い方は，指導者にも子どもにも安心感を与えますが，見方を変えれば『知識・技能』の比重が高い学習の進め方であるともいえるでしょう。逆に，教科書をあまり使わない授業も見られますが，その分，ワークシートなどの教材が多用され，『知識・技能』として押さえるべき内容を網羅できていなかったり，『知識・技能』の定着が浅いと指摘されることもあります。教科書の上手な使い方は，指導者の永遠の課題ともいえるでしょう。

これからの授業づくりでは，教材や教具の開発に取り組む前に，まずは「黒板，チョーク，教科書，指導者の言葉かけ」といった指導技術に立ち返り，オーソドックスな授業を丁寧につくっていくことが大切なのではないでしょうか（→ p.110）。その上で，『学力の3要素』に応じた「黒板，チョーク，教科書，指導者の言葉かけ」を実践することが，子どもたちにとって分かりやすく，おもしろい（学問の楽しさを感じられる）授業へと改善させるきっかけになると感じています。ぜひこの機会に，教科書の使い方を見直してみてください。

> **ひとこと アドバイス**
> 教科書は，『学力の3要素』に応じた使い方を工夫し，上手に活用しましょう。

3 『学力の3要素』を意識した「言葉かけ」のポイント

　指導者がなにげなく使っている「言葉かけ」が曖昧だと，子どもの学習活動を迷わせてしまいます。そこで，指導者が使う「言葉かけ」を，『学力の3要素』を意識して少しだけ変えてみると，授業にメリハリが生まれてきます。

表Ⅱ-3 『学力の3要素』を意識した「言葉かけ」のポイント

『知識・技能』	『思考・判断・表現』	『関心・意欲・態度』
○"上から" "強く" ○確実に指示，伝達する 「覚えよう」 「練習しよう」 「身に付けよう」	○"横から" "やさしく" ○相談するように ○答えを言わないように 「考えてみよう」 「選んでみよう」	○"下から" "楽しく" ○子どもと一緒に楽しむ ○価値観を押しつけない 「どう思った？」 「どうしたいですか？」

(1)「言葉かけ」を変えてメリハリをつけた授業の例

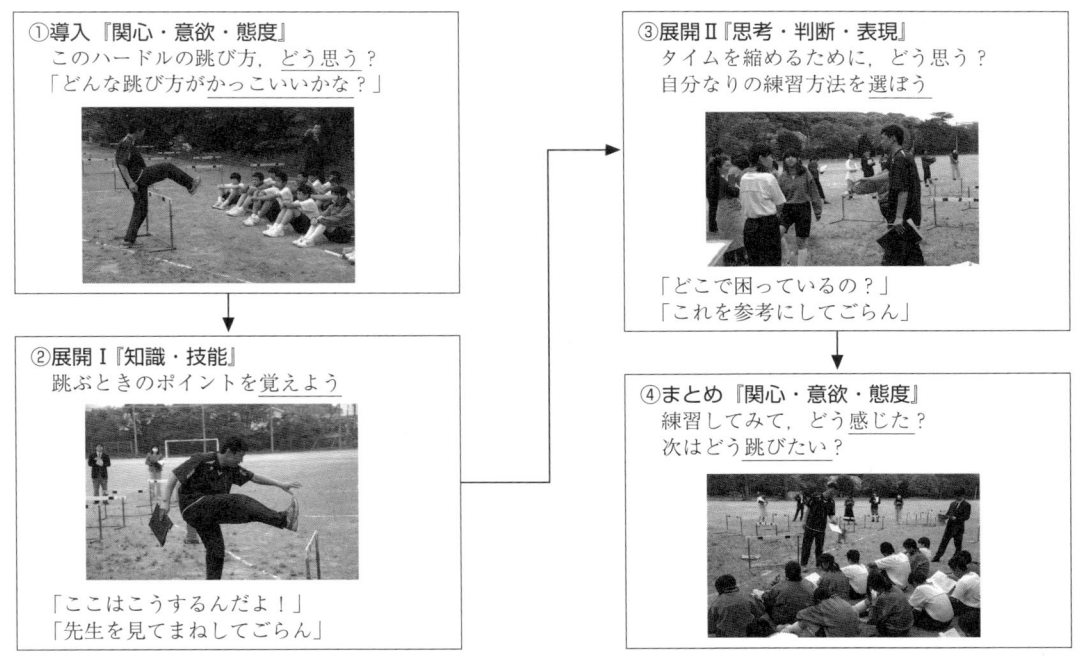

図Ⅱ-11 『学力の3要素』で言葉かけを変えた例

　学習のねらいに応じて，場面にあった言葉かけを心がけるだけで，授業にメリハリが生まれ，子どもがいっそう主体的に取り組むようになります。
　例えば，図Ⅱ-11の例では，次のように言葉かけを使い分けています。

> ①導入　『関心・意欲・態度』
> 　○「どう思う？」「（どれが）かっこいいかな？」など，子どもの気持ちを引き出したり，心をふくらませるような言葉かけにしています。
> 　○子どもたちには，自由に発言させています。
> 　○子どもたちの視線は，指導者の姿を漠然と見て，何かを感じ取っています。
> ②展開Ⅰ　『知識・技能』
> 　○「（これを）覚えよう」「しっかり見るんだよ」「（ここは）こうするんだよ」
> 　　「まねしてごらん」「やってみよう」「何度も練習してできるようになろう」
> 　　など，子どもが何を習得すればいいのか，習得するポイントはどこかを，明確に示しています。
> 　○今扱っている『知識・技能』に関連のある話題だけ，発言や質問を許しています。話を聞く時間，示範をしっかり見る時間，質問する時間などをはっきり分け，メリハリをつけています。
> 　○子どもたちの視線は，指導者が「ここ」と示した場所に一点集中しています。
> ③展開Ⅱ　『思考・判断・表現』
> 　○まずは，一斉指導的に「タイムを縮めるために」と，練習の目的（課題解決の「課題」）を指示しています。また，「自分なりに」と付け加え，学習した『知識・技能』を生かしながら，自分で課題解決に取り組むよう，言葉かけしています。
> 　○個別支援では，子どもの練習の様子や表情などを観察しながら，「どこで困っているの？」と，『思考・判断・表現』が止まっている原因を探っています。また，答えを言わないように，「これを参考に」と参考資料を紹介しています。
> ④まとめ　『関心・意欲・態度』
> 　○「どう感じた？」「思ったことは？」など，子どもの心のふくらみを引き出すような言葉かけにしています。また，「次はどうしたい？」「何をやってみたい？」と，未来に意識を向けさせながら，態度形成を促しています。
> 　○子どもたちには，自由に発言させています。また，その気持ちを紙に書き残しています。
> 　○子どもたちは，自分が授業で取り組んできた感触，芽生えた気持ち，友達や先生とのやりとりなどを思い返し，次にどうしたいか，気持ちを整理しています。

　もし，上記①〜④のすべてで「気づいた」や「考えよう」のような，『学力の3要素』を曖昧にした言葉を使ったら，子どもたちはどう受け止めるでしょうか。「気づく」や「考える」は，『学力の3要素』を意識した場合には，あまりよい言葉かけにはなりません（→p.102）。

(2) 一斉と個別での言葉かけの違い

　一斉指導では，指導者が語尾や語気を変えることで，授業にメリハリが生まれやすくなります。板書や教材，ワークシートなども組み合わせると効果的です。子どもの表情や反応（「学習しぐさ」）を見ながら，指導者自身の言葉かけがうまくいっているか，確かめるとよいでしょう。

第Ⅱ章　『学力の3要素』を育てる授業展開10のポイント

　個別支援では，子どもの悩みやつまずきの原因を見極めて，言葉かけを変えるようにします。『知識・技能』が足りなくて悩んでいるのか，『思考・判断・表現』がうまくできないのか，『関心・意欲・態度』がわいてこないのか……。子ども一人ひとりとのやりとりや「学習しぐさ」を手がかりにして，言葉かけを変えながら支援することが大切です。指導者が「言葉かけ」を変えることで，子どもたちは「学び方」をつかみやすくなります。

一斉指導のイメージ

"上から"「なんて言うかな？」

個別支援のイメージ

"横から"「どうしたの？」

図Ⅱ-12　一斉指導と個別支援での言葉かけの違い

(3)『関心・意欲・態度』を醸成する，五感を刺激するポイント

　子どもの『関心・意欲・態度』は，心の中の風船が少しずつふくらんでいくように，時間をかけて醸成されます。授業では，子どもが感覚（五感）を通して何かを感じたときに，すかさず「聴いてみて何か感じた？」「やってみてどう思った？」と言葉をかけることで，風船を意図的にふくらませることができます。指導者が学習内容に関連づけた意図的・計画的な「刺激」と「言葉かけ」を組み合わせることで，子どもの『関心・意欲・態度』は，豊かに醸成されます。

見る

「何が見える？」
「見つかった？」

触る

「どんな感触？」
「言葉で言ってみて」

聴く

「どんな音だった？」
「何か聴こえた？」

味わう

「どんな味？」
「感じたことは？」

図Ⅱ-13　『関心・意欲・態度』を育てる刺激と言葉かけの例

ひとこと　アドバイス
　言葉かけひとつで，授業にメリハリが生まれ，学習が楽しくなります。

4 『学力の3要素』を意識した「ワークシートや教材作成」のポイント

ワークシートは，ノート記述の時間を短縮したり，学習を効率的に進めるために大変有効です。そこで，子どもの学習をいっそう深めるために，『学力の3要素』を意識したワークシートに改良してみましょう。

教材は，同じ素材でも，授業のねらいが変われば，教材化の方向が変わってきます。教材を作成するときは，この教材に出合うことで，子どもたちが何を知り，何を考え，何を感じるのか，よく吟味していくことが大切です。

表Ⅱ-4 『学力の3要素』を意識した「ワークシートや教材作成」のポイント

	『知識・技能』	『思考・判断・表現』	『関心・意欲・態度』
ワークシート	○穴埋め式等できちんと書かせる ○書きながら整理させる ○くり返し書いて覚えさせる ○記入欄の面積は狭く ○枠線は太くはっきり	○考える流れをつくる ○流れに合わせて，書きながら考えさせる ○考えた結果をまとめさせる ○記入欄の面積は，考える深さと活動時間に適して ○枠線は思考活動に合うように（破線，薄い線等）	○思ったことを自由に表現させる ○授業末に書く（毎時間書く）なら記入欄は小さく ○単元末に書くなら記入欄の面積は広く （空白に意味がある） ○枠線をつくらない（つくるなら薄い線で）
	※「枠線」の使い分け等については，p.51を参照		
教材	○何を習得させたいのか，はっきりさせておく ○コンピュータ提示教材等で実物やモデル図，動画等を提示する ○実物見本，モデル図，地図，掛け図 ○フラッシュカード	○何を考えさせたいのか，はっきりさせておく ○子どもがつまずいたとき，どんなヒントがあればよいのか，見通しておく ○コンピュータ提示教材等で，つまずきに応じた動画や写真などを提示する ○先輩の作品やレポート	○何を感じさせたいのか，ねらう方向を決めておく ○指導者の価値観を押しつけていないか，よく見直す ○コンピュータ提示教材等で，写真，図版，ネットニュース等を見せる ○身近な話題，新聞記事，導入課題に関係のあるもの

(1) 『知識・技能』を習得するワークシートの作り方

　きちんと習得させるために，大切なことをしっかり書かせるように枠をとります。板書を書き写させるのであれば，板書計画と一致させることが必要です。また，重要な用語を覚えさせたいのであれば，穴埋め式にするなどの工夫が大切です。

　技能の習得では，手順を箇条書きで整理させたり，やり方のコツやポイントを書かせたりするための枠があるとよいでしょう。枠の中に図を入れて，説明を書き込めるようにしたり，自分の作品と比較できるようにすると，習得をうながします。

　枠づくりを意識してワークシートを作成することで，教えすぎず，ちょうどよいあんばいの『知識・技能』が見えてきます。

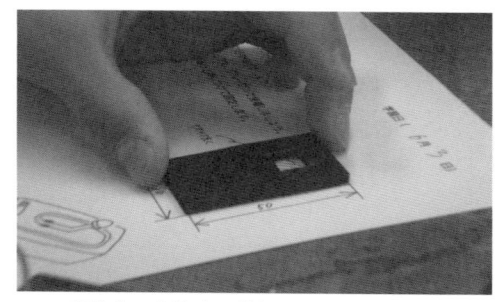
実物大で点検する技能のワークシート例

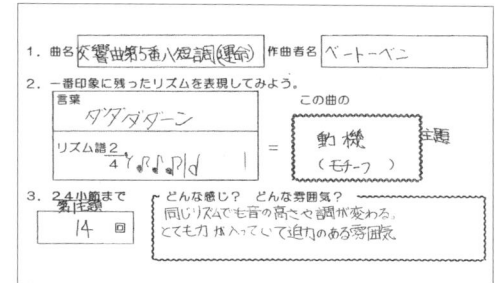
分かったことを整理させる例

図Ⅱ-14　『知識・技能』のワークシートの例

(2) 考えるためのワークシート，メモと思考のまとめ

　考える場面の「学習しぐさ」を観察すると，子どもは消しゴムを何度も使っています。『思考・判断・表現』の場面では，何度も書き直しながら考えを整理しているようです。

　そこで，ワークシートの枠も，消しゴムを多用することを想定して大きさや形を決定すると，子どもの『思考・判断・表現』活動が活発になります。

書きながら相談する

書いて考えを発散・整理する

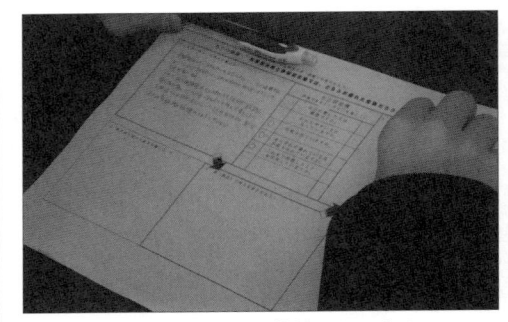
考えを整理したり比較したりする

情報を見ながら考える

図Ⅱ-15 『思考・判断・表現』のワークシートの活用例

『思考・判断・表現』のワークシートを作成するポイントは，次の四つです（→ p.69～72）。

> a．『思考・判断・表現』の課題（学習の課題）とゴールを明らかにする。
> b．枠線や矢印などで，考える流れをつくる。
> c．メモを取る場所，何度も書き直せる場所，最後にまとめる場所をつくる。
> d．考えるためのヒントになる情報を載せておく。

また，ワークシートには，次の①～⑦が入っているとよいでしょう。

①何のために……………… 何を『思考・判断・表現』するかの課題を明確にする。
②どうする………………… 『思考・判断・表現』のゴールを明らかにする。
③どんな条件で…………… 『思考・判断・表現』するために指導者が示す条件を明らかにする。
④何の知識や技能を使って… 『思考・判断・表現』するために自分が必要とする技能や知識を明らかにする。
⑤どんな流れで…………… 考えるプロセスや考える順序などを例示する（板書で示す，個人的に提示する等）。
⑥何ができればいいのか…… 『思考・判断・表現』の成果を評価する基準を明確にする。
⑦メモ欄…………………… 『思考・判断・表現』の過程でメモを書きやすくする。

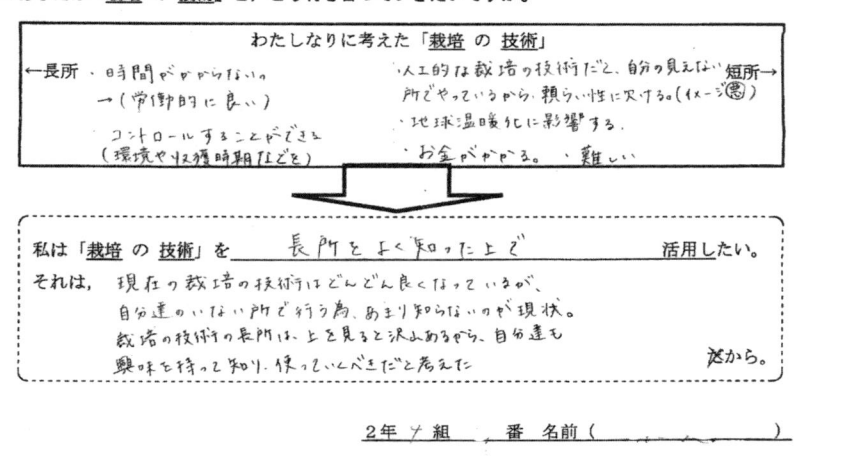

図Ⅱ-16 枠線で『思考・判断・表現』の流れをつくったワークシートの例

(3)『関心・意欲・態度』の変容を記録するワークシート

　子どもの『関心・意欲・態度』は，長期間にわたり，心の中の風船がふくらむように少しずつ醸成されていきます。そこで，授業末や単元末などの区切りのよいタイミングで，子どもの"心の中の風船"を書き残せるようなワークシートが必要です。

★小さいふり返り

　"心の風船"をふくらませるために，授業末に気持ちをふり返る「小さいふり返り」が有効です。授業の終末に，「今日の授業で具体的に○○について思ったことや感じたことを自由に書こう」と投げかけ，枠を小さめにつくっておきます。心で感じたことは，時間が経つと忘れてしまうので，メモ程度に書き残しておく，という趣旨でワークシートを用意するとよいでしょう。

　ただし，漠然と「感想を書こう」や「気づいたことを書こう」では，"心の風船"がうまくふくらまないようです。こうした小さな記録を積み重ねていき，"心の風船"の変化が見えるようなワークシートにすると，後でふり返るときに役立ちます。

★大きいふり返り

　単元末や学期末で，長期的にふり返る「大きいふり返り」ならば，3種類3枚のワークシートを用意するとよいでしょう。3種類とは，単元の学習前の感想，毎時間の感想，単元の学習後の感想の3枚です。3枚を並べてみると，子どもの『関心・意欲・態度』の変容がはっきり見えてきて，子ども自身も驚きます。

```
3種類3枚のワークシート
①単元の初発で　　「学習を始める前に　○○について，今思いつくことを書こう」
②授業ごとに　　　「今日の授業で　　　○○について思ったことや感じたことを書こう」
③単元の終末で　　「学習をふり返り　　○○について，今思いつくことを書こう」
```

　大きいふり返りを準備するさいには，単元全体で関心を向けたい「軸」を決めてきます（例えば「材料」「宇宙」「話し方」「クラシック音楽」など）。その「軸」に沿って，3種類3枚のワークシート（→p.31～33）を準備して，これを計画的に記入させると，『関心・意欲・態度』が，ねらいの方向に向かって少しずつふくらんでいきます（→p.52）。

図Ⅱ-17　単元終末の感想を記入している様子

★書くことで，無意識が意識化される

　思ったことや感じたことを書くことは，書くこと自体が"心の風船"への働きかけになって，今まで無意識に見過ごしていたものを意識化させるきっかけになります。それは，子どもの『関心・意欲・態度』（特に『関心』）が育ったということです。「ひとこと感想」でもよいので，体験や学習を通して思ったことや感じたことを，言葉で書き表したり，表現させたりすることが，『関心・意欲・態度』を育てる上で重要になります（→p.144）。

図Ⅱ-18 『関心・意欲・態度』 3種類3枚のワークシートの例

①初発の感想記入用ワークシート

学習日（　　月　　日）

「　　　　　　　」の学習をはじめる前に

「　　　　　　　　　」と聞いて，『今』思いつくことを書こう。

思うことや感じることなど，何でもいいから，自由に書いてみよう。

年　　組　　番　なまえ（　　　　　　　）

②毎時間のふり返り用ワークシート

授業のふり返りシート

今日の授業をふり返り，思ったことを記入しておこう。

月日	学習内容・作業内容	「　　　　　」について 感じたこと・思ったこと	今日のひとこと感想	先生 チェック

年　　組　　番　なまえ（　　　　　　　　）

③終末の感想記入用ワークシート

学習日（　　月　　日）

「　　　　　　　　　」の学習をふり返ろう

「　　　　　　　　」と聞いて，『今』思いつくことを書こう。

思ったことや感じたことなど，何でもいいから，自由に書いてみよう。

質　問	◎○△×	その理由
学習を通して「　　　　　」への関心が高まったと思いますか。		

◎：カンペキ！バッチリ！　○：まあまあ　△：いまいち　×：ゼンゼン

年　　組　　番　なまえ（　　　　　　　　　）

(4)『知識・技能』を習得させる教材作成

『知識・技能』を習得させるために，フラッシュカード，掛け図，実物見本などの教材を用いることがあります。見本を作るさいは，子どもがまねをしやすくするとよいでしょう。

最近では，コンピュータを利用した提示教材が普及したため，教科書の図版を拡大して提示することが，容易にできるようになりました。コンピュータを利用するさいには，内容を正しく理解させるために，動画や静止画（図や写真等）と文字を組み合わせ，内容の理解をうながしたり，ノート等に転記させたりする時間をとるとよいでしょう。技能の見本にする場合は，動画を見せることも効果的です。

フラッシュカードの利用 　　　　　　　ビデオ教材で理解を促す

図Ⅱ-19　『知識・技能』の教材の例

(5)『思考・判断・表現』をねらって育てる教材作成

子どもがつまずいたとき，『思考・判断・表現』を進めるヒントになるよう，支援用の教材を準備しておくことが大切です。例えば，先輩の作品やレポート，仕組みや手順を理解するためのモデル図，実物見本や部分見本などが考えられます。見本を作るさいは，子どもがまねをしすぎず参考程度に受け取れるような工夫が必要です。また，こうした教材は，子どもが『思考・判断・表現』に困っている頃合いを見計らって，提供するようにします。教室の壁面に掲示しておくのもよいでしょう。

コンピュータを利用した提示教材を作るなら，子どもがイメージを固定化しすぎないように，静止画（図や写真等）や動画（映像やアニメーション）を使うとよいでしょう。

試行錯誤を助ける教材例[*2] 　　　　　　自分の考えを見せて共有する

図Ⅱ-20　『思考・判断・表現』の教材の例

[*2]　平成22年度 関東甲信越地区 中学校技術・家庭科研究大会 神奈川大会 第4分科会の実践事例

(6)『関心・意欲・態度』をねらって育てる教材作成

　『関心・意欲・態度』をふくらませるために，身近な話題を提供したり，新聞記事，生活にある実物などを用いるとよいでしょう。これらの教材を準備するさいは，子どもからいろいろな感想がわき出てくるよう工夫しておくとよいでしょう。つまり，指導者の価値観を子どもに押しつけていないか，どんな方向に気持ちを向けたいのか，五感を刺激するような教材になっているか，といった点をよく確かめておきます。授業で使った後，休み時間に子どもたちが見たり触れたりできるようにすると，『関心・意欲・態度』がいっそうふくらみます。

　コンピュータを利用した提示教材を作るなら，子どもの『関心・意欲・態度』を刺激するために，教科書の図版を拡大して提示したり，教科書では見られないようなインターネット上の動画（ニュース番組など）を見せることが効果的でしょう。ただし，あれもこれもと，情報を詰め込みすぎてしまうと，指導者の価値観を押しつけられているように子どもが感じてしまったり，『知識・技能』的になってしまうことも心配されます。簡潔に，でも子どもの会話が盛り上がり，「へぇ～」「すごい！」「なるほど！」という声が聞こえてくるような，そんな楽しい教材を作りたいものです。

感触の違う数種類の繊維を用意して
「触ってみて，どんな感じ？」

子どもが失敗しそうな事例を見せて
「さあ，どうなると思う？」

図Ⅱ-21　『関心・意欲・態度』の教材の例

ひとこと　アドバイス

　『学力の３要素』を意識することで，ワークシートや教材のもつ教育力をもっと引き出しましょう。

5 『学力の3要素』を意識した「指導姿勢」のポイント

各要素の学習特性を生かして指導姿勢を変えることで，3要素を連動させながら学力形成をうながすことができます。指導姿勢の違いを意識することで，授業にメリハリが生まれるとともに，子どもが学習の仕方を意識するようになり，3要素がバランスよくはぐくまれます。

表Ⅱ-5 『学力の3要素』を意識した「指導姿勢」のポイント

『知識・技能』	『思考・判断・表現』	『関心・意欲・態度』
○"上から""強く"	○"横から""やさしく"	○"下から""楽しく"
○教える，伝達する	○子どもの思考を助ける	○子どもと一緒に楽しむ
○示範する	○正解をいわずにヒントを出す	○間接的に情意を刺激する
○注意する	○つまずきの原因を探る	○価値観を押しつけない
○静かに，落ち着いて	○相談しながら，動きながら	○自由に，気楽に
○くり返して	○試行錯誤しながら	○おしゃべりしながら
○試しながら	○課題を明確にする	○触りながら，見ながら
○覚えさせる	○必要な知識を押さえる	○実物を見せる
○指示を出し行動させる	○条件を把握させる	○体験を大切にする
○示範する	○解決結果（ゴール）を想定させる	○思いついたまま自由に発言させる
○実物見本を見せる		○思ったことを，書いて意識化させる
○ノート等に書かせる	○書きながら考えさせる	

(1) 『知識・技能』の学習指導における「指導姿勢」

『学力の3要素』の趣旨からいえば，『知識・技能』では，教えるべきことはしっかり教えよう，という姿勢が大切です。『思考・判断・表現』や『関心・意欲・態度』に比べれば，比較的"上から""強めに"という指導になると思います（高圧的に，といった意味ではありません）。そのため，正解を求めたり，正しく覚えさせたり，くり返し練習させたり，示範してまねさせたり，といった指導姿勢をもつと，授業にメリハリをつけやすくなります。子どもたちは，『知識・技能』をまとめる学習活動では，静かに落ち着いて，丁寧に書

示範して覚えさせる　　　　　　　　　　　正解を導かせる

図Ⅱ-22 『知識・技能』の指導姿勢

いたり何度もくり返したりしながら取り組めるように指導すると，学習効果が高まります。

(2)『思考・判断・表現』の学習指導における「指導姿勢」

　『思考・判断・表現』は，考えさせるべきところはしっかり考えさせる，という姿勢が大切です。ただし，「なんとなく」考えさせたり，何でもむやみに考えさせたりするのではなく，学習課題に真摯に向き合い，学習のねらいに合わせて課題解決に取り組ませることが必要です。そこで，比較的"横から""やさしく"，子どもの思考を助けるような気持ちで支援することが大切です。正解を言わずにヒントを出すよう心がけたり，つまずきの原因を探りながら適切なアドバイスを与えたりすることが，子どもの『思考・判断・表現』を活発にしていきます。また，子どもたちが自分の力で『思考・判断・表現』できたと思わせるように支援することが大切です。

"横から"相談に乗る 　　　　　　　　　口を出さず静かに見守る

図Ⅱ-23　『思考・判断・表現』の指導姿勢

(3)『関心・意欲・態度』の学習指導における「指導姿勢」

　『関心・意欲・態度』は，知的好奇心を呼び起こし，子どもたちの"心の学力"を育てる，という姿勢が大切です。そのため，比較的"下から""楽しく"，子どもと一緒に楽しむように働きかけます。また，指導者の価値観を押しつけないよう，何か体験する場面では，先に子どもたちに感想を言ってもらい，指導者は自分の感想を後から話すといった工夫が考えられます。

"下から"やさしく 　　　　　　　　　"楽しく"一緒に

図Ⅱ-24　『関心・意欲・態度』の指導姿勢

(4)「指導」の種類

　ここでいう「指導」とは，指導者から子どもたちへの意図的な働きかけであり，その意味を広くとらえています。学習形態（指導者主導の一斉学習や，子ども主体の問題解決的な学習等）に応じて，指導者のかかわり方はさまざまです。そのため，指導は，指示伝達・支援・隠れた支援といった種類の働きかけによって行われます（図Ⅱ-25）。
　なかでも「隠れた支援（潜在的カリキュラム）」は，指導者の無意識の振る舞いからにじみ出る価値観や態度が，子どもたちにしみ込んでいき，いつの間にか『思考・判断・表現』や『関心・意欲・態度』が形成されていく原因になっています。
　本節で紹介している「指導姿勢」は，この潜在的指導の考え方を，『学力の3要素』に結びつけて，教室環境，板書，教材といった，間接的な方法も上手に生かして，子どもたちに働きかけていこうというものです。掲示物や教室の雰囲気，指導者の立ち位置，姿勢，表情，うなずきなどのしぐさなども，指導の一部であるという意識をもつことが大切です。

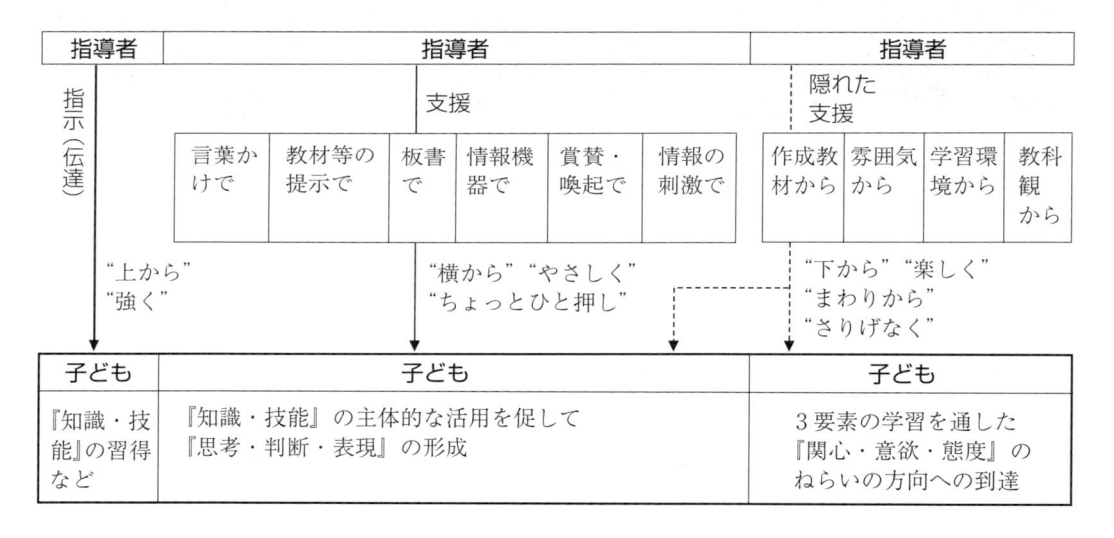

指導者	指導者						指導者			
指示（伝達）	支援						隠れた支援			
	言葉かけで	教材等の提示で	板書で	情報機器で	賞賛・喚起で	情報の刺激で	作成教材から	雰囲気から	学習環境から	教科観から
"上から" "強く"	"横から" "やさしく" "ちょっとひと押し"						"下から" "楽しく" "まわりから" "さりげなく"			
子ども	子ども						子ども			
『知識・技能』の習得など	『知識・技能』の主体的な活用を促して『思考・判断・表現』の形成						3要素の学習を通した『関心・意欲・態度』のねらいの方向への到達			

図Ⅱ-25　指導者のかかわり方（広い意味の「指導」）

> **ひとこと　アドバイス**
> 指導者の指導姿勢を『学力の3要素』によって変えると，子どもが安心して学習できます。

6 『思考・判断・表現』の学習指導のポイント

(1)「考える」ゴールと,「考える」制約条件を明確にする

　『思考・判断・表現』の授業において,子どもに何かを「考えさせ」れば,どんな活動でも『思考・判断・表現』になるのでしょうか。例えば,「よく考えて,正解を見つけよう」というのは,『思考・判断・表現』の学習といえるでしょうか。『思考・判断・表現』を「ねらって育てる」ためには,考える(『思考・判断・表現』する)ための"目的"を意識させてから,「考える」学習活動(つまり思考活動の時間)に入らせる,といった授業展開の工夫が必要です。

　例えば,「なんとなく」考えさせるのではなく,考える"ゴール"を明確にしておく方法があります。何を考えればよいのか,拡散的(発散的)でよいのか,どこまでまとめればよいのか,といったことを明確にしておくことで,子どもの『思考・判断・表現』が活発になります。

　また,『思考・判断・表現』の場面では,友達と相談したり,体を動かしたりすることが考えられます。そこで,『思考・判断・表現』してよい時間や活動範囲,使うべき教材などをあらかじめ指示しておけば,子どもがその制約条件のもとで,主体的に『思考・判断・表現』活動に取り組むことができます。

> 例：×　弥生時代のくらしについて考えよう
> 　　　　　↓
> 　　○　弥生時代のくらしはどうだったのか,班で話し合いながら,資料を見て予想してみよう

(2)「ふり返り」を大切にする

　考えっぱなしで終わりにせず,『思考・判断・表現』した過程をふり返ることで,そこで得た『知識・技能』を定着させたり,頭の中でいろいろとめぐらせた考えを整理させたりすることができます。

　このとき,小さいふり返り(授業内で『思考・判断・表現』したことのふり返り)と,大きいふり返り(単元内で『思考・判断・表現』していることのふり返り)が混在していると,うまくいきません。子どもが,何のために,何をふり返ればよいのか分かるよう,ふり返りの目的をはっきりさせておくことが大切です。

> 例：×　実験の結果から,光合成を活発にする方法を考えよう
> 　　　　　↓
> 　　○　①今の実験で,光合成を活発にする光量をグラフに整理しよう
> 　　　　②これまでの学習から,光合成を活発にする方法を説明しよう

(3)「違いを考える」は，目的でなく手段

　何かを比較することが目的になってしまうと，『思考・判断・表現』ではなく『知識・技能』の学習になってしまいます。比較を通して何を考えたいのか，『思考・判断・表現』のねらいを明確にすることが大切です。

> 例：× 新聞記事を比較して，表現の共通点・相違点を考えよう
> 　　　（相違点が見つかるだけで，『知識・技能』の学習になってしまう）
> 　　　↓
> 　　○ 比較読みで見つけた表現の特徴を生かし，自分の目的に合う表現方法を具体化（文章化）しよう

(4)「自分なりに」は，感覚的でなく論理的な基準で

　「自分なりに考える」という問いかけは，『思考・判断・表現』の学習で多く見られます。このとき，指導者は「学習したことを生かして組み立てる」という趣旨で問いかけていると思いますが，子どもは「自分の生活観で，自分の好みで」と受け止めることがあるようです。これでは，学習したことを活用した『思考・判断・表現』にならなくなってしまいます。

　そこで，「自分なりに」考えさせるときは，感覚的に『思考・判断・表現』させずに，論理的に『思考・判断・表現』して説明させるようにしたり，何か制約をかけながら創造的に『思考・判断・表現』させるようにしたりする工夫が大切です。

> 例：× バランスのよい献立を考えよう
> 　　　（「バランス」の基準が感覚的になり，学習にならない）
> 　　　↓
> 　　○ ①1日の食事で栄養のバランスがとれるよう，3食分の献立を考えよう
> 　　　②あなたが決めた「バランス」に合わせて，3食分の献立を考えよう

(5)『学力の3要素』の順序を工夫してみる

　例えば，考えるための基礎となる『知識・技能』を習得してから『思考・判断・表現』に取り組むときは，小課題をいくつか準備して，少しずつ『思考・判断・表現』のハードルを上げていく展開が考えられます。また，大きな課題について『思考・判断・表現』してから，考える過程で得た『知識・技能』をふり返りまとめることで，学習内容に対する理解を深めるという展開も考えられます。

　『学力の3要素』を結びつけて考えることで，かえって『思考・判断・表現』の形成をうながすことができます。

第Ⅱ章 『学力の3要素』を育てる授業展開10のポイント

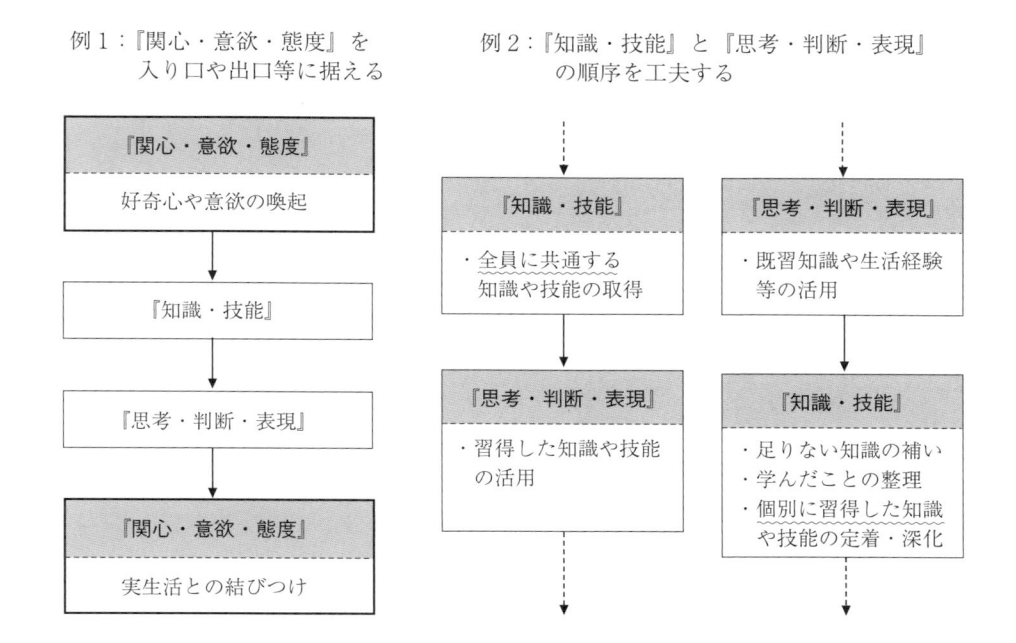

例1:『関心・意欲・態度』を
入り口や出口等に据える

```
┌─────────────────┐
│『関心・意欲・態度』│
├─────────────────┤
│ 好奇心や意欲の喚起 │
└─────────────────┘
         ↓
┌─────────────────┐
│  『知識・技能』   │
└─────────────────┘
         ↓
┌─────────────────┐
│ 『思考・判断・表現』│
└─────────────────┘
         ↓
┌─────────────────┐
│『関心・意欲・態度』│
├─────────────────┤
│ 実生活との結びつけ │
└─────────────────┘
```

例2:『知識・技能』と『思考・判断・表現』
の順序を工夫する

```
┌─────────────┐      ┌──────────────┐
│『知識・技能』│      │『思考・判断・表現』│
├─────────────┤      ├──────────────┤
│・全員に共通する│    │・既習知識や生活経験│
│ 知識や技能の取得│   │ 等の活用         │
└─────────────┘      └──────────────┘
       ↓                     ↓
┌─────────────┐      ┌──────────────┐
│『思考・判断・表現』│  │『知識・技能』    │
├─────────────┤      ├──────────────┤
│・習得した知識や技能│ │・足りない知識の補い│
│ の活用          │   │・学んだことの整理  │
│                 │   │・個別に習得した知識│
│                 │   │ や技能の定着・深化 │
└─────────────┘      └──────────────┘
```

図Ⅱ-26 『学力の3要素』の指導順序の工夫例[*3]

(6) 「個→集団→個」の流れを大切にする

　『思考・判断・表現』の学習活動では，活動を活性化させることが大切です。そのためには，子ども同士で刺激し合えるような話し合い活動を取り入れたり，考えを確かめたり深めたりするために必要な「書く」活動を取り入れる方法が有効です。

　「さあ，グループで話し合ってみよう」と指示しても，目的がはっきりしなければ，話し合いは機能しません。また，話し合いに参加する子ども一人ひとりが，あらかじめ考えやアイデアをもっていなければ，話し合いは活性化しません。

　そこで，次ページの図Ⅱ-27のように，まずは自分で考え，それを持ち寄って集団で考え，もう一度自分で考えるという流れが，集団での『思考・判断・表現』を活発にすると同時に，子ども一人ひとりの『思考・判断・表現』の質を高めます（→p.73）。

[*3] 横浜国立大学教育人間科学部附属鎌倉中学校（2008）「平成20年度公開授業研究会 教科提案・指導案綴り」p.11

第1段階　個	第2段階　集団	第3段階　個
個の事前活動	集団での話し合い活動	個に収束させる活動
まずは自分で考える。ぼんやりとしたアイデアやイメージをメモに起こす。	メモをもとに、集団で考えを共有する。合意形成したり、新たな発見を生んだりする。相談の過程や結果でメモを取る。	もう一度自分で考え、はっきりとイメージや考えをもつ。メモをもとに考えをまとめる。

図Ⅱ-27　『思考・判断・表現』を活発にする，個→集団→個の流れ

★よく見かける例とその改善案

「弥生時代のくらしは，どんなふうだっただろうか」

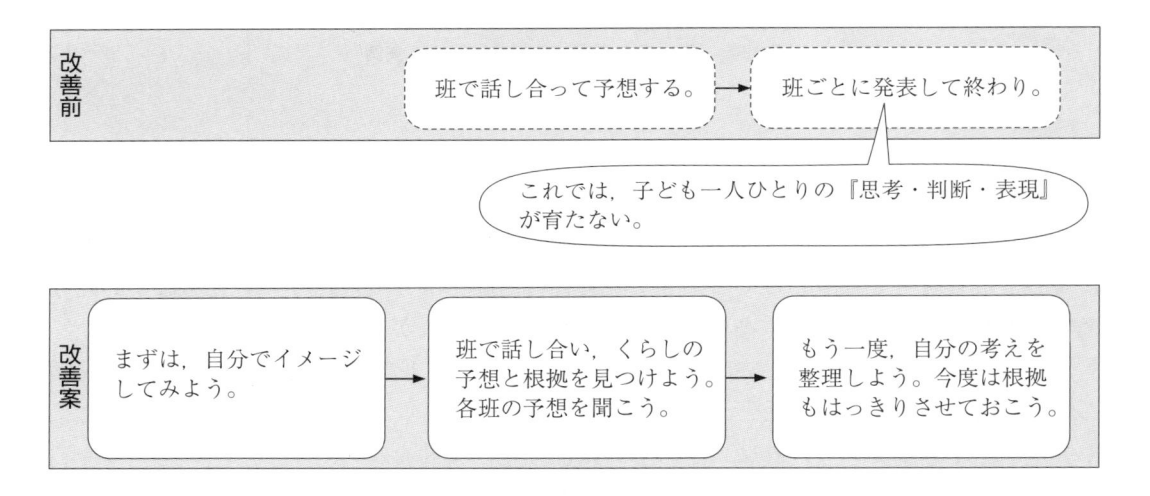

改善前

班で話し合って予想する。 → 班ごとに発表して終わり。

これでは，子ども一人ひとりの『思考・判断・表現』が育たない。

改善案

まずは，自分でイメージしてみよう。 → 班で話し合い，くらしの予想と根拠を見つけよう。各班の予想を聞こう。 → もう一度，自分の考えを整理しよう。今度は根拠もはっきりさせておこう。

ひとこと アドバイス

『思考・判断・表現』の学習指導は，活動の目的（ゴール）を先に決めておこう。

7 『思考・判断・表現』を意識した「支援」のポイント

(1) 『思考・判断・表現』に応じて一斉と個別を選ぶ

第Ⅰ章-3(4)(p.14)でも述べたように,本書では『学力の3要素』を「ねらって育てる」ための指導形態を,「指示(伝達)」「支援」「隠れた支援」の三つに整理しています。なかでも「指示(伝達)」と「支援」には,一斉形態と個別形態があり,子どもの『思考・判断・表現』の学習活動に応じて,適切な指導形態を選んでいくことが大切です。

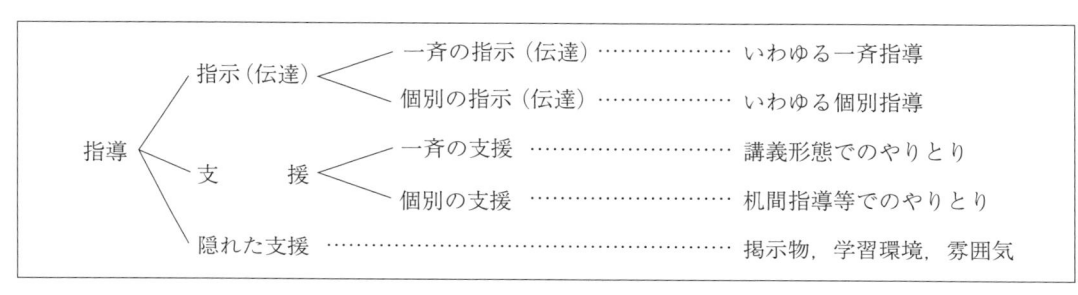

```
          ┌─ 指示(伝達) ┬─ 一斉の指示(伝達) …………… いわゆる一斉指導
          │              └─ 個別の指示(伝達) …………… いわゆる個別指導
指導 ─────┤
          │  支    援   ┬─ 一斉の支援 ………………… 講義形態でのやりとり
          │              └─ 個別の支援 ………………… 机間指導等でのやりとり
          └─ 隠れた支援 …………………………………… 掲示物,学習環境,雰囲気
```

図Ⅱ-28 「ねらって育てる」ための指導形態

(2) 学習の流れに合わせて,一斉と個別を組み合わせる

子どもが『思考・判断・表現』しているときに,子どもたちがつまずいたら,その『思考・判断・表現』を再び活性化させるために,どのような支援を行うでしょうか。意識して学習指導をふり返ってみると,次のように区別しているのではないでしょうか。
　○クラス全体に対して「ここはどうなっているか,確かめてみよう」と投げかける。
　○グループ(小集団)に対して,「この班は,こうやってごらん」と投げかける。
　○子ども一人ひとり(個人)に対して「あなたなりに考えをまとめてみよう」と投げかける。

この全体,小集団,個人という支援の対象は,学習の流れによって変化しています。そこで,『思考・判断・表現』を「ねらって育てる」学習指導では,クラス全体(や小集団)に対する一斉指導と,個人や小集団に対する個別の支援を,学習の流れに合わせて組み合わせていくことが大切です(次ページ図Ⅱ-29)。

> 例:①基礎的な『知識・技能』を習得させたり,『思考・判断・表現』の課題や制約条件等を提示する段階では,主に一斉指導
> 　　②子どもが主体的に課題解決していく段階では,主に個別の支援
> 　　③課題解決の成果を評価する段階では,主に一斉指導

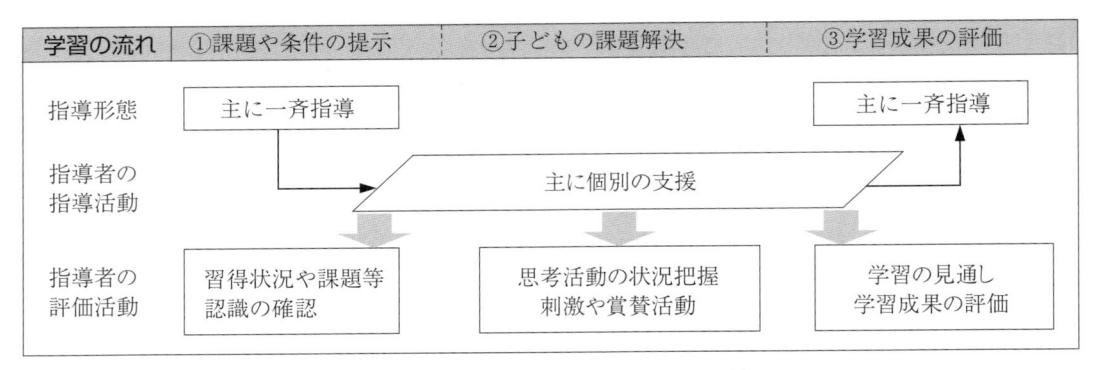

学習の流れ	①課題や条件の提示	②子どもの課題解決	③学習成果の評価
指導形態	主に一斉指導		主に一斉指導
指導者の指導活動		主に個別の支援	
指導者の評価活動	習得状況や課題等認識の確認	思考活動の状況把握 刺激や賞賛活動	学習の見通し 学習成果の評価

図Ⅱ-29　学習の流れと指導形態の変化[*4]

(3) 支援は，まず「つまずいていること」を「学習しぐさ」から見つける

　支援では，子どもの反応（「学習しぐさ」）をよく観察し，『思考・判断・表現』の学習活動の状況を把握することが大切です。つまずきを把握したら，次の支援を適切に選択することができます。つまずきを把握せずに支援してしまうということは，子どもたちの『思考・判断・表現』を妨げ，指導者の答えを押しつけているのと同じことになってしまいます。

　まずは，『思考・判断・表現』につまずいている，ということを「学習しぐさ」からつかめるとよいでしょう（図Ⅱ-30）。そして，表情やしぐさを見ていれば，声をかけるタイミングがつかめてきます。

　『思考・判断・表現』の学習場面では，じっと黙っている子どもが，何も考えていないとは限りません。むやみに声をかけず，集中しているときはそっと見守り，思考が止まっていれば横からやさしく声をかける，という姿勢が大切です。

　「学習しぐさ」の観察は，『思考・判断・表現』が拡散（発散）的思考なのか収束的思考なのか論理的思考なのかのように，"思考を分類すること"が目的ではありません。あくまでも，子どもが『思考・判断・表現』でつまずいているのかどうか，支援が必要かどうかといった，支援の方向性を判断・決定するための参考情報です。

　また，子どもによってしぐさが異なりますから，パターン化してとらえることはできません。

[*4]　尾﨑誠・小倉修・中村祐治（2009）「技術・家庭科において観点の学習特性を生かす指導と評価」『教材学研究』第20巻，p.117

第Ⅱ章 『学力の3要素』を育てる授業展開10のポイント

思考が深い ↑

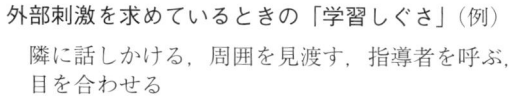

外部刺激を求めているときの「学習しぐさ」(例)
隣に話しかける,周囲を見渡す,指導者を呼ぶ,目を合わせる

→ 近くに行って,様子を見よう。
まだ話しかけないで…

思考が浅くなっているときの「学習しぐさ」(例)
関係ないものをいじる,視線を下げる・そらす,貧乏ゆすり,隣とおしゃべり,髪をいじる

→ 声をかけてみよう。
課題が難しいのかな?
手がかりが見つけられないのかな?

思考が止まっているときの「学習しぐさ」(例)
きょろきょろして落ち着かない,鉛筆をいじる,プリントに落書き,視線が定まらない,座り方がだらしなくなる

→ 飽きてきたのかな?
課題が理解できていないのかな?
ここは『思考・判断・表現』よりも『関心・意欲・態度』をうながしてみよう。

↓ 思考が止まっている

図Ⅱ-30 「学習しぐさ」からつまずきを把握し,支援の方向を決める例

(4) どこでつまずいているのかを見つけ，適切な支援を選択する

★つまずきの見つけ方

　子どもが『思考・判断・表現』でつまずく原因には，大きく四つの要因があると考えられます。この四つの要因は，「入力課題」「出力結果」「内部条件」「外部条件」に整理されます（「『思考・判断・表現』学習活動の基本構造」（p.123 図Ⅵ-2）を参照）。どの要因でつまずいているのかが分かれば，適切な支援を選択することができます。

　子どもたちは，『思考・判断・表現』するさいに，まず学習課題をつかみ，その課題を解決して結果を出すように考えます。そのとき，子どもの内部にある『知識・技能』や意欲，経験等を活用して『思考・判断・表現』します。また，子どもの外部にある，周囲の状況や制約条件等を考慮して『思考・判断・表現』します。子どもがつまずいているときに「よく考えてごらん」の一言で済ませてしまうことも多いと思いますが，このように『思考・判断・表現』をとらえることで，子どものつまずきがどこにあるのか，見つけやすくなります。

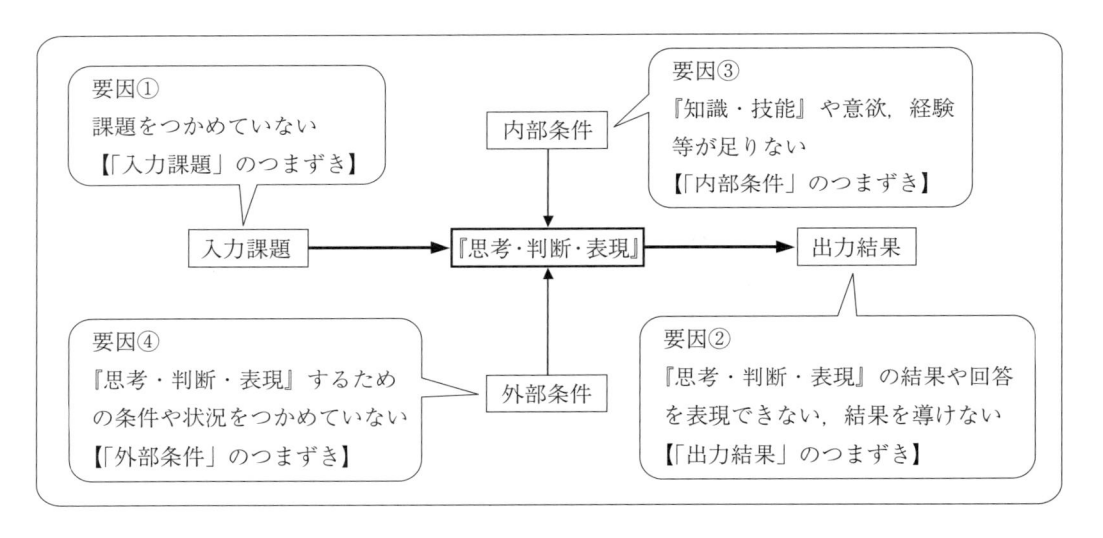

図Ⅱ-31　『思考・判断・表現』でつまずく四つの要因

★適切な支援の選び方

　「実験結果と考察をレポートにまとめる」という学習課題を例に，四つの要因に応じた支援の例を挙げてみます（表Ⅱ-6）。このように，つまずきの原因が分かれば，それに応じた適切な支援の方向を決定することができます。こうした支援の決め方が分かれば，『思考・判断・表現』の学習活動を支援するときに，答えを教えすぎてしまったり，子どもの思考を妨げてしまったりすることを防ぐことができます（→ p.132～133）。

第Ⅱ章 『学力の3要素』を育てる授業展開10のポイント

表Ⅱ-6 四つの要因に応じたつまずきの例と，その支援の例

「入力課題」（要因①）のつまずき例

つまずきの原因		つまずきに応じた支援の例
何を考察するのか分からない	→	課題をもう一度確かめさせる。 「実験から分かったことを整理しよう」
今，何の学習なのか分からない	→	指導課題を明示する 「今は，○○の学習をやっているんだよ」

「出力結果」（要因②）のつまずき例

つまずきの原因		つまずきに応じた支援の例
どうやってまとめればいいか分からない	→	先輩のレポートを見せる 「これを参考に，自分で決めていいよ」 周囲の友達と相談させる 「みんなのまとめ方を参考にしてごらん」 ※ゴールを見せることになるので，これが答え（正解）にならないように配慮する。
結論が課題とかみ合っていない	→	課題との整合を確かめさせる 「何が課題だったか，もう一度見てごらん」

「内部条件」（要因③）のつまずき例

つまずきの原因		つまずきに応じた支援の例
結論を導くための『知識・技能』が足りない	→	『知識・技能』を補う 「教科書のここを見てみよう」 「前のノートを開いて，思い出そう」
レポートの書き方が分からない 観察結果の生かし方が分からない	→	章立ての仕方を教える（『知識・技能』的） 「こうやって章立てするんだよ」 「観察結果をこの手順で整理してみよう」

「外部条件」（要因④）のつまずき例

つまずきの原因		つまずきに応じた支援の例
学習上の制約条件をつかめていない （時間の制約，提出方法の制約等）	→	制約を確かめさせる 「表紙を付けて，4枚以内にまとめるんだよ」 「グラフを入れるんだったよね」

> **ひとこと アドバイス**
> 　『思考・判断・表現』の支援は，つまずきを見つけることから始めましょう。

8 『思考・判断・表現』の学習評価のポイント

(1) 目に見えるよう表現させてから,「みなし」で読み取る

　『思考・判断・表現』のうち,「思考・判断」は脳内の活動ですから,子どもたちの「思考・判断」の状況を直接目で見ることはできません。そこで,目に見えない「思考・判断」の様子を目に見えるよう「表現」させた表現物としての学習成果を『思考・判断・表現』の実現状況とみなして読み取ることにすれば,到達状況の判断が客観的になります。

　中教審答申[*5]で例示された『思考・判断・表現』のための言語活動例は,『思考・判断・表現』を育てるためだけでなく,その実現状況を目に見えるよう表現させるためにも有効です。例えば,レポート課題からは,その内容,構成,論理展開,考察といった情報を得ることで,『思考・判断・表現』が育った（指導目標に到達した）とみなすことができます。

(2) 学習成果物から読み取る

　『思考・判断・表現』は,時間をかけて育ちます。そのため,『思考・判断・表現』の学習評価に利用できる学習成果物は,授業ごとや小単元ごとのような学習過程で読み取れる短期的スパンの学習成果と,単元末や学期末のようなまとまりの終末で読み取れる長期的スパンの学習成果に大別できます（図Ⅱ-32）。各教科では,これまでに述べた学習活動の留意点と関連づけながら,適切なタイミングで,適切な方法を用いて,学習活動を通して育った『思考・判断・表現』の実現状況を読み取ることができます。

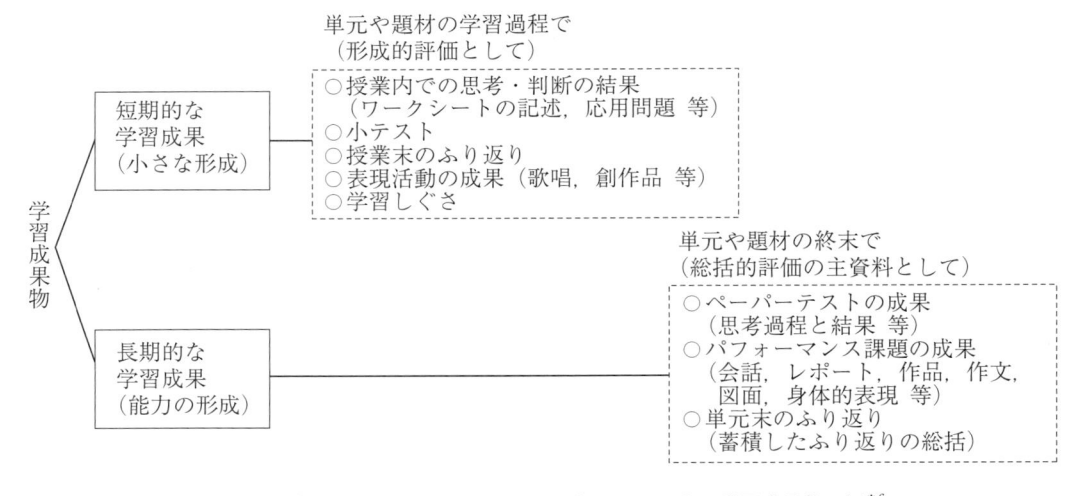

学習成果物
- 短期的な学習成果（小さな形成）
  - 単元や題材の学習過程で（形成的評価として）
    - ○授業内での思考・判断の結果（ワークシートの記述,応用問題 等）
    - ○小テスト
    - ○授業末のふり返り
    - ○表現活動の成果（歌唱,創作品 等）
    - ○学習しぐさ
- 長期的な学習成果（能力の形成）
  - 単元や題材の終末で（総括的評価の主資料として）
    - ○ペーパーテストの成果（思考過程と結果 等）
    - ○パフォーマンス課題の成果（会話,レポート,作品,作文,図面,身体的表現 等）
    - ○単元末のふり返り（蓄積したふり返りの総括）

図Ⅱ-32　『思考・判断・表現』の学習評価に活用できる学習成果物の例[*6]

[*5]　中央教育審議会（2009）「児童生徒の学習評価の在り方（答申）」文部科学省
[*6]　横浜国立大学教育人間科学部附属鎌倉中学校（2010）「平成22年度公開授業研究会 教科提案・指導案綴り」p.12に基づいて尾﨑が作成

(3) 四つの読み取り方法

第Ⅵ章（→p.138）でもふれますが，『思考・判断・表現』の読み取りには，大きく四つの方法が考えられます。

●**方法1　ペーパーテストやパフォーマンス課題**

こうしたテストは，『思考・判断・表現』の育ちを見極めるために，非常に有効な方法です。授業で扱っていない素材を用いて，応用問題のように作問することで，『思考・判断・表現』の学習評価が可能になります。詳細は，p.82を参照してください。

●**方法2　「入力」と「出力」の差異（ずれ）の程度**

長期的な課題に取り組む場合や，問題解決的な学習に取り組む場合は，当初の課題や予定（計画）と，実行後の結果（学習成果）とのずれ（差異）を読み取って，学習評価の資料にすることができます。例えば，当初は「地域のゴミ問題を解決する」という課題を設定していたのに，学期末には具体的な解決方法をまとめられなかった，という場合は，当初の課題と最終的な結果のずれ（差異）から，その課題を達成できていなかった，と判断することができます。

ただし，このようなずれ（差異）が見られても，途中の過程でさまざまなことを『思考・判断・表現』して，試行錯誤しながら学習を進めているわけですから，『思考・判断・表現』の学力はしっかり育っていると考えられます。逆に，予定通りの結果を出したとしても，途中の過程で『思考・判断・表現』できていなければ，『思考・判断・表現』の学力は育っていないと判断できます。

ずれ（差異）を読み取る方法で大切なのは，次の3点です。

①子どもが学習をふり返ったときに，予定と結果のずれに気づかせること
②なぜそのようなずれが生じたのか（または，なぜ予定通りにうまくいったのか）その理由を整理させること
③次の課題解決に生かすための要領（コツやポイント）をまとめさせること

こうすることで，試行錯誤しっぱなしではなく，これが『思考・判断・表現』の学習活動になり，『思考・判断・表現』を「ねらって育てる」ことにつながります。

●**方法3　学習活動のふり返りと自己評価**

例えば，単位時間の授業内では，「なぜこれを選んだのですか？」のように，『思考・判断・表現』した理由を回答させたり，「今日の学習を生活にどう生かしたいですか」「次の授業では，どんな取り組みが必要ですか」「○○について，自分なりにポイントを整理しよう」と授業内での試行錯誤を自分なりにふり返らせたりすれば，これは『思考・判断・表現』の学習評価に利用することができます。長期的な学習の場合は，方法2と同じ考え方でふり返ることができます。詳細は，第Ⅱ章の6（→p.39）や，第Ⅳ章のQ7（→p.96）などを参照してください。

●**方法4　「学習しぐさ」**

「学習しぐさ」の観察は，授業が『学力の3要素』に沿って区別できているか，子ども

たちが『思考・判断・表現』しているか，などを確かめるための評価資料です。そのため，成績をつけるための資料としては不適切です。詳細は，第Ⅳ章のQ1（→ p.88）を参照してください。

(4) 『学力の3要素』は目標準拠評価，だからこそ記述欄を分ける

　例えば，実験の「考察」の記述から，「この子は『知識・技能』が身に付いたな」「この子は，図を入れて論理的に考えているから『思考・判断・表現』が育ったな」「この子は，新たな疑問がわいてきているから『関心・意欲・態度』が見られるな」というふうに，複数の要素を読み取ろうとする方法は，多くの学校で行われていると思います。このほうが，記述欄も少なくて済みますし，記述された文章の語尾を読み取ることで，ある程度，要素を読み分けることができると思います。その反面，子どもの表現力によって評価に差がつくことや，読み取り基準に曖昧さが残ることが心配されています。また，子どもが書き方のコツをつかんでくると，指導者側に「評価に差がつかないな」「（評価が良くなる）書き方を分かってきたな」という意識が生まれることも心配です。この考え方は，子どもの間に差をつけようとする相対評価的なもので，教員経験が長いほど，無意識にこのような尺度をもってしまいがちだと思われます。

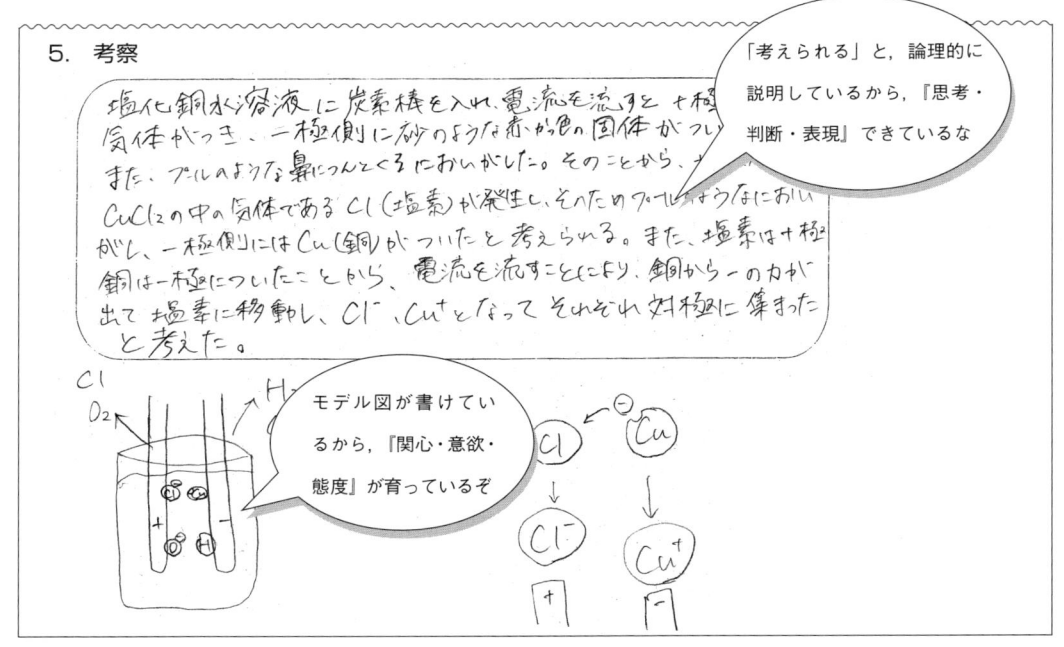

図Ⅱ-33　子どもの記述から『学力の3要素』をすべて読み取ろうとする例

　『学力の3要素』は，目標準拠評価だからこそ，その意義が生かされます。育てたい要素ごと（または対応する観点ごと）に到達目標を設定することで，授業が分かりやすくなり，また評価もしやすくなります。『学力の3要素』を「ねらって育てる」ためには，ねらう要素ごとに，記述欄を分けたほうが，子どもも書きやすくなりますし，学習評価も客

観性が向上します。

どうしても欄を分けられない場合（前述の例のような場合）は，『学力の3要素』に応じて評価の観点の順序を決めておき，それを採点基準にすることで，読み取りの客観性を高めることができます。

改善案1：記述欄を『知識・技能』『思考・判断・表現』『関心・意欲・態度』で分ける。

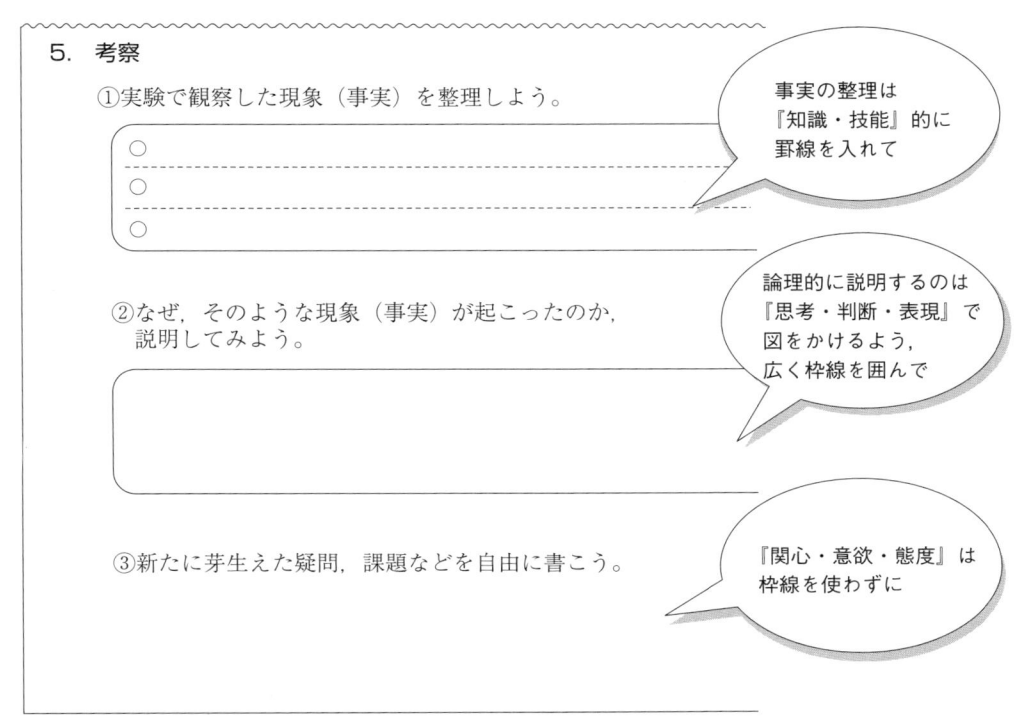

> 5. 考察
>   ①実験で観察した現象（事実）を整理しよう。
>   ○
>   ○
>   ○
>
>   ②なぜ，そのような現象（事実）が起こったのか，説明してみよう。
>
>   ③新たに芽生えた疑問，課題などを自由に書こう。

- 事実の整理は『知識・技能』的に罫線を入れて
- 論理的に説明するのは『思考・判断・表現』で図をかけるよう，広く枠線を囲んで
- 『関心・意欲・態度』は枠線を使わずに

改善案2：記述欄は一つのままだが，この学習課題における『学力の3要素』の読み取り順序を決めておく。

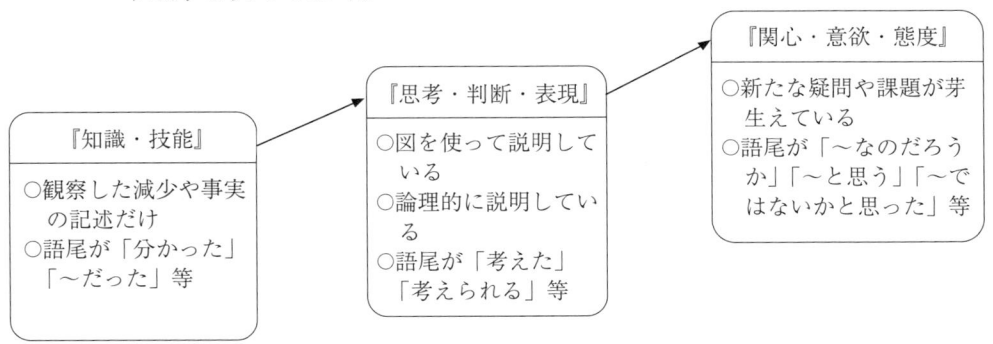

『知識・技能』
- 観察した減少や事実の記述だけ
- 語尾が「分かった」「〜だった」等

→

『思考・判断・表現』
- 図を使って説明している
- 論理的に説明している
- 語尾が「考えた」「考えられる」等

→

『関心・意欲・態度』
- 新たな疑問や課題が芽生えている
- 語尾が「〜なのだろうか」「〜と思う」「〜ではないかと思った」等

ひとこと アドバイス

『思考・判断・表現』の評価は，他の要素と切り離したほうが分かりやすくなります。

9 『関心・意欲・態度』を育てる学習指導のポイント

(1) 長い時間をかけ，少しずつ醸成する

　『関心・意欲・態度』は，子ども一人ひとりの心の中にある，教科で扱う学習内容に対する思いの"風船"であるとイメージできます。この風船は，さまざまな体験や生活経験，指導者の働きかけ等から刺激を受け，子ども自身の力で少しずつ思いをふくらませていき，色や形・大きさを変えていきます。

　このように形成された『関心・意欲・態度』は，子どもの学習の入り口となって知的好奇心を喚起したり，知的好奇心を他の3観点の学びに結びつけたり，子どもの心に根付いて行動を方向づけたりする原動力になります。したがって，学習内容に気持ちを向けさせながら，心情をふくらませる働きかけを継続的に行い，長い時間をかけて少しずつ醸成することが大切です。

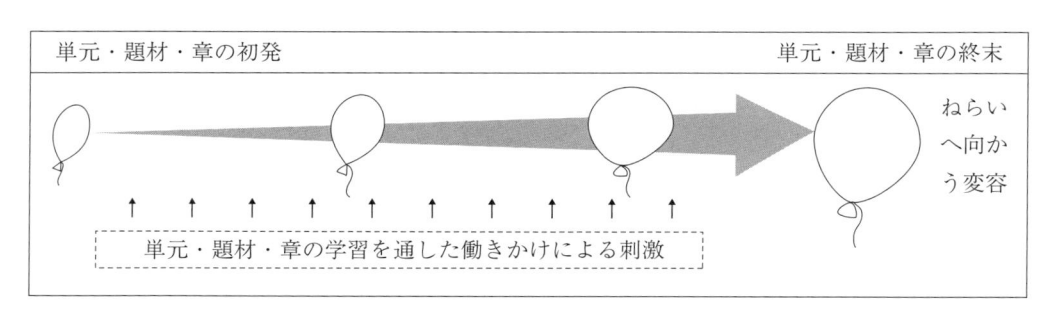

図Ⅱ-34　『関心・意欲・態度』が刺激によってふくらむイメージ

○学習の入り口としての知的好奇心　→　学習内容や具体的事象への関心
　　　　　　　　　　　　　　　　　　　問題発見の気づき

○学習の展開過程での学びの原動力　→　学習の原動力
　　　　　　　　　　　　　　　　　　　『知識・技能』の習得や活用をうながす
　　　　　　　　　　　　　　　　　　　『思考・判断・表現』をうながす

○学習の出口として形成される『関心・意欲・態度』
　　　　　→　授業外の生活や社会，過去・現在・未来の事象への関心
　　　　　　　教科で身に付けるべき価値観，行動傾向，生活での実践・活用
　　　　　　　生涯学習の基盤となる原動力

(2) 『関心・意欲・態度』を育てる授業づくりの例

★入り口は『関心・意欲』から

『関心・意欲・態度』は、子どもの心情を継続的に刺激する働きかけを通して徐々にふくらんでいきます。そのため、『関心・意欲・態度』を育てるポイントは、子どもの五感を通した体験と、体験で感じたことや思ったことを意識させる言葉かけを継続的に行うことです。

洗濯の方法を失敗した衣服を触ったり、さまざまな衣服の表示や洗剤の表示等を見たり触ったりして
↓

指導者「触ってみてどんなことを感じた？」
子ども「なんかごわごわしてて、おもしろい！」
　　　「表示ってこんなにいろいろ書いてあったんだ！」

図Ⅱ-35　五感を通した体験と、それに合わせた指導者の言葉かけの例

ほかにも、教室や学校、街などを探検して学習内容に関連のあるものを見つける学習活動は、子どもたちの知的好奇心を呼び起こしながら、教科で扱う内容の範囲をそれとなく感じさせるために有効です。さらに、次のような働きかけも、子どもの『関心・意欲・態度』をふくらませます。

○知的好奇心を喚起するよう働きかける
○生活や社会の状況から、学習内容に結びつける（学習の必然性を実感させる）
○励ましたり、ほめたり、賞賛したりする
○子ども自身が考えて解決できたと思わせるようにする　　　　　　　等々

★出口は『態度・意欲』

年間の学習を通して、子どもたちの『関心・意欲』は、徐々に『態度・意欲』へと熟成されてきます。そのため、学期末や学年末など、区切りのよいタイミングで、学習をふり返らせながら、子ども自身の態度を表明させるような学習活動を取り入れます。例えば「あなたは今後、この問題をどうしたいですか」「あなたが将来やってみたいことは何ですか」と問いかけることで、子どもたちの心の中で、学問的な『知識・技能』や『思考・判断・表現』に裏付けされた、真の『関心・意欲・態度』が醸成されるようになります。

> **ひとこと　アドバイス**
> はじめは五感を通して『関心・意欲』をふくらませ、最後は『態度・意欲』までじっくり育てましょう。

10 『関心・意欲・態度』の学習評価のポイント

　『関心・意欲・態度』は，学習を通して育った伸びしろを読み取って，目標への到達状況を評価します。このとき，『知識・技能』や『思考・判断・表現』とは異なり，まずは伸びた方向（子どもの『関心・意欲・態度』の向き）を読み取るようにします。こうすることで，子どもの『関心・意欲・態度』がねらいの方向に向かって伸びたかどうかを判断することができ，客観的で信頼性・妥当性のある学習評価が可能になります。

(1) 関心を向けさせたい「軸」を決めておく

　『関心・意欲・態度』は，指導者の働きかけに一貫性があるほど大きくふくらんでいきます。そこで，単元や題材の学習を通して，子どもたちに関心を向けさせたい方向を学習の「軸」として決めておきます。これは，1単位時間で関心を向けさせようと考えずに，長期的な働きかけの一貫性を生むための「軸」として考えます。

　ここで注意したいことは，指導者が慣れてきたときに，「私の授業はおもしろいわよ」「オレ（指導者）ってすごいだろう」といった気持ちで「軸」を決めてしまうと，「指導者」に対する関心をもたせようとすることになってしまうことです。これでは，学問に対する『関心・意欲・態度』が育たず，学校教育になりません。

軸の例：古典への関心，近代の政治，三平方の定理，生物，雅楽，デザイン，陸上競技，コンピュータ，衣生活，自分らしい英語表現

関心を向けてほしい方向へ「軸」を決める

(2) 3種類3枚のワークシートから，変容を読み取る

　単元や題材の初発（学習を始める前）と，単元や題材の終末（学習を終えたとき）に，それぞれ「軸」に対する感想を書かせるようにします。すると，ほとんどの子どもは記述の内容が大きく変化していることでしょう。子どもたちは，自分が書いた感想の変化に驚き，教科のことをもっと好きになってくれるようになります。また，このような学習を何年も続けていると，子どもたちは初発からたくさんの思いを書いてくれるようになります。終末では，一見したところ文字量は変わりませんが，内容の質が大きく変化していて，ここまでがんばって勉強してきたんだな，という実感がわいてくるようです。

　このように，子どもたちが「軸」に向かう変容を見せてくれるように，指導者はワークシートの作り方を工夫しておく必要があります。そのためのポイントは，次のとおりです。

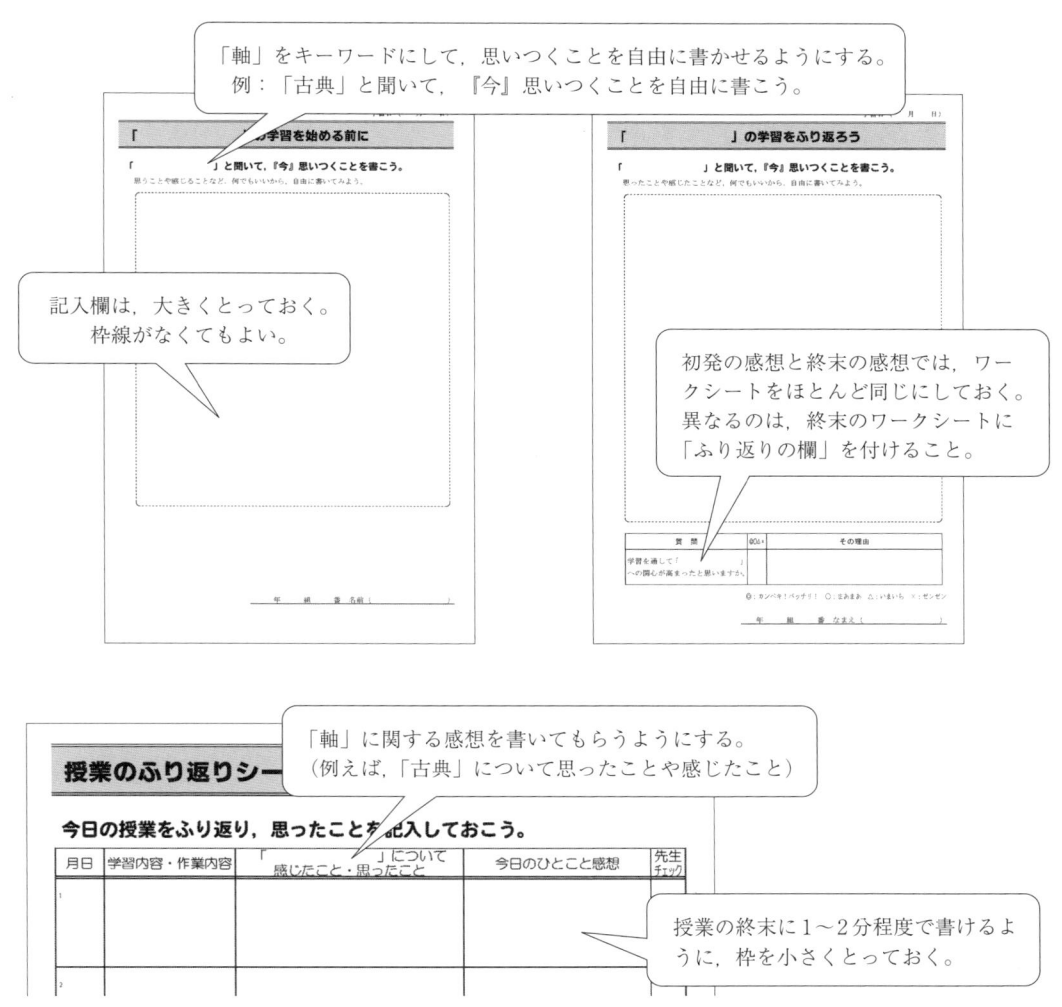

第Ⅱ章 『学力の3要素』を育てる授業展開10のポイント

「軸」をキーワードにして，思いつくことを自由に書かせるようにする。
例：「古典」と聞いて，『今』思いつくことを自由に書こう。

記入欄は，大きくとっておく。枠線がなくてもよい。

初発の感想と終末の感想では，ワークシートをほとんど同じにしておく。異なるのは，終末のワークシートに「ふり返りの欄」を付けること。

「軸」に関する感想を書いてもらうようにする。
（例えば，「古典」について思ったことや感じたこと）

授業の終末に1～2分程度で書けるように，枠を小さくとっておく。

図Ⅱ-36　3種類3枚のワークシート作成時の留意点

子どもの書き方は，単語でも文章でも，箇条書きでも，絵でも図でも，なんでもいいと話してあげる。

初発の感想は5～10分程度，終末の感想は10～15分程度の時間をとる。

感想を書いている間，指導者は子どもたちをやさしく見守っている。よけいな言葉を発しないほうが，子どもたちが『関心・意欲・態度』を自由に表現してくれる。

授業ごとのふり返りシートは，子どもの『関心・意欲・態度』の風船をふくらませるために非常に大切です。

図Ⅱ-37　3種類3枚のワークシート記入時の留意事項

このように準備した3種類3枚のワークシートは，子どもたちの『関心・意欲・態度』をふくらませてくれる上に，『関心・意欲・態度』の学習評価の客観性を高めてくれる，大変便利なものです[*7]。前述の考え方にもとづき，子どもたちの実態に合わせたレイアウトで作成するとよいでしょう。ただし，「気づいたこと」「考えたこと」といった用語を用いると，『知識・技能』や『思考・判断・表現』の記述になってしまいますので，語尾の選び方に留意する必要があります。

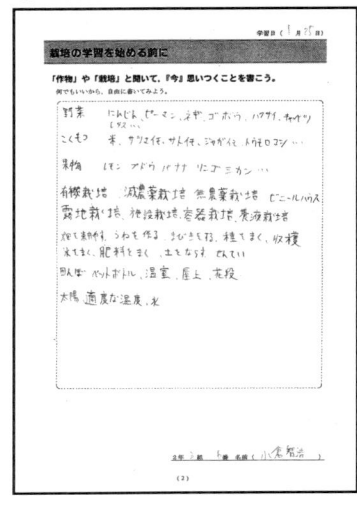

① 題材初発の感想　　　　② 授業ごとの感想　　　　③ 題材終末の感想

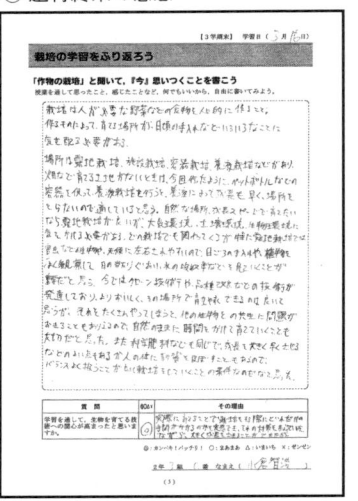

「作物」や「栽培」と聞いて，今，思いつくことを書こう

野菜　にんじん，ピーマン，ネギ，ゴボウ，ハクサイ，キャベツ
こくもつ　米，サツマイモ，サトイモ，ジャガイモ，トウモロコシ
畑を耕す，うねを作る，まびきをする，種をまく

「作物」や「栽培」について，感じたことや思ったことを書こう

○光の方向に傾くなど，植物自身がうまく栄養をとるために活動しているのだと思った。
○育つにつれて，容器の大きさ，日当たりなど色々と考えていく必要があるので，観察を怠らないようにしようと思った。

「作物」や「栽培」と聞いて，今，思いつくことを書こう

今では，クローン技術や品種改良などの技術が発達しており，よりおいしく，その場所で育てやすくできるのは良いと思うが，それをたくさんやってしまうと，他の生物との共生に問題が起きることもありえるので，自然のままに時間をかけて育てていくことも大切だと思った。

図Ⅱ-38　『関心・意欲・態度』の変容を読み取るワークシートの例

[*7] 『関心・意欲・態度』の変容を読み取る評価方法については，次を参照のこと。
中村祐治・堀内かおる・岡本由希子・尾崎誠編著（2006）『これならできる・授業が変わる・評価の実際——「関心・意欲・態度」を育てる授業』開隆堂出版

(3) 変容を「量 → 質 → 情意」の3段階で読み取る

　子どもたちの『関心・意欲・態度』の変容は，初発の感想と終末の感想を比べたときに，記述内容の変化として見えてきます。そこで，初発の感想と終末の感想の2枚のシートを並べてみて，その記述内容の変化を「量 → 質 → 情意」の3段階で読み取ります（→ p.152〜153）。この方法ですと，子ども一人当たり20〜30秒で評価できますので，指導者も気楽に，楽しく記述を読むことができます。

　初発の感想と終末の感想を比べて，①記載量が増えたか，②内容の質が向上したか，③情意的な内容があるか，の3段階で読み取ります（図Ⅱ-39）。このとき，学習評価は，例えば，第2段階に到達したらB判定，第3段階に到達したらA判定とすることができます。この方法により，全体の9割の子どもについて『関心・意欲・態度』の到達状況を客観的に判定することができます。また，子どもの名前を見ず，授業中の様子（授業態度）を考えないほうが，客観的な評価につながります。

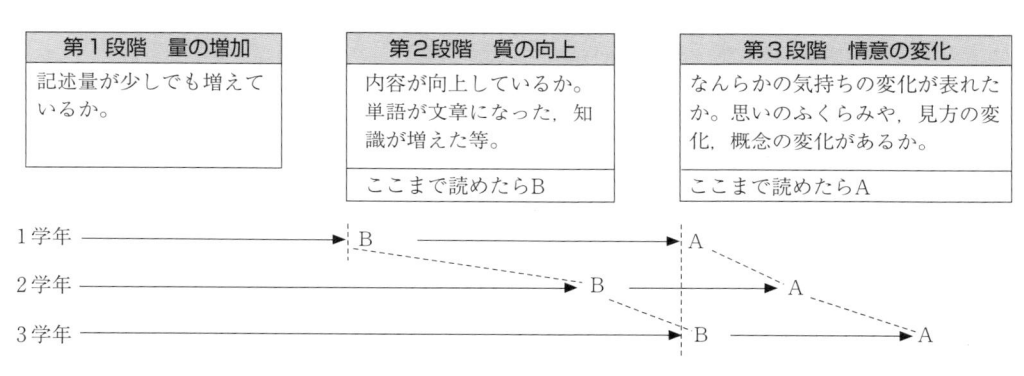

第1段階 量の増加	第2段階 質の向上	第3段階 情意の変化
記述量が少しでも増えているか。	内容が向上しているか。単語が文章になった，知識が増えた等。	なんらかの気持ちの変化が表れたか。思いのふくらみや，見方の変化，概念の変化があるか。
	ここまで読めたらB	ここまで読めたらA

1学年 ──────────→ B ────→ A
2学年 ────────────────→ B ────→ A
3学年 ──────────────────────→ B ────→ A

図Ⅱ-39　変容を読み取る3段階と，発達段階に応じた到達基準の例

【初発の感想】
野菜　にんじん，ピーマン，ネギ，ゴボウ，ハクサイ，キャベツ
こくもつ　米，サツマイモ，サトイモ，ジャガイモ，トウモロコシ
畑を耕す，うねを作る，まびきをする，種をまく

[量] 記述量は増えている
[質] 教科でねらう方向へ変化
[情意]「大切だと思った」等の感想が見られる

【終末の感想】
今では，クローン技術や品種改良などの技術が発達しており，よりおいしく，その場所で育てやすくできるのは良いと思うが，それをたくさんやってしまうと，他の生物との共生に問題が起きることもありえるので，自然のままに時間をかけて育てていくことも大切だと思った。

量・質・情意の段階まで到達したので，Aと判定

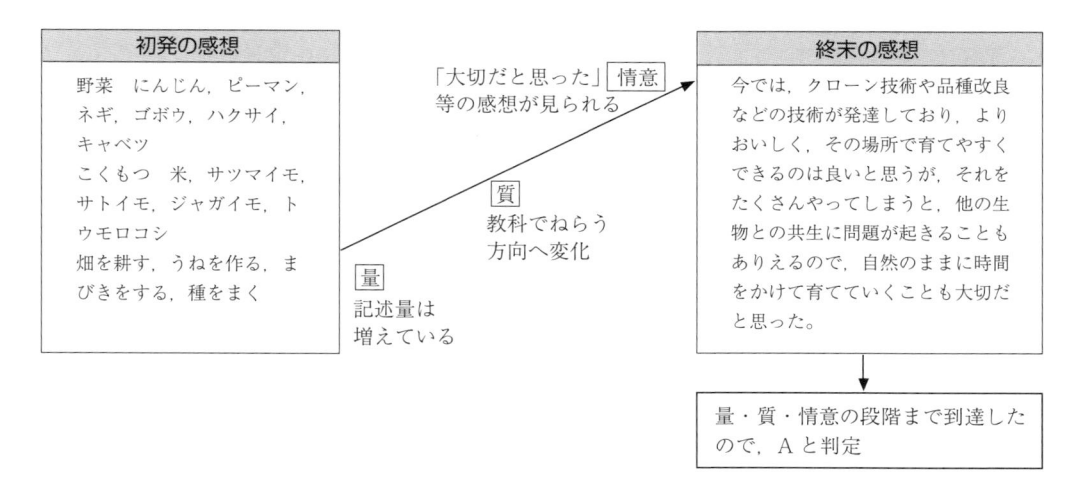

図Ⅱ-40　3段階での読み取り判定の例

(4) ふり返りや感想から読み取る例

　長期的な変容を読み取れなかった場合は，授業末や単元末・題材末のふり返りや感想を利用することができます。この場合は，『関心・意欲・態度』の「軸」に沿ったキーワード群（または概念群）が記述に見られれば，『関心・意欲・態度』が育ったとみなすことができます。つまり，『知識・技能』が広がったり概念が形成されたりしたのは，『関心・意欲・態度』が育ったからだと，記述からみなして読み取るのです。

　こうすることで，『関心・意欲・態度』は，授業を通して心情が育ったか（気持ちがふくらんだか，「軸」の方向に関心が向いているか，意欲が恒常的になってきたか，価値観が育ってきたか，教科に対する"心の風船"がふくらんだか等）を学習評価するものであることが明確になり，感想を読み取るときに迷いがなくなると思います。

「軸」が「産業革命」だったなら…

キーワード群
・産業革命　・工業
・機械　　　・労働と雇用
・ワット　　・蒸気機関
　　といったキーワード

↓

「軸」である「産業革命」に関する『知識・技能』が増えているな

↓

それは「産業革命」の方向に『関心・意欲・態度』が向いて育ったからだろう！

『知識・技能』の広がり・深まりから，『関心・意欲・態度』が育ったとみなす

「軸」が「古典」だったなら…

概念群
・歴史的仮名遣いがおもしろい
・単語は分からなかったけど
・どこかで使ってみたい
　　　　　といった感想の記述

↓

「軸」である「古典」や古典文学に対する感想や"心の風船"の変化を読み取れるな

↓

それは，「古典」の方向に『関心・意欲・態度』がふくらんで育ってきたからだろう

子どもの内面に，古典に対する価値観や見方が育ってきたので，『関心・意欲・態度』が育ったとみなす

図Ⅱ-41　キーワード群や概念群を読み取ってみなすイメージ

ひとこと　アドバイス
　『関心・意欲・態度』の学習評価は，学問に対する"心の成長"を読み取りましょう。

第Ⅲ章

『学力の3要素』を育てる授業構成 5つのポイント

　ここでは,『学力の3要素』を意識して,「ねらって育てる」授業をもう一歩進めるためのポイントを5つ挙げてみました。

　教材の工夫といった視点ではなく,指導者の意識をどうもてばいいのか,指導計画をどうつくればよいのか,といった中長期的な視点で,『学力の3要素』を「ねらって育てる」ための要点を整理しています。

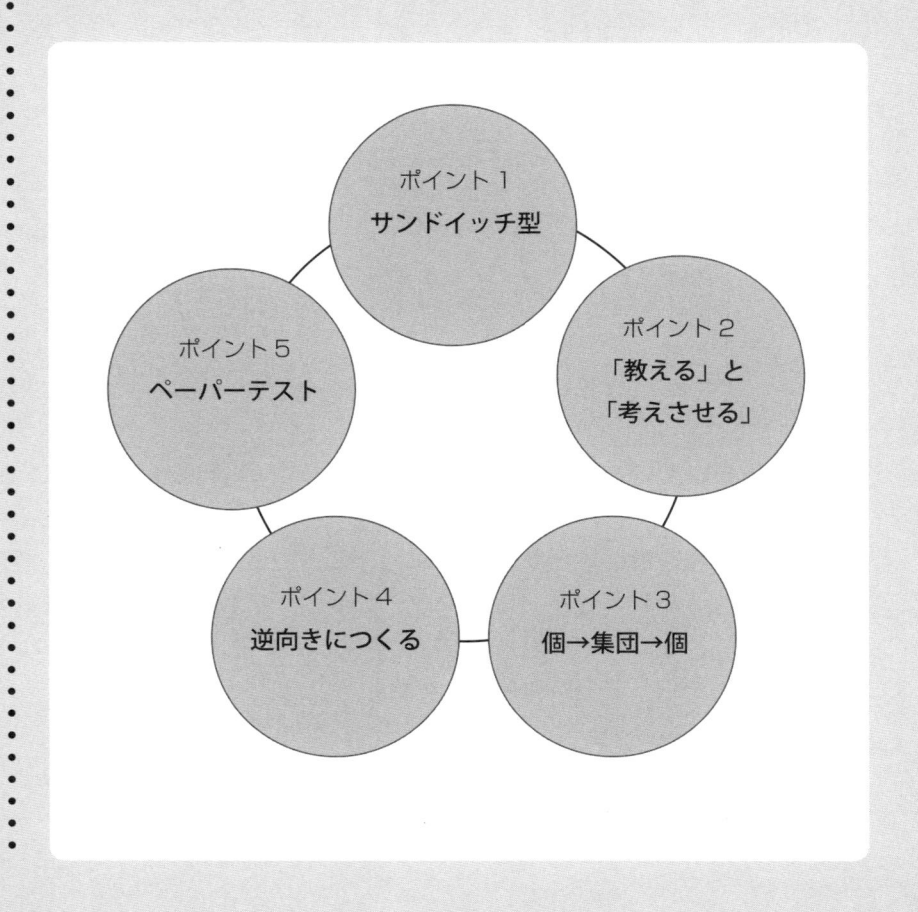

- ポイント1　サンドイッチ型
- ポイント2　「教える」と「考えさせる」
- ポイント3　個→集団→個
- ポイント4　逆向きにつくる
- ポイント5　ペーパーテスト

> **ポイント1**
> **1単位授業時間を『学力の3要素』を意識した"サンドイッチ型"で構成してみる**

　ここでは，45分や50分の1単位時間の授業に，『関心・意欲・態度』『知識・技能』『思考・判断・表現』についての『学力の3要素』の学習活動の場面を明確にして設ける授業構成について，事例を紹介します。

★単位時間の授業構成

　『関心・意欲・態度』は，『知識・技能』の習得や定着を促し，『思考・判断・表現』の活動を活発化させる原動力です。原動力を発揮させるため，1単位時間の授業を，導入の『関心・意欲・態度』とまとめの『関心・意欲・態度』とで，展開の『知識・技能』と『思考・判断・表現』とをはさみ，四つの場面で学習活動を構成してみます。

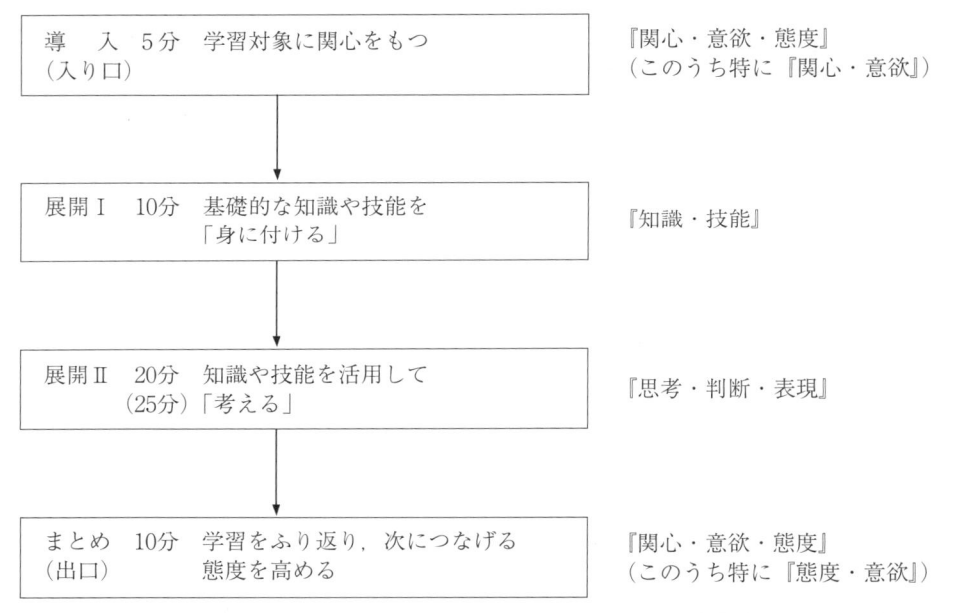

場面	時間	内容	学力の要素
導　入（入り口）	5分	学習対象に関心をもつ	『関心・意欲・態度』（このうち特に『関心・意欲』）
展開Ⅰ	10分	基礎的な知識や技能を「身に付ける」	『知識・技能』
展開Ⅱ	20分（25分）	知識や技能を活用して「考える」	『思考・判断・表現』
まとめ（出口）	10分	学習をふり返り，次につなげる態度を高める	『関心・意欲・態度』（このうち特に『態度・意欲』）

　　　図Ⅲ-1　単位時間を『関心・意欲・態度』ではさんで四つの場面で構成するイメージ

　このような授業構成は，授業の入り口（導入）と出口（まとめ）を『関心・意欲・態度』のパンで挟み，中に『知識・技能』と『思考・判断・表現』の具を入れたような，"サンドイッチ型"になっています。この授業構成は，学習の流れがスムーズで，『思考・判断・表現』の学力を育てるのに効果があります。

　特に展開Ⅱでは，子どもが考えるハードルを少しずつ（子どもにとって既知の場面から未知の場面へと）高くするように設定することが，『思考・判断・表現』の学力育成に有効です。

★授業展開例

　ここで，"サンドイッチ型"で構成した授業展開例を二つ紹介します。授業づくりのポイントを吹き出しで入れましたので，ご自分の教科等に置き換えてお読みください。

事例1：小学校4年　算数
単　元「折れ線グラフ」
小単元「ポスターセッション"グラフを使おう"」

(1) 本時のねらい

　『思考・判断・表現』

　　・棒グラフと折れ線グラフを一つにまとめて表し，関連性を読み取り，それを説明することができる。

(2) 本時の学習課題

　　・水の使用量と人口の移り変わりのグラフをまとめて表し，関連性を読み取る。

　　・ほかの人が書いた説明の文章を解釈したり，続きを書いたりする。

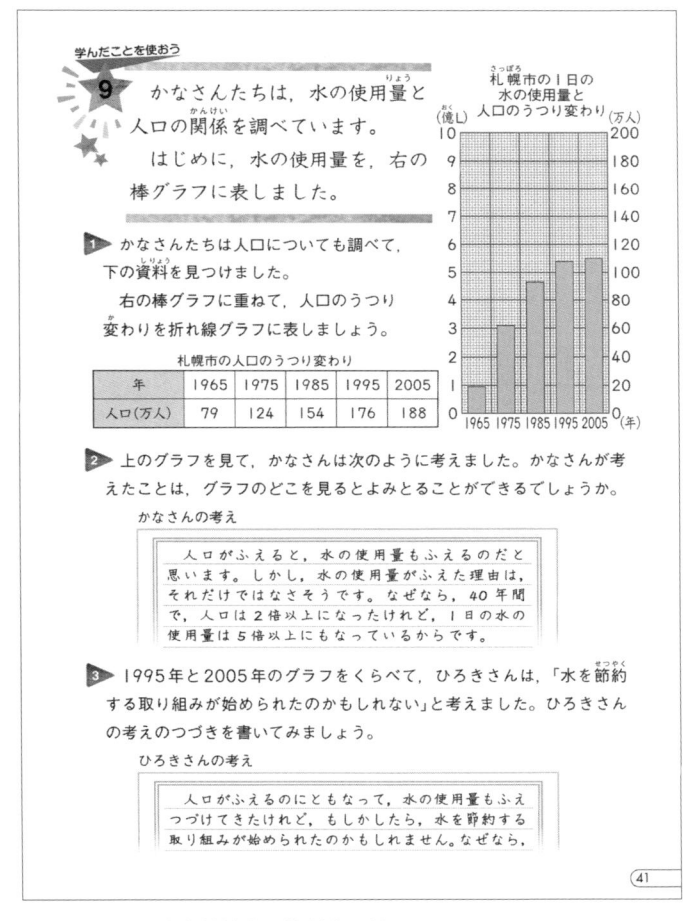

図Ⅲ-2　小学校算数の教科書の例（教育出版『小学算数 4上』p.41）

(3) 本時の展開

子どもの学習活動	学習指導上の留意点	
1　家で見つけたグラフを思い出す 『関心・意欲・態度』 学習内容と生活を結びつけることで,入り口の『関心・意欲』を喚起する	○新聞や書籍,テレビなど,家で見つけた棒グラフや折れ線グラフを紹介し合う。 ○別の種類のグラフを一つにまとめて表している事例を見つける。 「どうして,棒グラフと折れ線グラフを一つにまとめているんだろう？」	
2　グラフの書き方や読み方を確かめる 『知識・技能』	○教科書にある棒グラフ（水の使用量を表している）に,人口の移り変わりの折れ線グラフを書き込ませる。 ○グラフを一つにまとめるときの,目盛りの読み方を**教える**。	前時までに習得した学習内容を復習させることで,『知識・技能』の活用を意識させる ここでは教科書を『知識・技能』の習得のために使う
3　一つにまとめたグラフから分かることを考え,説明する 『思考・判断・表現』	「このグラフから読み取れることは何だろう？」 ○水の使用量と,人口の移り変わりの関連性を読み取れるように支援する。 ○自分の考えを説明させるときは,グラフから読み取れることを根拠にして説明させる。	「考えよう」を使わないことで,学習課題をはっきり認識させるようにする
4　他の人の説明を読み取り,自分の説明を加える 『思考・判断・表現』	「かなさんが考えたことは,グラフのどこを読み取ると分かるだろう」 ○教科書にある,「かなさん」の説明を読ませ,根拠を説明させる。 ○教科書にある,「ひろきさん」の考えを読ませ,その続きを説明させる。	ここでは教科書を『思考・判断・表現』の課題を提示するために使う 『根拠をはっきりさせる』など,各教科なりに,『知識・技能』と『思考・判断・表現』の違いを明確にしておく
5　グラフの活用について,思ったことや感じたことを表現する 『関心・意欲・態度』	○本時の学習を通して芽生えた,グラフの活用についての感想を,素直に表現させる。 ○次時は,自分でグラフを一つにまとめ,ポスターを作ることを確かめる。	授業の終末では,『関心・意欲』の高まりや,『態度・意欲』の高まりを,自由に表現させる

事例2：中学校3年　技術・家庭科（技術分野）
小題材「コンピュータが動くしくみを考えよう」
(1) 本時の学習目標
　　『知識・技能』
　　　・情報処理の手順には、順次、分岐、反復の方法があることを知る。
　　『思考・判断・表現』
　　　・機器を目的に合うよう動作させるため、フローチャートを利用して、条件を踏まえながら、情報処理の手順を工夫できている。
(2) 本時の学習課題
　　　・身近な動作の手順を考えて、フローチャートで書き表す。
(3) 本時の展開

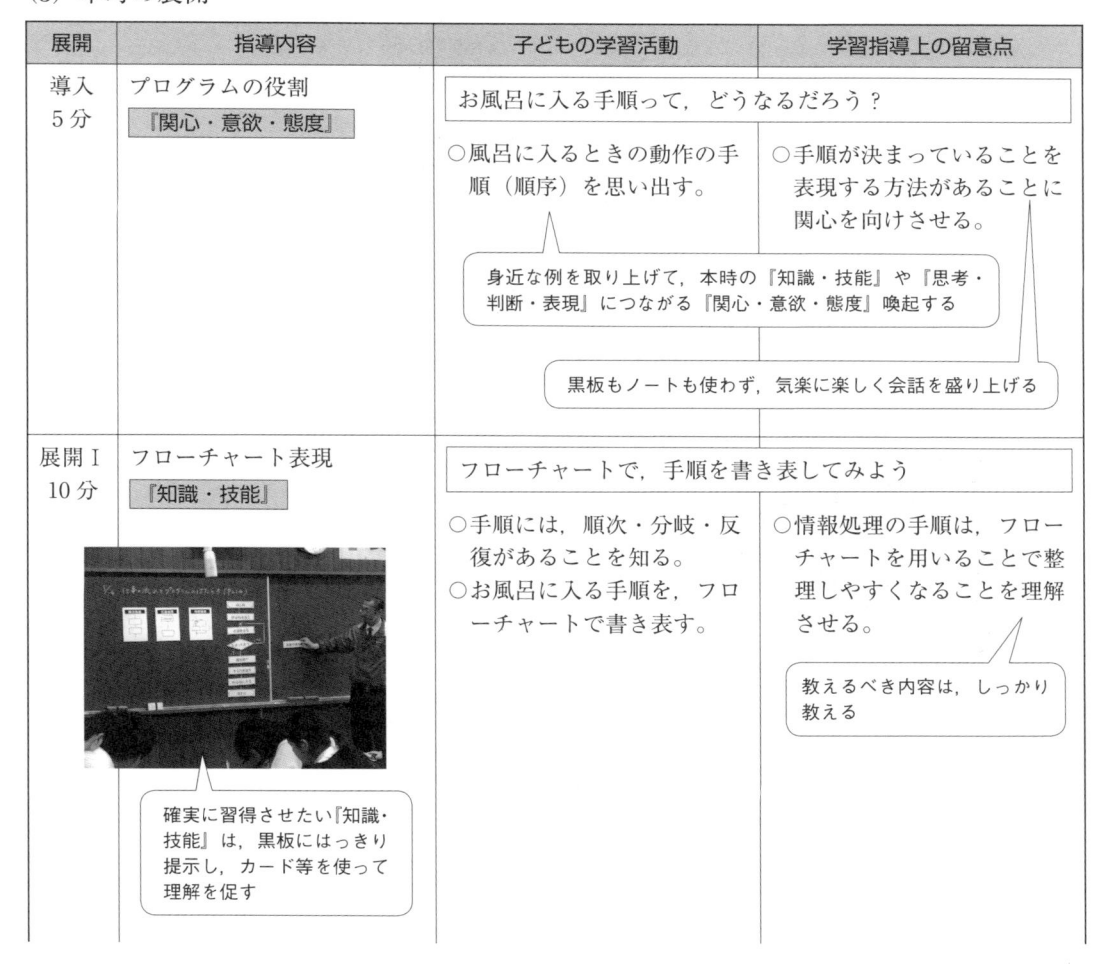

展開	指導内容	子どもの学習活動	学習指導上の留意点
導入 5分	プログラムの役割 『関心・意欲・態度』	お風呂に入る手順って、どうなるだろう？ ○風呂に入るときの動作の手順（順序）を思い出す。 身近な例を取り上げて、本時の『知識・技能』や『思考・判断・表現』につながる『関心・意欲・態度』喚起する 黒板もノートも使わず、気楽に楽しく会話を盛り上げる	○手順が決まっていることを表現する方法があることに関心を向けさせる。
展開Ⅰ 10分	フローチャート表現 『知識・技能』 確実に習得させたい『知識・技能』は、黒板にはっきり提示し、カード等を使って理解を促す	フローチャートで、手順を書き表してみよう ○手順には、順次・分岐・反復があることを知る。 ○お風呂に入る手順を、フローチャートで書き表す。	○情報処理の手順は、フローチャートを用いることで整理しやすくなることを理解させる。 教えるべき内容は、しっかり教える

展開Ⅱ 25分	身近な機器が情報を処理する手順 『思考・判断・表現』 〔学習課題は，段階的に難しくなるようにする〕 『知識・技能』 〔黒板を使い，子ども同士の『思考・判断・表現』を「見える化」して共有したり，学習指導に生かしたりする〕	機器の動作手順を，フローチャートを使って考えよう ○次の機器の動作について，手順を考えて，表現する。 (1) 電気ポットの保温 (2) 炊飯器のタイマー (3) センサーライト	○フローチャートを活用させながら，情報処理の手順を考えさせる。 〔言語活動（ここでは，教科固有のフローチャートの活用）を通して『思考・判断・表現』を育てる〕 ○話し合い活動も取り入れながら，自分の考えを整理させる。 〔「個→集団→個」の流れを取り入れ，『思考・判断・表現』を育てる〕 ○「工夫し創造」する学習活動を通して，プログラムに関する理解を深めさせる。 〔『思考・判断・表現』→『知識・技能』の流れがあることも忘れない〕
まとめ 5分	コンピュータへの関心の喚起 『関心・意欲・態度』	○コンピュータについて思ったことや感じたことを自由に書き表す。 〔授業の終末では，『関心・意欲』の広がりや，『態度・意欲』の深まりを，自由に表現させる〕	○生活で利用されているプログラムに関心を広げさせるように，そっと支援する。

(4)「学習しぐさ」の変化

表Ⅲ-1 『学力の3要素』に応じた「学習しぐさ」の変化の例

	「学習しぐさ」の様子	メ モ
導入‥関心		○やわらかい雰囲気 ○気持ちが前に向いている ○鉛筆や消しゴムは使わない ○思いついたことをすぐ声に出して表現 ○みんなが同じ思い
展開Ⅰ‥知識・技能		○静かな雰囲気 ○黒板をじっと見る ○丁寧に書いて表現 ○マーカーで線を引く ○消しゴムはほとんど使わない
展開Ⅱ‥思考・判断・表現		○はじめは静か,徐々に相談 ○書いたり消したりしながら ○平易な問題ではあまり書き直さず,難しい問題では何度も書き直して ○書きながら考えたり,じっくり考えてから書いたりして表現 ○「あーわかった!」というひらめき ○喜怒哀楽が混在している
まとめ‥態度		○落ち着いた雰囲気 ○「考える」とは違い,思い出しを素直に表現 ○一人ひとりが違う思い

★導入は「関心」，まとめは「態度」

　入り口の『関心・意欲・態度』は，知的好奇心を呼び起こし，子どもの興味や関心をふくらませるような仕掛けを準備します。つまり，導入の『関心・意欲・態度』は，主に『関心・意欲』であるといえます。

　出口の『関心・意欲・態度』は，学習をふり返ったり，自分の心もちをはっきりさせたり，今後の学習行動への態度を表明したりする場面です。つまり，まとめの『関心・意欲・態度』は，主に『態度・意欲』であるといえます。

　『関心・意欲・態度』を，『関心・意欲』なのか『態度・意欲』なのかを明確に意識して授業を構成すれば，学習のねらいがはっきりして，言葉かけも自然に変化してきます。

★授業構成のバリエーション

　"サンドイッチ型"の授業構成を基本にすると，授業のスパンやねらいに応じて，図Ⅲ-3に例示しているように，『学力の3要素』の組み合わせ方を変えることができます。『学力の3要素』の組み合わせ方を考えるということは，「なんとなく」ではなく「ねらって育てる」ための授業構成になり，授業にメリハリが生まれます。授業構成を柔軟にとらえることで，『学力の3要素』のバランスに配慮しながら，多様な授業を展開することができます。

基本形	バリエーション		
関心・意欲・態度 知識・技能 思考・判断・表現 関心・意欲・態度	a. 単元の導入	『関心・意欲・態度』	関心／知識 ─ ガイダンス的，小学校と接続
	b. 基礎学習	習得的 『知識・技能』	関心 習得 ─ しっかり覚える・身に付ける 　　　　 知識的な『思考・判断・表現』 　　　　 生活への『関心・意欲・態度』
	c. 問題解決的な学習	活用的 『思考・判断・表現』	関心 思考 ─ 知識・技能の思い出し，復習，方法知の習得 　　　　 関心や態度，知識や技能のふり返りと習得
	d. まとめの学習	『思考・判断・表現』 『関心・意欲・態度』	関心 知識 ─ まとめの『知識・技能』 思考 ─ 自分なりの『思考・判断・表現』 態度 ─ 自分なりの『関心・意欲・態度』
	e. 単元の終末	『関心・意欲・態度』	知・技 ─ ふり返り・復習 思考 ─ ふり返り・方法知の整理 態度 ─ 実生活で実践する『関心・意欲・態度』

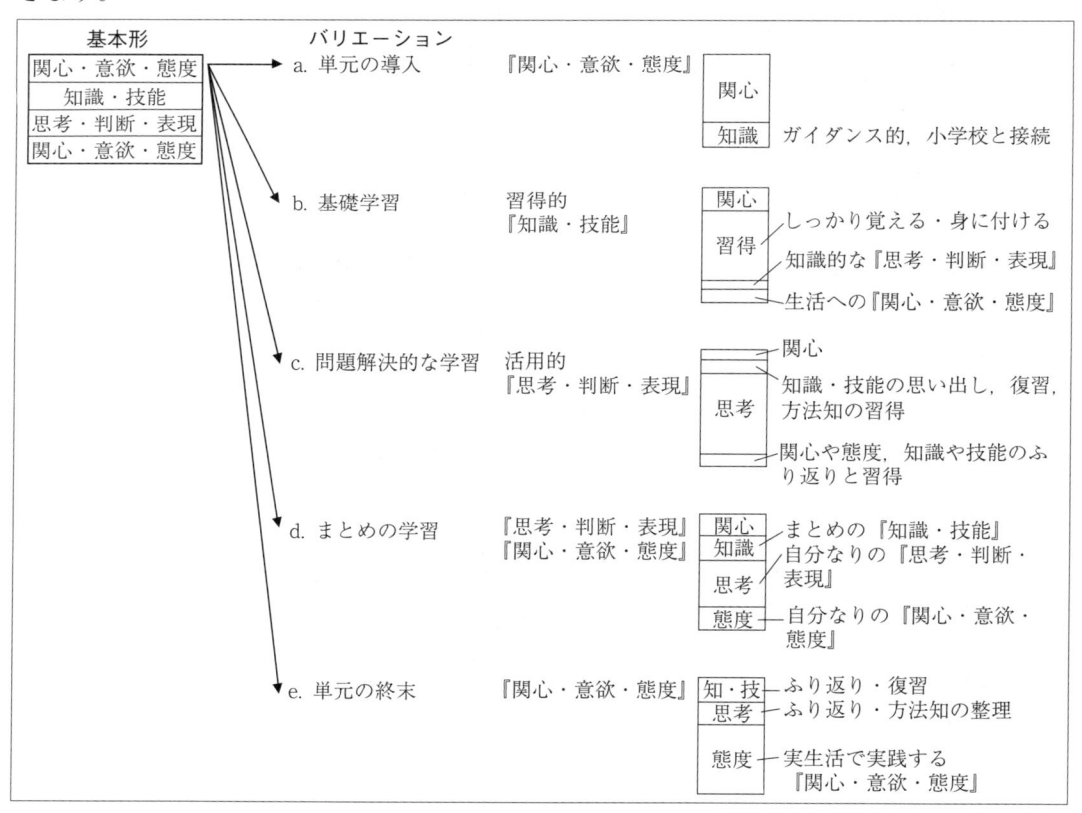

図Ⅲ-3　"サンドイッチ型"を基本にした授業構成の例

第Ⅲ章　『学力の3要素』を育てる授業構成5つのポイント

> **ポイント2**
>
> 授業展開で「教える場面」と「考えさせる場面」をつくってみる

★教えるべきは，しっかり教える

　『学力の3要素』を意識して学習指導をするとき，つい教えすぎてしまったり，考えさせる場面ばかりになってしまったりすることがあると思います。そんなときは，次に示すア〜ウの3か条を意識するとよいでしょう。

ア）教えるべきは，教える。
イ）考えさせるべきは，考えさせる。
ウ）学習対象への興味・関心をふくらませる。

　この3か条を意識することで，「教える」学習活動の場面と，「考えさせる」学習活動の場面とをはっきり区別できます。

★学習指導は『学力の3要素』で，学習評価は観点別学習状況で

　授業後の学習評価のことを考えると，評価のための授業になってしまうことが心配されます。そこで，学習指導は『学力の3要素』で組み立て，学習評価は観点別学習状況の各観点で準備する方法が分かりやすいでしょう。第Ⅴ章を参考にして，『知識・技能』『思考・判断・表現』『関心・意欲・態度』を，それぞれどの観点に対応させればよいのか整理しておけば，指導と評価の一体化を進めることができます。

★ワークシートも教材も，どのように『学力の3要素』と結びつけるかをはっきりさせておく

　ワークシートを作ったり，教材を作ったりするときも，『学力の3要素』とどのように結びつけているのか整理しておくと，「教える場面」と「考えさせる場面」をつくりやすくなります。

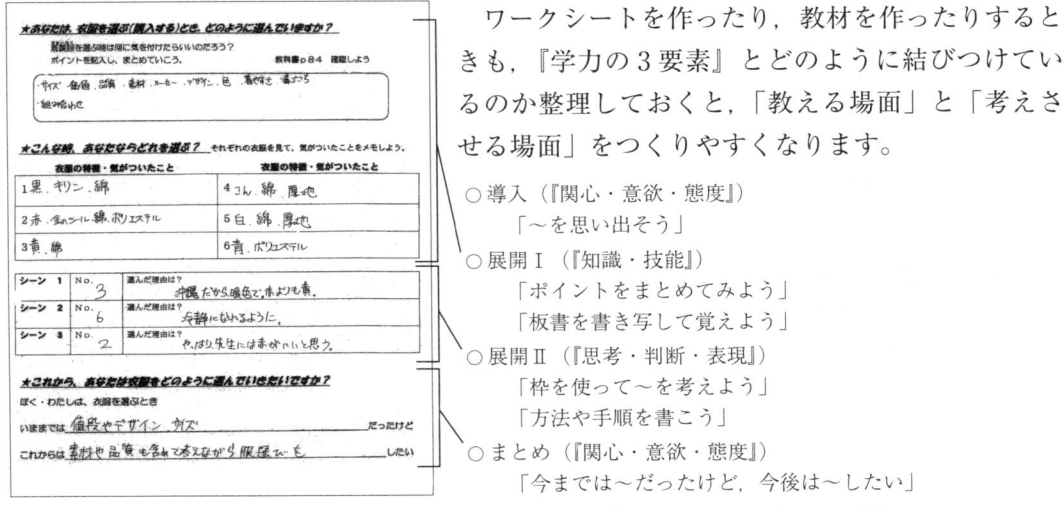

○導入（『関心・意欲・態度』）
　「〜を思い出そう」
○展開Ⅰ（『知識・技能』）
　「ポイントをまとめてみよう」
　「板書を書き写して覚えよう」
○展開Ⅱ（『思考・判断・表現』）
　「枠を使って〜を考えよう」
　「方法や手順を書こう」
○まとめ（『関心・意欲・態度』）
　「今までは〜だったけど，今後は〜したい」

図Ⅲ-4　「教える場面」と「考えさせる場面」を分けたワークシートの例

★学習指導案に，学習活動の場面ごとの『学力の3要素』を書き込む

　学習指導案を作成するときに，どの学習活動の場面で，どの『学力の3要素』（または観点）を取り上げているのか，といったことを整理しておけば，授業展開がすっきりしてきます。

(1) 本時の学習目標
　　○思考・判断：………………………………………………………
　　○知識・理解：………………………………………………………

　　　　　　　　　　　　　　　　　　　（1）学習目標と（3）本時の評価は，観点で考える

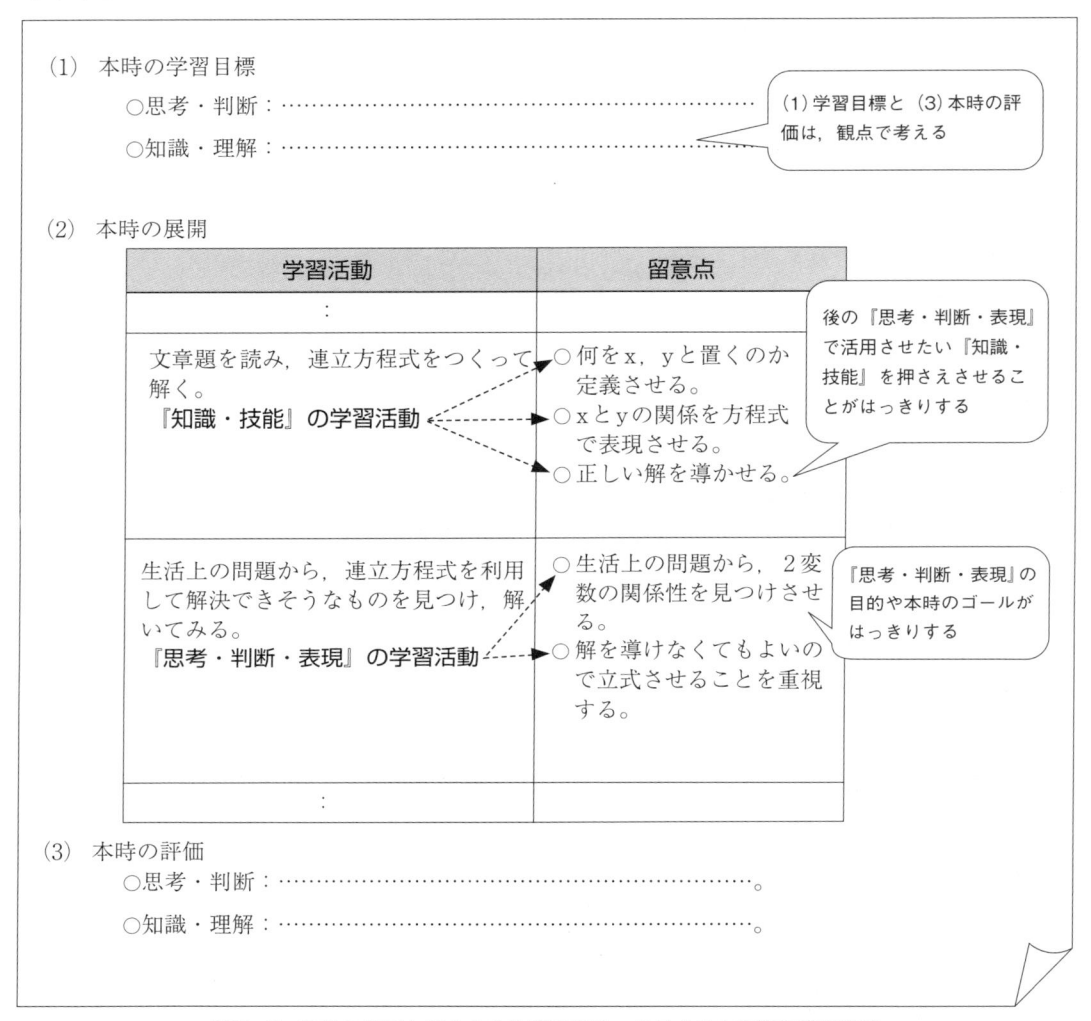

(2) 本時の展開

学習活動	留意点
⋮	
文章題を読み，連立方程式をつくって解く。 『知識・技能』の学習活動	○何をx，yと置くのか定義させる。 ○xとyの関係を方程式で表現させる。 ○正しい解を導かせる。
生活上の問題から，連立方程式を利用して解決できそうなものを見つけ，解いてみる。 『思考・判断・表現』の学習活動	○生活上の問題から，2変数の関係性を見つけさせる。 ○解を導けなくてもよいので立式させることを重視する。
⋮	

後の『思考・判断・表現』で活用させたい『知識・技能』を押さえさせることがはっきりする

『思考・判断・表現』の目的や本時のゴールがはっきりする

(3) 本時の評価
　　○思考・判断：……………………………………………………。
　　○知識・理解：……………………………………………………。

図Ⅲ-5　教える場面と考えさせる場面をはっきりさせた学習指導案の例

★『関心・意欲・態度』は，毎時間の学習目標（学習評価）に入れなくてもよい

　『関心・意欲・態度』は，長期間をかけてゆっくりと醸成されていきます。そのため，『関心・意欲・態度』をふくらませる働きかけは，毎時間，さまざまなタイミングで行われますが，本時の学習目標といえるほどでなければ，指導案に書かなくてもよいでしょう。
　単元や題材，章のスパンでみたとき，その初発の授業や，終末の授業では，学習指導案の中に学習目標として入ってくることが考えられます。『関心・意欲・態度』の学習目標は，長期的なスパンの大きな区切りで考えて，適切な時間に入れるべきでしょう。

★考える場面では，ワークシートを「考える流れ」に沿って構成する

　ワークシートは，子どもたちが頭の中でめぐらせている考えを目に見えるようにすることで，整理したり，見直したり，創造したりするために，とても大切な教材の一つです。

　このとき，単に自分の考えを「見える化」させるだけでなく，考える流れ（思考の順序）に沿って見えるようにすると，『思考・判断・表現』が深まります。また，考える流れがワークシートに見えていることで，その教科なりのものごとの考え方や手順を，子どもたちが理解しやすくなります。

　さらに，記入欄の大きさが，子どもの『思考・判断・表現』を左右しています。欄が大きいと，自由に発想を広げることができますが，時間もかかり，ときには切迫感が生まれてしまいます。欄が小さいと，簡潔に考えを記入できますが，『知識・技能』的になってしまったり，『思考・判断・表現』が深まらないこともあります。指導者と子どもたちとの関係や学習内容などから，記入欄の大きさや形（線種や罫線の有無なども含めて）を決めることが大切です。

　『思考・判断・表現』のワークシートでは，"思考の順序"と"記入欄の大きさ"が重要です。

改善前

説明的文章と新聞記事を比べてみよう

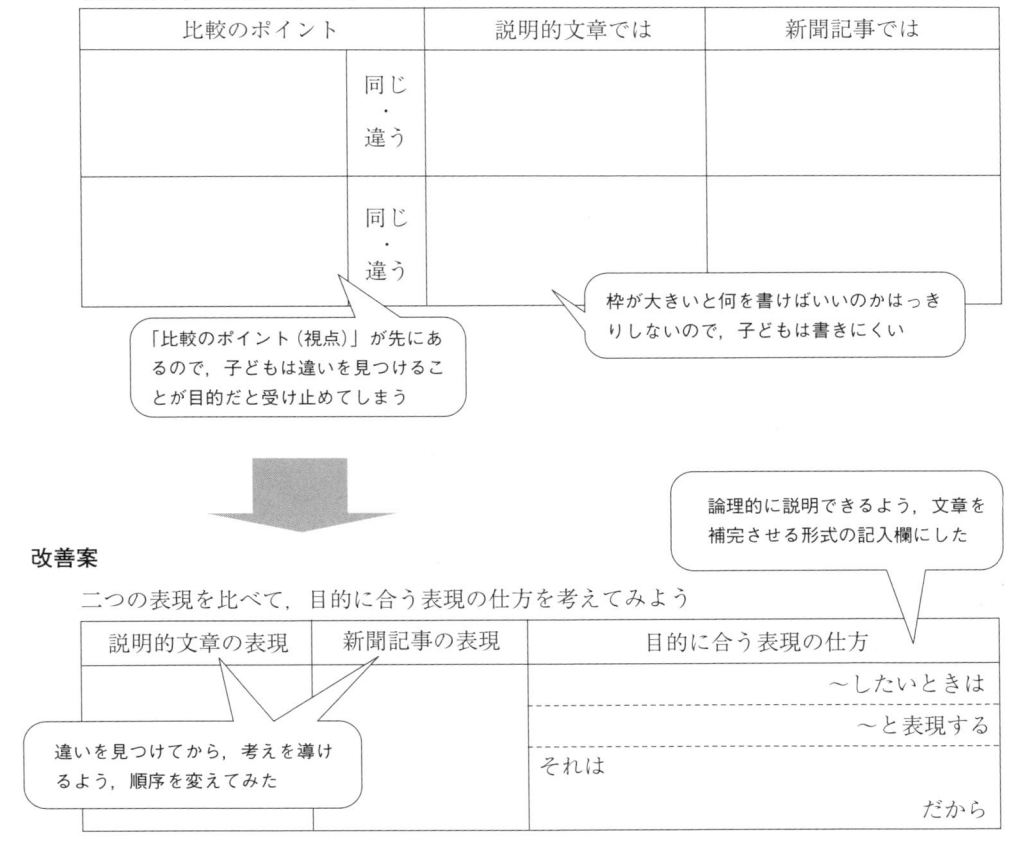

比較のポイント		説明的文章では	新聞記事では
	同じ・違う		
	同じ・違う		

「比較のポイント（視点）」が先にあるので，子どもは違いを見つけることが目的だと受け止めてしまう

枠が大きいと何を書けばいいのかはっきりしないので，子どもは書きにくい

↓

改善案

二つの表現を比べて，目的に合う表現の仕方を考えてみよう

論理的に説明できるよう，文章を補完させる形式の記入欄にした

説明的文章の表現	新聞記事の表現	目的に合う表現の仕方
		〜したいときは
		〜と表現する
		それは
		だから

違いを見つけてから，考えを導けるよう，順序を変えてみた

改善前

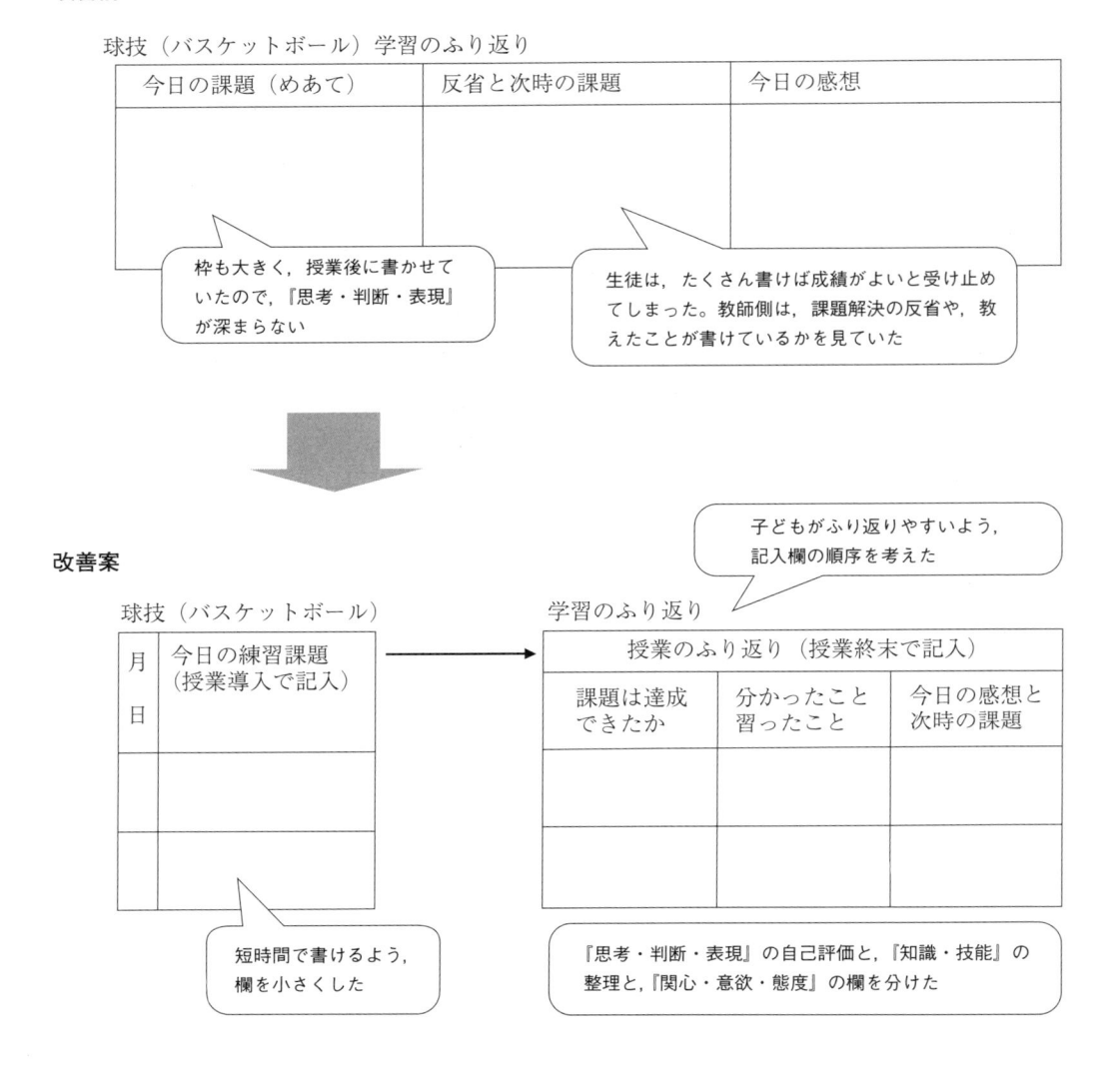

球技（バスケットボール）学習のふり返り

今日の課題（めあて）	反省と次時の課題	今日の感想

- 枠も大きく、授業後に書かせていたので、『思考・判断・表現』が深まらない
- 生徒は、たくさん書けば成績がよいと受け止めてしまった。教師側は、課題解決の反省や、教えたことが書けているかを見ていた

↓

改善案

球技（バスケットボール）　　　　　学習のふり返り

月日	今日の練習課題（授業導入で記入）

→

授業のふり返り（授業終末で記入）		
課題は達成できたか	分かったこと習ったこと	今日の感想と次時の課題

- 子どもがふり返りやすいよう、記入欄の順序を考えた
- 短時間で書けるよう、欄を小さくした
- 『思考・判断・表現』の自己評価と、『知識・技能』の整理と、『関心・意欲・態度』の欄を分けた

★子どもが考えやすい「枠」の形を

　図Ⅲ－6に示すワークシートは、産業革命による社会への影響や変化等について、多角的・多面的に考えさせたいという指導意図から、中心に結論を、その周辺には、プラス面とマイナス面を対比できるような枠線を引いています。しかし、実際に授業でやってみると、子どもたちはこのワークシートをうまく使うことができませんでした。つまり、『思考・判断・表現』が深まらなかったのです。

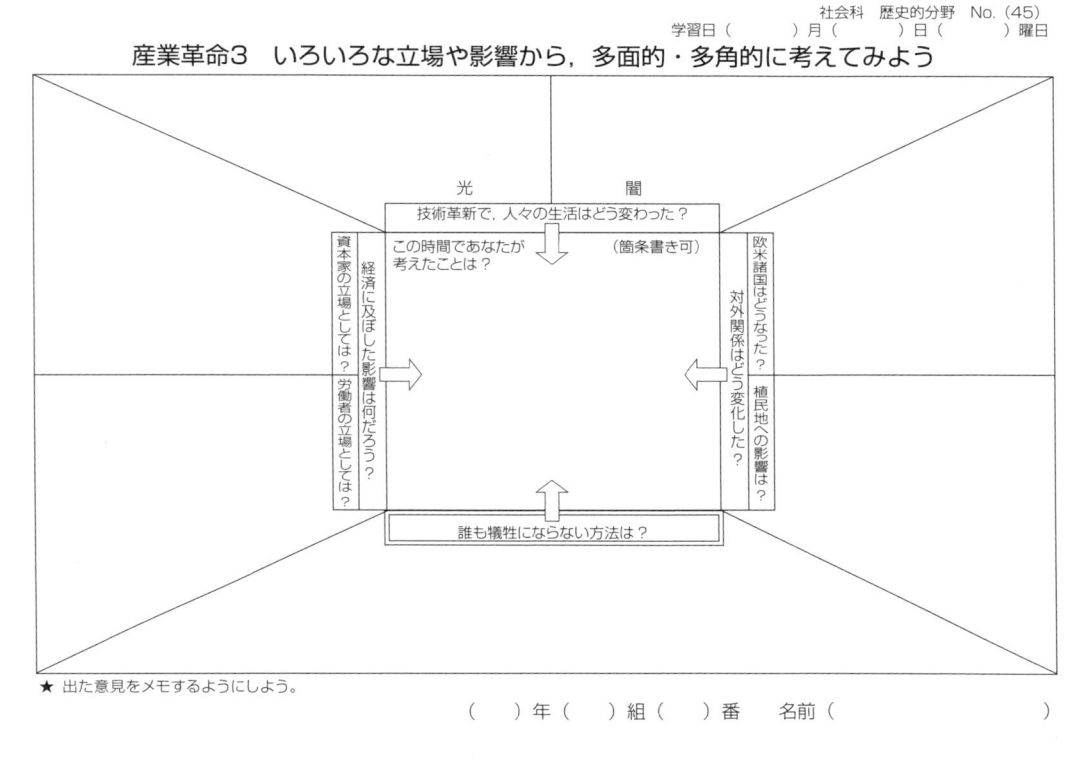

第Ⅲ章 『学力の３要素』を育てる授業構成５つのポイント

産業革命3　いろいろな立場や影響から，多面的・多角的に考えてみよう

社会科　歴史的分野　No.（45）
学習日（　）月（　）日（　）曜日

（　）年（　）組（　）番　名前（　　　　　　　　）

★　出た意見をメモするようにしよう。

図Ⅲ-6　改善前の『思考・判断・表現』のワークシートの例

『思考・判断・表現』が深まらなかった原因として，下記の３点が分かりました。
○枠線に鋭角があるので，子どもが書きにくかった。
○どの欄から順に考えればよいのか，考える順序が分かりにくく，混乱した。
○学習指導の意図としては，子どもたちの中にものさしが何本もあればよい，ということであったが，今回は欄が大きすぎたし，対比しにくかった。

　こういった反省を踏まえると，次の改善案にあるような直定規型の枠線が，対比しやすいのではないかと考えられます。子どもが何を『思考・判断・表現』するのか，シンプルにしていく（学習指導のねらいを焦点化していく）ことで『思考・判断・表現』がしやすくなります。

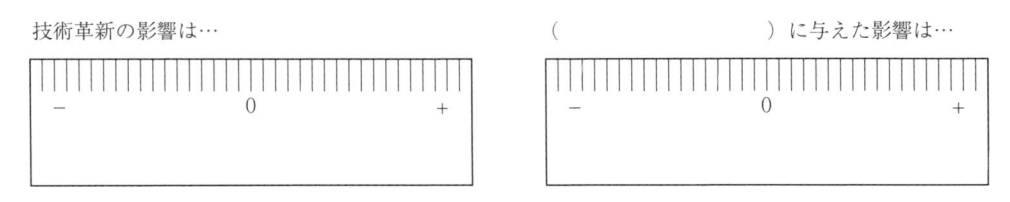

技術革新の影響は…　　　　　　　　　　　　（　　　　　　　　　）に与えた影響は…

図Ⅲ-7　対比しやすいようなものさしの改善案

★『思考・判断・表現』を妨げる「メモ欄」

　『思考・判断・表現』の学習活動では，グループでの話し合い活動を取り入れることが多いと思います。そのとき，話し合って気づいたことや友達の考えを記録させるために「メモ」の欄を設けることで，その生徒の考えがどう変化したのか，その過程を読み取ることができると考えられます。

　しかし，『思考・判断・表現』の学習活動である「予想」「話し合い」「考え」と，『思考・判断・表現』の過程における気づきを記録する「メモ」を，ワークシート上で同レベルにして並べてしまうと，子どもたちが「メモ」をとる場面でも「深い思考」で学習してしまいます（図Ⅲ-8）。

改善前

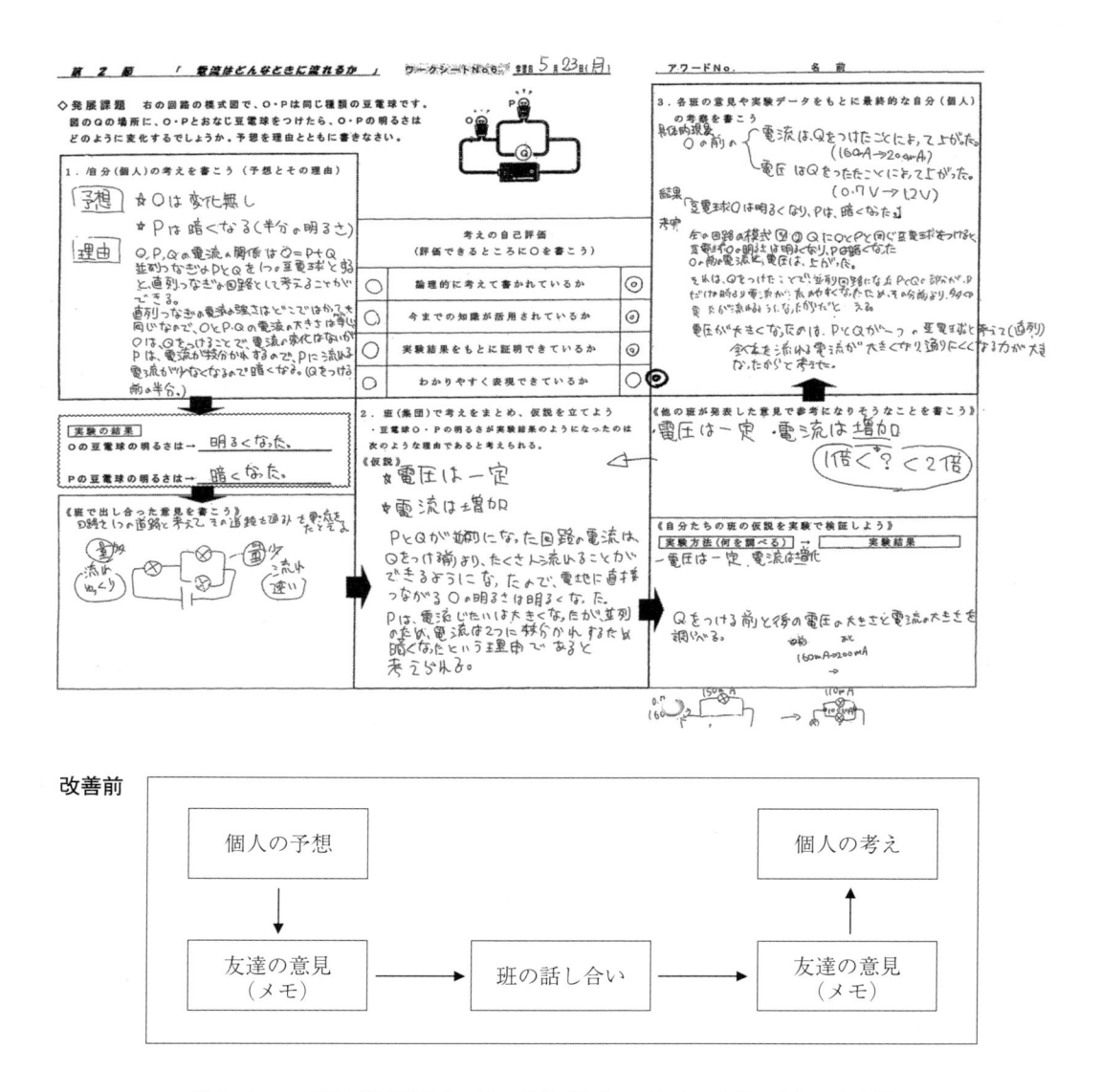

個人の予想 → 友達の意見（メモ）→ 班の話し合い → 友達の意見（メモ）→ 個人の考え

図Ⅲ-8　メモ欄の位置が悪く，深い思考が始まってしまったワークシートの例

第Ⅲ章 『学力の３要素』を育てる授業構成５つのポイント

　そこで、「深い思考」を求める流れは、太枠にして矢印で結び、主たる学習の流れであることをはっきりと示します。そして、メモのように主たる学習の流れを妨げない程度の流れは、その外枠として示します（図Ⅲ－９）。こうすることで、「メモ」を軽く取り入れることができ、『思考・判断・表現』をじっくり育むことができます。

改善案

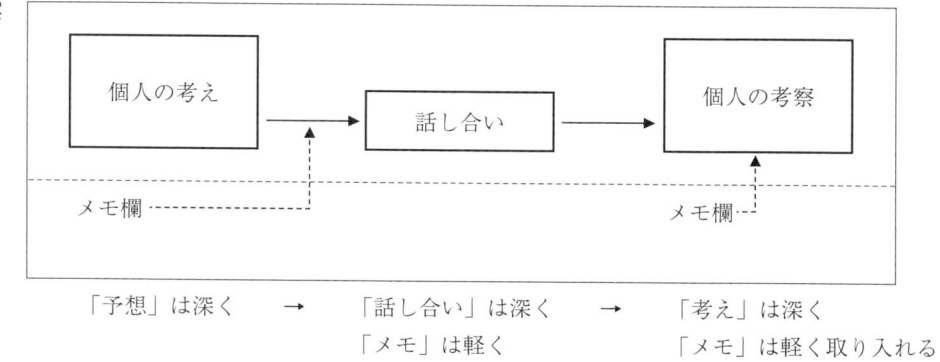

```
┌─────────────────────────────────────────────────────┐
│  ┌──────────┐    ┌──────┐    ┌──────────┐  │
│  │ 個人の考え │ →  │ 話し合い │ →  │ 個人の考察 │  │
│  └──────────┘    └──────┘    └──────────┘  │
│        ↑                           ↑                │
│   ----メモ欄----              ----メモ欄----         │
└─────────────────────────────────────────────────────┘
```

　　「予想」は深く　　→　　「話し合い」は深く　　→　　「考え」は深く
　　　　　　　　　　　　　「メモ」は軽く　　　　　　　「メモ」は軽く取り入れる

図Ⅲ－９　「メモ」欄が『思考・判断・表現』の流れを妨げないワークシート構成例

ポイント３

集団活動では、「個→集団→個」の流れをつくってみる

★集団活動があっても『思考・判断・表現』が育たないこともある

　『思考・判断・表現』の学習活動と聞くと、「話し合い活動」を思い浮かべる方が多いのではないでしょうか。事実、話し合い活動を取り入れることで、子どもたちの学習活動が活発に見え、『思考・判断・表現』の学習が深まったようにも見えます。

　しかし、記述を見たときに「本当に自分の考えなのかな？」「友達の意見を写しただけじゃないかな」と心配になることもあると思います。

　それは、話し合いや学級での共同活動などの集団活動が、子ども一人ひとりの『思考・判断・表現』に結びついていないことが原因ではないでしょうか。

　集団活動を通して『思考・判断・表現』の学力を育てるためには、個人の『思考・判断・表現』と集団での『思考・判断・表現』を使い分けることが必要です。そこで、集団活動は、グループ（班）単位での活動のほか、隣の席の子どもと相談する活動、学級全体での相談活動や共同活動、指導者と子どもとがやりとりする活動、地域の方とふれあう活動など、「子ど

も自身」とほかのだれかが交流する活動としてとらえることにします。このようにとらえることで，集団活動の前に「まずは自分で考え」，集団活動を通して「一緒に考え」，最後に「もう一度自分で考える」という，「個→集団→個」の流れ[*8]が生まれます。

★「個→集団→個」で『学力の3要素』が深まる

まずは，集団活動に入る前に，子どもたち一人ひとりが自分の考えを整理できるような流れを入れてみます。

次に，「個→集団」の流れをつくります。こうすることで，集団活動での意見交換が活発になったり，民主的な合意形成につながったりします。

さらに，「集団→個」の流れをつくります。グループ活動を終えた後に，子どもたち一人ひとりが，集団活動をふり返り，もう一度自分なりに考えを整理できるような流れを入れてみます。

「個→集団→個」の流れは，『思考・判断・表現』だけでなく，『知識・技能』の習得や，『関心・意欲・態度』の醸成にもつながりが生まれます。集団活動をやりっぱなしで終わらずに，もう一度個人に戻すような工夫が，『学力の3要素』をバランスよく育てるきっかけになります。

★『学力の3要素』と結びつけた集団活動の目的

集団活動のねらいには，情報共有，共同作業，合意形成，拡散（発散），収束，選択，根拠の整理等が挙げられます。目的のある集団活動は，集団での『思考・判断・表現』を高めると同時に，子どもたち一人ひとりの『思考・判断・表現』も高めます。

しかし，集団活動（特に話し合い活動）が形骸化してくると，「拡散（発散）」と「共有」しかねらっていないことが多くなります。つまり，「話し合う」という学習行動はあるが，学びがない，という結果になってしまいます。

集団活動の目的が「『知識・技能』なのか，『思考・判断・表現』なのか，『関心・意欲・態度』なのか」あるいは「ねらう『学力の3要素』や，前述の集団活動の機能」などをはっきりさせることで，有意義なグループ活動が実現できます。

表Ⅲ-2に，「個→集団→個」の流れにメリハリをつけることで，子どもが見せる「学習しぐさ」の例を示します。

[*8] 中村祐治編集代表（2007）『日常の授業で学ぶ情報モラル』教育出版，p.17

第Ⅲ章 『学力の3要素』を育てる授業構成5つのポイント

表Ⅲ-2 「個→集団→個」で見せる「学習しぐさ」

	「学習しぐさ」の例
始めの[個]	○全体指導を受けているとき   指導者の示範を見ながら，自分の頭の中で，体の動かし方を整理している ○今日の学習課題を決めているとき   自分の課題を書いている（個）　　友達とちょっと相談している（集団）
[集団]	○課題解決に取り組んでいるとき   友達の走り方を見たり，相談したりしながら…　　自分が走るイメージを思い浮かべている
まとめの[個]	○学習をふり返るとき   友達と一緒に（集団で）ふり返った後，自分一人（個人）でじっくりふり返り，次の時間の課題を決めている

> **ポイント4**
>
> **年間指導計画，単元や題材の展開を，ゴールから逆向きにつくってみる**

★年間を見通して，『学力の3要素』を配列する

　年間指導計画は，単年度で扱う学習内容を，教科書の章の順や教えやすい順に配列する作り方が一般的ではないかと思います。しかし，学習内容を配列するということは，『知識・技能』の指導内容を配列することになってしまいがちです。教科書の章の順に，あるいは教えたい『知識・技能』の順序性を重視しがちです。

　また，教科横断型のカリキュラムを立案するさいにも，学習内容のつながりが重視されがちです。例えば，算数で学習したグラフ化の『知識・技能』を，理科の実験や社会科の調べ学習などで活用する，といった内容のつながりが典型的です。この場合も，時期がかみ合わなかったり，無理な内容配列になったりすると，子どもたちが学習の意義を感じられなくなってしまいます。

　そこで，『学力の3要素』をバランスよく育てるために，内容ではなく，『学力の3要素』の各要素の配列を先に考えることにします。小学校では1年間や低・中・高学年の各2年間，あるいは6年間を見通して，中学校では1〜3年間を見通して，最終的に『学力の3要素』がどこまで育っていればよいか，その最終目標を決めておき，そこから逆算して，段階的な『学力の3要素』の到達目標を決めてから，それに必要な学習内容を配列していきます。

内容配列型

時	ねらいと学習内容
1	○歌詞の内容と曲想や言葉の特性について理解を深め，歌唱表現を工夫する。 ・写真や映像を通してイメージを広げる。
2	

　内容を扱うだけで終わってしまい，学力が育たないままになってしまう心配がある。

『学力の3要素』配列型

月	『学力の3要素』のねらい	学習内容
4	『思考・判断・表現』 歌詞の内容と曲想や言葉の特性を踏まえた歌唱表現をする。	・写真や映像を見てイメージを広げる。 ・歌詞の内容と曲想や言葉の特性を理解する。
5		
6		

第1学年のゴール
『思考・判断・表現』……

3年間のゴール
『思考・判断・表現』……

図Ⅲ-10　『学力の3要素』配列型の年間指導計画（イメージ）

★育てたい力を先に考える

逆向き設計*9の考え方と同様に，育てたい力を先に考えてから，それを『学力の3要素』に分解して目標設定する，という順序で指導計画を立案します。そのさいに，『関心・意欲・態度』を軸にして，『思考・判断・表現』や『知識・技能』を配列していくと，一貫性のある指導計画を作ることができます。

表Ⅲ-3 『学力の3要素』の長期的な目標を設定する視点

順	配列する3要素	目標設定の視点
1	『関心・意欲・態度』	年間を通して，どんな方向へ関心を向けたいか，どんな態度（姿勢，行動，価値観等）をもってほしいか。 教科のねらいへ向けて，学習内容をつなげていく「軸」は何か。
2	『思考・判断・表現』	年間でどこまで考えられる（表現できる）ようになればいいのか。どうやって『思考・判断・表現』の階段をのぼっていくか。
3	『知識・技能』	扱う内容の領域をどう広げながら，年間にバランスよく配列するか。 『思考・判断・表現』や『関心・意欲・態度』につながる内容はどれか。

●具体的な作成手順

このように考えると，6年間（3年間）を見通した指導計画を作成する手順は，おおむね次のようになります（図Ⅲ-11）。

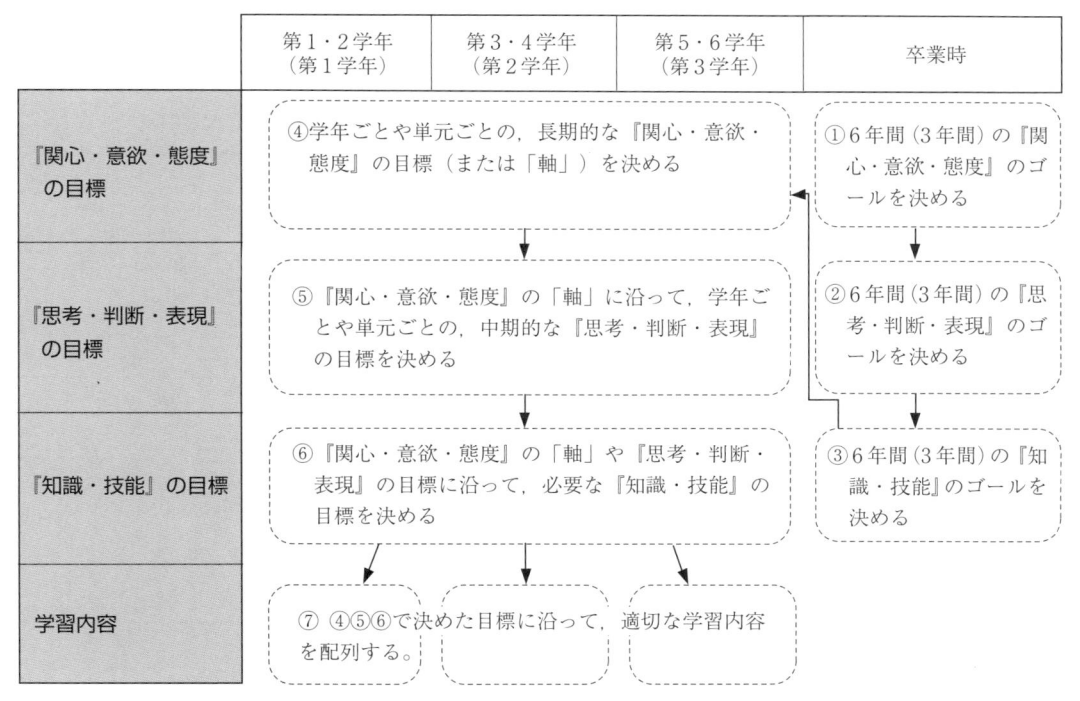

	第1・2学年 （第1学年）	第3・4学年 （第2学年）	第5・6学年 （第3学年）	卒業時
『関心・意欲・態度』の目標	④学年ごとや単元ごとの，長期的な『関心・意欲・態度』の目標（または「軸」）を決める			①6年間（3年間）の『関心・意欲・態度』のゴールを決める
『思考・判断・表現』の目標	⑤『関心・意欲・態度』の「軸」に沿って，学年ごとや単元ごとの，中期的な『思考・判断・表現』の目標を決める			②6年間（3年間）の『思考・判断・表現』のゴールを決める
『知識・技能』の目標	⑥『関心・意欲・態度』の「軸」や『思考・判断・表現』の目標に沿って，必要な『知識・技能』の目標を決める			③6年間（3年間）の『知識・技能』のゴールを決める
学習内容	⑦ ④⑤⑥で決めた目標に沿って，適切な学習内容を配列する。			

図Ⅲ-11　6年間（3年間）を見通して『学力の3要素』の目標を配列する指導計画の作成手順

*9　西岡加名恵（2003）『教科と総合に活かすポートフォリオ評価法――新たな評価基準の創出に向けて』図書文化，p.144

このような手順に沿って考えると，学習目標の配列は，図Ⅲ-12のようなフォーマットで表現すると分かりやすくなります。このように図で示すことで，要素間のつながりが分かりやすくなり，『学力の3要素』を育てるために必要な学習内容を，系統的・体系的に配列することができます。具体的な事例を，図Ⅲ-13に示します。

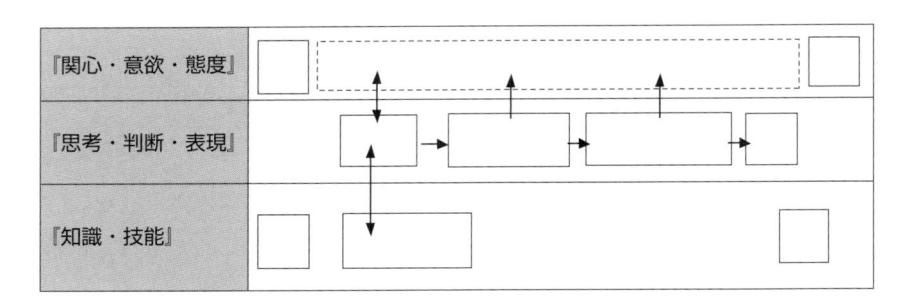

図Ⅲ-12　6年間（3年間）を見通した年間指導計画における学習目標の配列例

図Ⅲ-13　『学力の3要素』から逆向きに設計した，指導計画のイメージ

★指導計画はゴールから逆向きに考える

現在使っている指導計画を見直す場合、「学期末には子どもたちにここまでできてほしい」「こんな力を身に付けてほしい」といった、学力の到達目標を決めてみます。具体的には、学期末のパフォーマンス課題やペーパーテストの問題、作品や演技のレベルを想定してみるとよいでしょう。

するとそこから、必要な『知識・技能』『思考・判断・表現』『関心・意欲・態度』を逆算しやすくなり、指導計画を組み立てやすくなります。

学力の到達目標や必要な時間数が決まれば、それに合う内容の教材（教科書の内容も含む）を配置することができます。教科書の順に組み立てるのとは違い、特に『思考・判断・表現』や『関心・意欲・態度』の目標を、指導者も子どもも、もちやすくなります。

改善前

月	学習内容
4	Unit 1
5	Unit 2 Unit 3
6	Unit 4 期末テスト パフォーマンステスト

改善案

学年末の到達目標
　身近な話題や興味・関心のある内容について、情報や自分の考え・意見を適切に表現することができる。
　『関心・意欲・態度』：………
　『思考・判断・表現』：………
　『知識・技能』：………

1学期末のパフォーマンステストの課題
　『思考・判断・表現』：ALTの質問に表現豊かに答える

月	単元	学習内容
4	リアクション上手になろう	Program 1 感想を伝えよう （現在完了） Program 2 自分の考えを書こう

図Ⅲ-14　ゴールから逆向きに指導計画を立案するイメージ

次のページに示す指導計画（図Ⅲ-15）は、学期末のパフォーマンステストを目標にして、そこに必要な『知識・技能』や『思考・判断・表現』の練習等を配列して作っています。以前は、学習内容を教科書の章の順に配列しただけの指導計画でしたが、『学力の3要素』の考え方を取り入れたことで、新たに「単元」を起こすまでにいたりました。

平成○年度　英語科　3年　年間指導計画

3年生の到達目標：身近な話題や興味・関心のある内容について，情報や自分の考え・意見を適切に表現することができる
- Ⅰ　意欲をもって表現し，自身の英語力を高めようとする態度を身に付ける。
- Ⅱ　《話す力》　身近なトピックについて，ALTまたは友人と2分程度会話を続けることができる。
  - 《音読する力》　ネイティブにも理解できる発音で，内容に即した感情を込めて音読することができる。
  - 《書く力》　与えられたテーマについて，200語程度で，一貫性のある英文を書くことができる。
- Ⅲ　《聞く力》　スピーチや対話を聞き，その要点や発話者が伝えたい内容を理解することができる。
  - 《読む力》　教科書本文程度の文章を読み，その内容を理解することができる。
- Ⅳ　Ⅱ・Ⅲの力を保障する基礎的な語彙力と文法力を身に付ける。

★言語材料　◇言語活動　　　　　　　　　　　　　　　　　　　　週当たり時数　3時間

学期	月	単元	時数	JETによる授業 Program　主な学習内容	時数	ALTとのTT授業
1	4	①質問とリアクション上手になろう	8	Warm Up ★1・2年の復習 ◇自分の行きたい国を説明しよう	5	Let's speak and write ① "The Place I have ever been to" ・手に入れた情報を第三者に正確に伝えよう ・情報に対して自分が考えたことを述べられるようになろう ・会話を続けるために質問ができるようになろう ※パフォーマンステスト
	5		7	Program 1 ★現在完了（完了・経験・継続） ◇感想を伝えよう		
	6	【1 Minute Talk】 "The Place I have ever been to"	7	Program 2 ★have been to ～ ★It ～ for … to ～　／疑問詞 to ～ ◇自分の考えや意見を話したり書いたりしよう ◆インターネット・Kid Act	2	
	7	②私の考える「和」を伝え合おう	7	Program 3 ★受動態 ★teach ○○ how to do など ◆文化による考え方・慣習の違いについて	3	Let's speak and write ② "What I Thought in Kyoto" ・一貫性をもって伝えられるようになろう ・外国の人に日本の文化・伝統について伝えよう
		【Speech / Report】 "Cultures in Japan"	9	Program 4 ★これまでの復習 ◆ヒロシマ，戦争・平和について		
2	9		7	Program 5 ★ask ○○ to do（tell, want） ★第4文型（call, make, name） ◇相手への要求を表現しよう ◆さまざまなボランティア活動	6	
	10		8	Program 6 ★分詞の後置修飾 ★目的格関係代名詞 ◆文化・音楽について	2	※パフォーマンステスト
	11		9	Program 7 ★間接疑問文 ★主格関係代名詞 ◆イギリス，訛りについて		
	12	③3年間の思い出を仲間とつなぎ合おう	8	Program 8 ★目的格関係代名詞，特有の後置修飾 ◆世界のさまざまな民族（アボリジニ）	4	Let's speak and write ③ "Our School Days" ・クラスメートに伝えたいことを3年間で学んだことを生かして伝えよう ・エッセイを書こう
			5	Program 9 ★これまでの復習 ◇物語を読んで感想をまとめよう		
3	1		10	Reading ◆セヴァン・スズキのスピーチ ◇自分の思いの表現の仕方を改めて学ぼう		
	2	【Speech / Essay】 "dear My Friends" "My School Days"				

図Ⅲ-15　年度末の到達目標から逆向きに設計した指導計画の例

第Ⅲ章　『学力の3要素』を育てる授業構成5つのポイント

★単元や題材などに応じた"サンドイッチ型"の変形

　長期的な指導計画を立案することで，『学力の3要素』をバランスよく育てることができます。また，学習内容のつながりもスムーズになり，ストーリー性のあるダイナミックな単元（題材）学習を展開できます。

　このとき，『関心・意欲・態度』→『知識・技能』→『思考・判断・表現』→『関心・意欲・態度』の順に（つまり"サンドイッチ型"で）学習内容を配列していくことを意識すると，子どもたちが学びやすい，メリハリのある授業をつくりやすくなります。

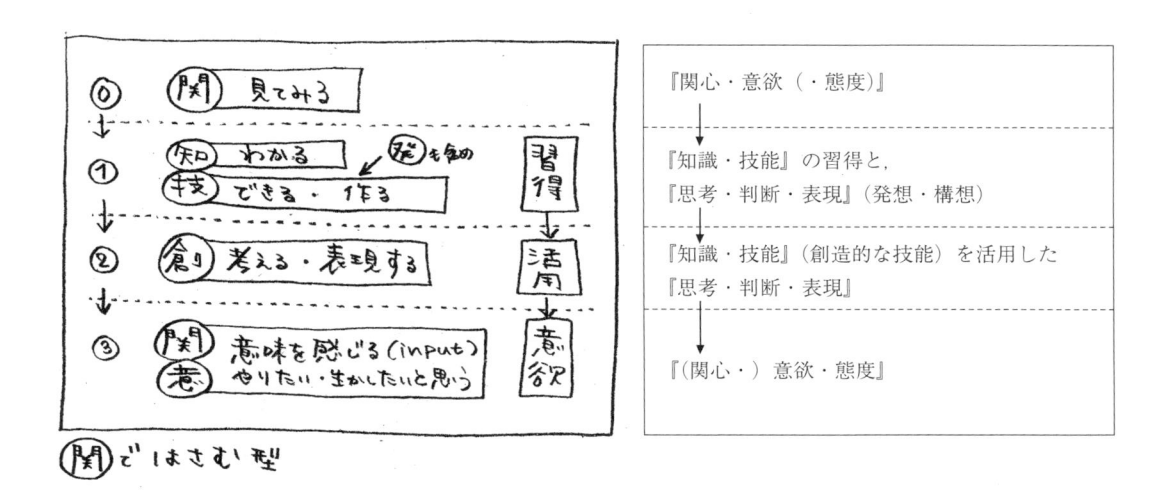

図Ⅲ-16　"サンドイッチ型"を意識して，単元（題材）の展開を立案した構想メモの例

ポイント 5

『学力の3要素』を意識したペーパーテストをつくってみる

★ペーパーテストは『知識・技能』だけではもったいない

　単元末や学期末などに実施されるペーパーテストは，上手につくり分けることで，『学力の3要素』の到達状況を効率よく把握することができます。ただし，『関心・意欲・態度』はペーパーテストに不向きと考え，主に『知識・技能』と『思考・判断・表現』の到達状況を測るためのものと考えるべきでしょう。それは，「テスト」というものが，子どもたちに無意識に正解を求めてしまう性質をもっているためで，子どもたちの心の中にふくらんだ気持ちや思いを表現させる『関心・意欲・態度』には，そぐわないからです。

表Ⅲ-4　『学力の3要素』に応じたペーパーテストのつくり分けのイメージ

	『知識・技能』	『思考・判断・表現』	『関心・意欲・態度』
発問のイメージ	「正しい答えを書きなさい（選びなさい）」 「このことについて説明しなさい」	「この課題を考えて解決しなさい」 「比較して分析しなさい」 「なぜそう考えたのですか」	「生活に使われている○○を20個見つけなさい」 「あなたは今後どう行動したいと思いますか」
解答欄の例	○記述（穴埋め） ○多肢選択	○記述（自由記述） ○多肢選択＋理由の記述	○自由記述

★ペーパーテストがあると長期的な見通しが立つ

　ペーパーテストは，『学力の3要素』が育ったか，目標に到達したか，といった統一された基準で測るものです。そのため，ペーパーテストを作成することは，指導計画にある最終目標（ゴール）を明確にするのと同じことになります。したがって，年度はじめや，単元・題材・章などの学習を始める前のタイミングで，あらかじめペーパーテストを作成しておくと，指導目標が明確になり，『知識・技能』の教えすぎを防いだり，『思考・判断・表現』や『関心・意欲・態度』を育てる学習活動を意図的に設定したりすることができます。

第Ⅲ章　『学力の3要素』を育てる授業構成5つのポイント

★ 『学力の3要素』に応じてつくり分けた問題例[*10]

(1) 『知識・技能』の問題

　『知識・技能』は，正しい用語や手順などを覚えているか，また適切な概念を習得できているかといった状況を学習評価します。そのため，語尾を「～しなさい」「答えなさい」とする例が多く見られます。小学校では「～を書きましょう」といった，やわらかい表現も見られます。

　採点基準は比較的つくりやすく，「正解か」「不正解か」で判断することが多いでしょう。中間点をつける場合も，その意味を理解しているか，本質を外していないかといった基準で，個別に判断することができます。

①国語科[*11]
　　――線部分を適切な言い方に書き改めましょう。
　　・先生が教科書をお読まれになる。
　　・どなたが来たのですか。

②数学科
　　次の式を因数分解しなさい。
　　(1) $x^2 + 5x + 6$
　　(2) $x^2 - 4x + 4$

③英語科
　　次の日本語を英語に直しなさい。
　　(1) りんご
　　(2) えんぴつ

④理科
　　地震が発生した後に，「震度」はどうやって決められますか。
　　「地点」という用語を用いて，簡潔に答えなさい。

図Ⅲ-17　『知識・技能』のペーパーテスト問題例

(2) 『思考・判断・表現』の問題

　『知識・技能』に比べ，『思考・判断・表現』の問題は，子どもたちに考えさせる，応用問題のイメージがあると思います。このとき，習得した『知識・技能』を活用しやすい問題にすることが必要です。そうすることで，「『知識・技能』を活用して考えているか」という採点基準を設けやすくなり，回答の幅を適切にすることができます。

　また，『思考・判断・表現』の問題では「回答」を使うとよいでしょう。「解答」にすると，正解がある，答えが一つしかない，といった無意識のイメージが指導者に生まれてしまうようです。『思考・判断・表現』の問題だけは，「こたえなさい」とひらがなで表記したり，「回答欄」と表記したりするとよいでしょう。

[*10]　横浜国立大学教育人間科学部附属鎌倉中学校（2009）『研究紀要』第28集　を参考に作成。
[*11]　文部科学省検定教科書（2010）『ひろがる言葉　小学国語5下』教育出版, p.89

①英語科　リスニングテストの問題例

次の2人の会話を聞き，次郎について分かることを，英語3文で説明しなさい。

> 読まれる英文
> Jiro : Winter is coming soon !
> Hana : Do you like winter ?
> Jiro : Yes. I like it the best of all the seasons.
> Hana : Really ? I don't like winter. I don't like cold weather.
> （以下，しばらく会話が続く）

※回答例　　Jiro likes winter the best of all the seasons.
　　　　　　Jiro is looking forward to winter.
　　　　　　Jiro is happy because winter is coming soon.　　の3文

②理科

問　震源からの距離が同じでも，震度が異なる場合があります。震度が異なる理由を，学習したことを生かして考え，説明しなさい。

③音楽

問　次の楽譜を読み，各問いに答えなさい。
　　（楽譜省略）
(1) 楽譜中Aの位置に入れるべき表現記号を選び答えなさい。
　　ア．　＞　　　イ．　＜　　　ウ．　f　　　エ．　mp
(2) 6小節目に　が入っていることを踏まえ，あなたはこの部分をどのように表現するか，説明しなさい。

図Ⅲ-18　『思考・判断・表現』のペーパーテスト問題例

　課題（問題）解決型の問題では，活用すべき『知識・技能』が身に付いていることを確かめたり，課題（問題）を見つけるために必要な情報を問題文に示したりする工夫が必要です。
　これは，『思考・判断・表現』の学力構造（第Ⅵ章を参照）に沿って，「入力課題」「出力結果」「内部条件」「外部条件」の四つの要因を読み取り，これを総合的に判断して『思考・判断・表現』が目標に到達したとみなしていく方法です。この場合は，図Ⅲ-19のような問題形式が考えられます。

第Ⅲ章　『学力の３要素』を育てる授業構成５つのポイント

```
問１　（課題解決に必要な『知識・技能』を問う）          …「内部条件」


問２　次の説明を読んで，下の各問いに回答しましょう。

    ┌─────────────────────────────┐
    │ 説明：Ａくんは，〜を解決したい。            │      …「制約条件（外部条件）」
    │     このとき，〜という条件で考えることにする。   │        の説明
    └─────────────────────────────┘

  (1) Ａくんが解決すべき課題は何でしょう。              …「入力課題」の回答
  (2) Ａくんは，条件を踏まえた上で，どのように課題を解決すればよいか。  …「出力結果」の回答
     その手順を考えましょう
  (3) あなたはなぜ，その手順を選んだのですか。
```

図Ⅲ-19　課題を解決するペーパーテスト問題のイメージ

　また，『思考・判断・表現』の問題では，回答欄の枠線のつくり方を工夫することが大切です。段階的に考えさせたいのであれば，枠線を段階的に考えやすいように引いておくことが必要でしょうし，何か文章を穴埋めさせたほうが考えやすいのであれば，回答欄にも文章を入れておくことが必要です。『思考・判断・表現』の問題は，回答欄を工夫することで，子どもも考えやすくなりますし，指導者が学習評価しやすくなります。

例１
（問い）考えられる理由を３つ説明しましょう。

┌─────────────────┐
│ ①   │
│─ ─ ─ ─ ─ ─ ─ ─ ─ ─│
│ ②   │
│─ ─ ─ ─ ─ ─ ─ ─ ─ ─│
│ ③   │
└─────────────────┘

例２
（問い）あなたの考えをまとめましょう。

┌─────────────────┐
│ 私は，   │
│   と考えます。│
│─ ─ ─ ─ ─ ─ ─ ─ ─ ─│
│ それは，   │
│   │
│   だからです。 │
└─────────────────┘

図Ⅲ-20　『思考・判断・表現』の回答欄を工夫した例

(3)『関心・意欲・態度』の問題

　『関心・意欲・態度』は,『知識・技能』や『思考・判断・表現』とは問題の作り方を変え,子どもたちが楽しく回答できるような問題にするとよいでしょう。採点基準はゆるやかに設定しておき,5個見つけたら△,10個見つけたら○のような方法が考えられます。

　問　この写真は,江戸の長屋に住む人々の様子です。
　　　この写真の中から,あなたが関心をもっているものを見つけて,どんなところに関心をもったのか,どんな思いや感じがあるのか,コメントを書いてみよう。

◯町人の暮らし(想像図)　江戸の長屋に住む人々の様子です。

(図版は,教育出版『小学社会 6 上』p.71 から引用)

図Ⅲ-21　『関心・意欲・態度』のペーパーテスト問題例

第Ⅳ章

『学力の3要素』がうまく育たないときのQ&A

『学力の3要素』の理屈は分かったけど，いまいちうまくいかないわ。どこから手をつければいいのかしら。細かい方法なんて，覚えられないわ。

『学力の3要素』の違いをはっきりさせて，「なんとなく」育てるのではなく，「ねらって育てる」ようにすれば，カンタンだよ！

細かい方法にこだわる必要はないのね！ それなら，すぐに気楽に実践できるわ！ それに，教え込みの授業を卒業できそうで，なんだかワクワクするわ！

Q1：子どもの「学習しぐさ」に変化がないのですが…？

A：まずは「書く」言語活動を変えてみよう。

指導者がもっとも取り組みやすく，子どもも「そういえばそうだ！」とすぐに納得できるのは，ノートへの書き方や消しゴムの使い方の違いです。教える場面での書かせ方，考えさせる場面での書かせ方，心を豊かにするための書かせ方を，ほんのちょっと意図的に変えてみると，「学習しぐさ」の変化が見えてきます。

★『学力の3要素』に応じて「書く」言語活動を変えてみよう

『関心・意欲・態度』を育てる場面では…	『思考・判断・表現』を育てる場面では…	『知識・技能』を育てる場面では…
自由に素直に書こう	書きながら考えよう	書き写して覚えよう
消しゴムをほとんど使わない	消しゴムを多く使い，書いたり消したり	消しゴムをほとんど使わない
気持ちを自由に書こうとしている	書きながら考えたり，じっくり考えてから書いたり	間違えないように正しく書き写そうとする

> よくない「書く」の例
> △『思考・判断・表現』や『関心・意欲・態度』の学習活動中のメモなのに，きれいに書かせようとしてしまうと，『知識・技能』的になってしまう。
> △『思考・判断・表現』の学習活動なのに，静かにさせてしまうと，思考が止まる。

★意図的な「書く」言語活動は学習効果を高める

　同じ「書く」という言語活動でも，指導意図が変われば，その学習効果を大きく高めることができます。表Ⅳ-1は，『学力の3要素』に応じた「書く」言語活動の違いを整理したものです。この表のように，「書く」言語活動を通して，何をねらいたいのか，何を育てたいのかが明確になれば，「書く」目的が明確になり，指導者にも子どもにも分かりやすい授業をつくることができ，「学習しぐさ」の変化もはっきり表れます。

表Ⅳ-1　『学力の3要素』に応じた「書く」言語活動の例

『学力の3要素』	有効な「書く」言語活動の例
『知識・技能』	書き写して覚える，枠にはめて書く くり返し書いて（描いて）覚える
『思考・判断・表現』	メモを取る，枠を使って考える 書きながら考えを整理する，自分の考えをまとめる 判断材料を書き出す，自由に書いて発想をふくらませる
『関心・意欲・態度』	感じたことを書き表す，思ったことを書き表す 喜びを書いて伝える，枠をはみ出す

★何のために，何を書くのか，焦点化しよう

　例えば『関心・意欲・態度』を育てようと思ったとき，漠然と「感想を書こう」と投げかけても，子ども一人ひとりの気持ちがいろいろな方向を向いてしまうことが心配されます。そこで，「ハードル競技をやってみて感じたことを書こう」「体験して思ったことや感じたことを書いてみよう」など，気持ちを向けさせたい方向を示したり，「思ったことや感じたこと」と子どもが気持ちをめぐらせやすいような言葉で示したりする工夫があるとよいでしょう。

「感じたことや思ったことを書こう」

　また，小学校では「気づく」をよく使いますが，これは知識の気づきでしょうか？　考えの気づきでしょうか？　関心の気づきでしょうか？……「気づく」は万能ですが，『学力の3要素』を意識せずに使うと，子どもは困ってしまいます。ちなみに，入学当初に中学校で「気づく」を使うと，子どもは知識的なものを問われていると連想する傾向が強いようです（→ p.102）。

★「学習しぐさ」の変化は子ども自身が学習の仕方をつかむチャンス

　「学習しぐさ」の変化が見える，ということは，子どもにとっても非常によいことです。子ども自身が「学習しぐさ」の違いを認識することで，「ここはしっかり話を聞いて覚えるところだな」「ここは，集中してじっくり考えてみよう」「あー，今日はおもしろかったな！」と，学習のねらいに応じて自分の気分を切り替えられるようになってきます。

Q2：ワークシートがないと育てられないのでしょうか？

A：大切なのは「言葉かけ」。だから，黒板とチョークだけでOK！

　『学力の3要素』を意識すれば，板書でも違いをはっきり出せますし（第Ⅱ章参照），また指導者の投げかけや働きかけにもメリハリが生まれます（第Ⅲ章参照）。ですから，ワークシートを無理に作ろうとしなくても，黒板とチョークさえあれば，『学力の3要素』を意識した学習活動を展開できます。
　ただし，指導者の投げかけにメリハリをつくれるかどうかが，カギになりそうです。知識でも，思考でも，関心でも，どれにでも「考えてみよう」を使っていませんか？

★まずは，指導者が「語尾」を変えてみよう

　授業の導入で，食生活への関心をもたせようとしていた指導者が「この食生活について，どう思うか考えてみよう」と投げかけました。すると，子どもは「うーん」と真剣に考えはじめてしまい，空気がかたくなってしまいました。しかし，「この食生活，みんなはどう思う？」と投げかけたところ，自由で活発な発言が生まれ，やわらかい雰囲気で授業をスタートできました。
　子どもに主体的に取り組んでほしいと思えば思うほど，無意識に「考える」「意識する」「気づく」といった語尾を使っていませんか？　多くの実践を分析して分かったことは，『学力の3要素』を意識するときは，子どもの学習活動に合わせて，語尾を使い分けたほうが，学習のねらいが明確になり「学習しぐさ」の違いも明確に表れる，ということです。

『関心・意欲・態度』を育てる学習活動の場面では	『思考・判断・表現』を育てる学習活動の場面では	『知識・技能』を育てる学習活動の場面では
どう思う？ どう感じた？ そうかぁ。 おもしろいね！	どうして？ 考えてごらん。 どうしたいの？	覚えよう。 書き写そう。 線を引こう。

図Ⅳ-1　指導者が語尾を変えるイメージ

第Ⅳ章 『学力の3要素』がうまく育たないときのQ＆A

Q3：どうすれば「学習しぐさ」がよく見えますか？

➡ A：授業を「前から」観察してみましょう。

　校内研究や校内研修などのさいに，教室の前方から子どもたちを見ると，「学習しぐさ」がとてもよく見えてきます。授業者は前方から，子どもたちの反応や表情を見ると，働きかけが有効だったか，判断することができます。

後ろからでは，表情が見えない　　　　　前からでは「学習しぐさ」がよく見える

図Ⅳ-2　授業観察の位置による「学習しぐさ」の見え方の違い

★授業観察は「指導者の行動」だけでなく「子どもの反応」（「学習しぐさ」）も

　『学力の3要素』の学習指導で大切なことは，子どもの反応（「学習しぐさ」）をしっかりキャッチして，学習指導にメリハリをつけられるか，という点です。従来，授業観察では指導者の行動を，教室の後方から把握することが一般的でしたが，これでは子どもの「学習しぐさ」を見ることができません。どんな働きかけが有効だったのか，子どもたちはどんな反応を示すはずなのか。そういった視点で授業を「前から」観察することが必要です。

★観察の視点は，「指導者」「子ども」と，「指導者と子どもの関係」

　『学力の3要素』が授業にメリハリを生んでいるか。それを確かめるために，子どもの「学習しぐさ」を観察しますが，このしぐさから「指導者」「子ども」「指導者と子どもの関係」を読み取ることができます。特に「指導者と子どもの関係」では，指導者の働きかけに対して，子どもたちがどんな反応を示しているか，意図した学習活動が成立しているか，といった視点から，授業を検証していくことが必要です。

Q4：「教える」と「考えさせる」が区別できないのですが…？

A：言葉かけを意図的に変えて，区別してみましょう。

　　　教えるべきことは，しっかり教える。考えさせるべきところは，しっかり考えさせる。この考え方は，『学力の3要素』を意識するのと同じことで，授業にメリハリを生む第一歩ともいえます。

★「考える」が『知識・技能』的になっていないか

　子どもたちに，「じゃあ，ここを考えてごらん」と指示することがありますが，せめて何を，どうやって，どの程度まで考えればいいのか，『思考・判断・表現』の目的やゴールを示しておくことが大切だと思います。

　また，指導者が「考える」を使う場合，その学習活動が『知識・技能』の正答をねらっているのか，『思考・判断・表現』の回答をねらっているのか，よく吟味してから発問することが必要です。

　「考える」を使う場合は，『知識・技能』と『思考・判断・表現』の結びつけを区別することによって，子どもたちが迷わずに主体的に学習活動に取り組めるようになります。

★指導者が言葉を感覚的に使っていないか

　指導者が『学力の3要素』を意識せず，感覚的に言葉を使ったり何かを指示したりするというのは，子どもにとってもマイナスです。少なくとも，指示しようとしているのか，教えようとしているのか，考えさせようとしているのか，そういった意図を子どもに伝えるようにするとよいでしょう。

　特に，「気づく」「考える」「まとめる」は，ついつい多用してしまうと思いますが，『学力の3要素』を意識して，「何について」「何を」といった言葉を付け加えるとよいでしょう。

第Ⅳ章 『学力の3要素』がうまく育たないときのQ＆A

Q5：『思考・判断・表現』を育てる支援って，難しいですね…。

A：子どものつまずきに合わせ「ヒントを与え，答えを言わない」ようにしてみましょう。

　子どもの「学習しぐさ」を観察していると，『思考・判断・表現』につまずいている様子が見えてきます。そのとき，つまずきの原因を一緒に見つけ，指導者が適切なヒントを提供すれば，子ども自身の力で乗り越えていけるようになります（第Ⅱ章の8を参照）。すぐに答えを言ってしまったり，解決の手立てを示してしまったりしては，子どもたちの『思考・判断・表現』の学力が育ちません。

★つまずきの仕方によって支援の方法を変えてみよう

　そこで，つまずきの原因に応じて，支援の方法を変えるとよいでしょう。『思考・判断・表現』できなくて困っているのなら，課題を確かめ直したり，状況判断を促したりすることができます（→ p.46, p.122）。
　また，『思考・判断・表現』に必要な『知識・技能』の習得が不足しているなら，適切な資料を紹介したり，練習の機会をつくることができます。また，課題が難しすぎて『関心・意欲・態度』がしぼんでいるなら，課題のハードルを少し下げたり，指導者が少しだけ答えを言ってあげることで，意欲がわいてくるかもしれません。

★支援を一斉と個別に使い分け

　支援は，その指導形態によって一斉と個別に分けられます（第Ⅱ章の7を参照）。子どもたちのつまずきの状況に応じて，共通のつまずきは黒板を利用するなどの一斉の支援で取り上げ，個々のつまずきには机間指導で個別支援する，といった使い分けが必要です。

```
                    ┌─ 一斉の指示（伝達） ……… 共通の内容を指示
          ┌ 指示（伝達）┤
          │         └─ 個別の指示（伝達） ……… 個別の内容を指示
          │
   指導 ──┤         ┌─ 一斉の支援 ……………… 共通のつまずきに対応
          ├ 支　　援 ┤
          │         └─ 個別の支援 ……………… 個々のつまずきに対応
          │
          └ 隠れた支援 ……………………………… 指示（伝達）のための情報と
                                                支援のための情報を用意
```

図Ⅳ-3　『思考・判断・表現』を「ねらって育てる」ための指導形態

Q6：『学力の3要素』と言語活動って，関係あるんですか？

A：学習活動に応じた適切な言語活動があります。

中央教育審議会の答申[*12]では，表現する，伝達するといった六つの言語活動を，『思考・判断・表現』を育てるための学習活動として例示しています。しかし，言語活動を『思考・判断・表現』だけでなく『知識・技能』や『関心・意欲・態度』を育てる場面でも取り入れたほうが，授業にメリハリが生まれ，子どもたちにとって分かりやすい授業につながります。

★「聴く（聞く）」も学力の3要素で区別できる

Q1で述べたように，同じ「書く」言語活動でも，そのねらいによって授業への取り入れ方が変わってきます。

「聴く（聞く）」の場合も，例えば音楽を鑑賞する場面では，次のように違いがでるでしょう。

- 『関心・意欲・態度』なら，ゆったり聴きながら，感受性を高める。
- 『思考・判断・表現』なら，総譜を読みながら，モチーフ（動機）の表れ方を考えるなど，分析的に聴く。
- 『知識・技能』なら，読譜後に音楽を聴きながら，学習したことを理解する。

同じ「聴く」でも，『学力の3要素』に合わせてねらいを設定することが，子どもたちにも分かりやすい授業につながります。

『学力の3要素』に合う「話す・聞く」「書く」「読む」を組み合わせるとよいでしょう。

★教科特有の言語活動がある

言語活動には，どの教科にも共通するもの（例えば，話し合う，言葉で書き表す）と，教科に固有のものがあります。プレゼンテーション，地図やグラフ，歌唱や演奏，絵画や彫刻，計画書や設計図，身振り手振り（ジェスチャー）などは，教科に固有の言語活動であるといえます。こうした言語活動は，その教科では当たり前のように使われていますが，子どもたちにはまだ身に付いていないものでもあり，ぜひ子どもたちに身に付けさせたいものでもあります。教科特有の言語活動を取り入れることで，その教科ならではの『知識・技能』『思考・判断・表現』『関心・意欲・態度』が育ち，教科の学習が楽しくなります。

★学習の段階や時期に合わせて

長期的なスパンで単元や題材などの学習指導を見通したとき，その時期や学習内容によって，言語活動の取り入れ方が異なります。子どもたちがここで何を学ぶのか，そのた

[*12] 中央教育審議会（2008）「幼稚園，小学校，中学校，高等学校及び特別支援学校の学習指導要領等の改善について（答申）」

めにどんな学習活動が効果的なのか，という視点から，最適な言語活動を組み合わせることが大切です。

学年や1年時当初の学習活動

ガイダンス	前年度や小学校のふり返りを書く（レディネス調査）	『知識・技能』
	教科への思いを初発の感想を書く，教科書をざっと見る（読む）	
	＜無意識な関心を紙面で意識化＞	『関心・意欲・態度』
	授業での約束や決まりを書く	「安全・授業規律」

単元・題材・章単位での学習活動

―――― 導入での学習活動 ――――

初発の感想を書く　＜無意識な関心を紙面で意識化＞　　『関心・意欲・態度』

―――― 展開での学習活動 ――――

毎授業での学習活動

授業導入
- 教科書・資料・掲示物等の内容を読む　＜無意識な関心，おぼろげな知識・技能を紙面に固定＞　（『知識・技能』）『関心・意欲・態度』（『思考・判断・表現』）
- 学習のめあてや学習手順の話を聞く
- 学習内容の話を聞く　「学習への見通し」（『知識・技能』）（『思考・判断・表現』）

授業展開Ⅰ（習得）
- 知識・技能の習得のため板書や教科書を見て・読み・書く　『知識・技能』
- ＜共通基盤として『思考・判断・表現』に必要な知識・技能を紙面に固定＞

授業展開Ⅱ（活用）
- 計画・企画・構想を練るため書く　『思考・判断・表現』
- 示された学習の課題を解決するため書く　『思考・判断・表現』
- 話し合い活動で話す・聞く，得たことを書く　『思考・判断・表現』
- 観察・見学・作業・実習内容を書く　『思考・判断・表現』
- ＜ヒント，アイデア，ひらめき等をメモして紙面で発想，考えながら書くことで概念化促進，解決結果を紙面に固定＞　（『関心・意欲・態度』）

授業終末
- 発表の場面で話す・聞く・書く　『知識・技能』
- ＜概念化・能力形成を紙面で確認＞　『思考・判断・表現』
- 毎授業時間のふり返りを書く　『関心・意欲・態度』
- ＜態度形成を紙面で確認＞　「自己評価」

―――― 終末での学習活動 ――――

ふり返り　終末の感想を書く　　　　　　　　　　　　　　『関心・意欲・態度』
　　　　　学習のまとめを書く　＜概念化・能力形成・態度形成を紙面で固定＞　『思考・判断・表現』

学年など終末の学習活動

年間の学びをふり返り，終末の感想を聞く　　　　　　　『関心・意欲・態度』
教科の最終のねらいに関して書く　＜教科のねらい達成や倫理観を紙面に固定し確認＞　『思考・判断・表現』

図Ⅳ-4　学習活動と言語活動の例

Q7：ふり返りを改善するポイントは？

A：何をふり返るのか，はっきり指示してみましょう。

　ふり返りの活動は，学習をふり返り，学びを定着させるために，大変重要な意味をもつ学習活動です。しかし，「なんとなく」ふり返らせてしまっては，子どもたちの学びが深まらなくなってしまいます。そこで，ふり返りの活動のさいにも『学力の３要素』を意識して，ふり返る期間やねらいを決めるとよいでしょう。

★ふり返る期間を決める

　１単位時間の授業をふり返るのか，ここ数週間の学習をふり返るのか，１年間や３年間のスパンでふり返るのか。子どもたちは，意外とふり返る期間に迷っています。ふり返りの学習活動では，どの時点で学習活動をふり返るのか，明確に指示することが大切です。

★ふり返りのねらいを決める

　『知識・技能』のふり返りでは，「今日の授業で分かったこと，覚えたこと，できたことをふり返ろう」のように，『知識・技能』のふり返りであることが分かるようにします。「書き出そう」「思い出そう」と聞いてもよいでしょう。

　『思考・判断・表現』のふり返りでは，『思考・判断・表現』する学習活動をふり返り，考える手順や判断基準，方法知といったことを，ふり返りを通して再構成・再構築させます。そこで，「○○を考えるときに大切なことをふり返ろう」「○○を考えるときのポイントをまとめよう」のように，『思考・判断・表現』する学習活動と関連づけて，何をまとめさせたいのか分かるようにします。「考えたことをふり返ろう」だけでは，活動してきたことを思い出して羅列するだけになってしまいますから，何か集約させる工夫があるとよいでしょう。

　『関心・意欲・態度』のふり返りでは，学習活動や体験活動を終えてから，思ったことや感じたこと，疑問に思ったこと，興味をもったことなどを，言葉で書き残しておくような学習活動になるとよいでしょう。気持ちや心情を言葉に書き表すことで，無意識だった関心を意識化させることができ，『関心・意欲・態度』の醸成につながります。

★ふり返りのワークシートを工夫する

　ワークシートを利用してふり返るとき，「今日のふり返り」「今日の感想」「今日の授業を通して学んだこと」「この単元の学習を通して，身に付けたこと・学習したこと・できるようになったこと・考えたことを書こう」と投げかけていることが多いと思います。しかし，これを『学力の３要素』で見直すと，どの要素についてふり返ろうとしているのかが不明確です。子どもたちが，何について書けばいいのか迷わないよう，『学力の３要素』に応じた投げかけにする工夫が必要です。

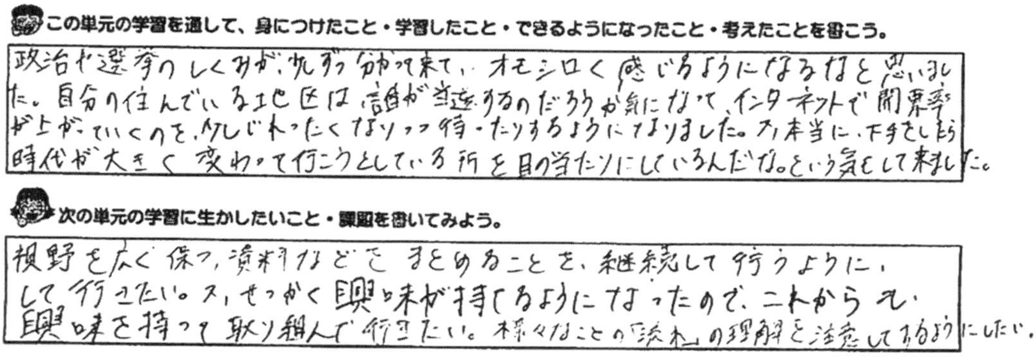

第Ⅳ章 『学力の3要素』がうまく育たないときのQ&A

🔶 この単元の学習を通して、身につけたこと・学習したこと・できるようになったこと・考えたことを書こう。

政治や選挙のしくみが、少しずつ分かって来て、オモシロく感じるようになる月だと思いました。自分の住んでいる地区は誰が当選するのだろうが気になって、インターネットで開票率が上がっていくのを、少しだけ待ったくなって待ったりするようになりました。又、本当に下手をしたら時代が大きく変わって行こうとしている所を目の当たりにしているんだな。という気もして来ました。

🔶 次の単元の学習に生かしたいこと・課題を書いてみよう。

視野を広く保ち、資料などでまとめることを、継続して行うようにして行きたい。又、せっかく興味が持てるようになったので、これからも興味を持って取り組んで行きたい。様々なことの読本の理解を注意してみるようにしたい。

図Ⅳ-5 『学力の3要素』を明確に分けていないふり返りの例

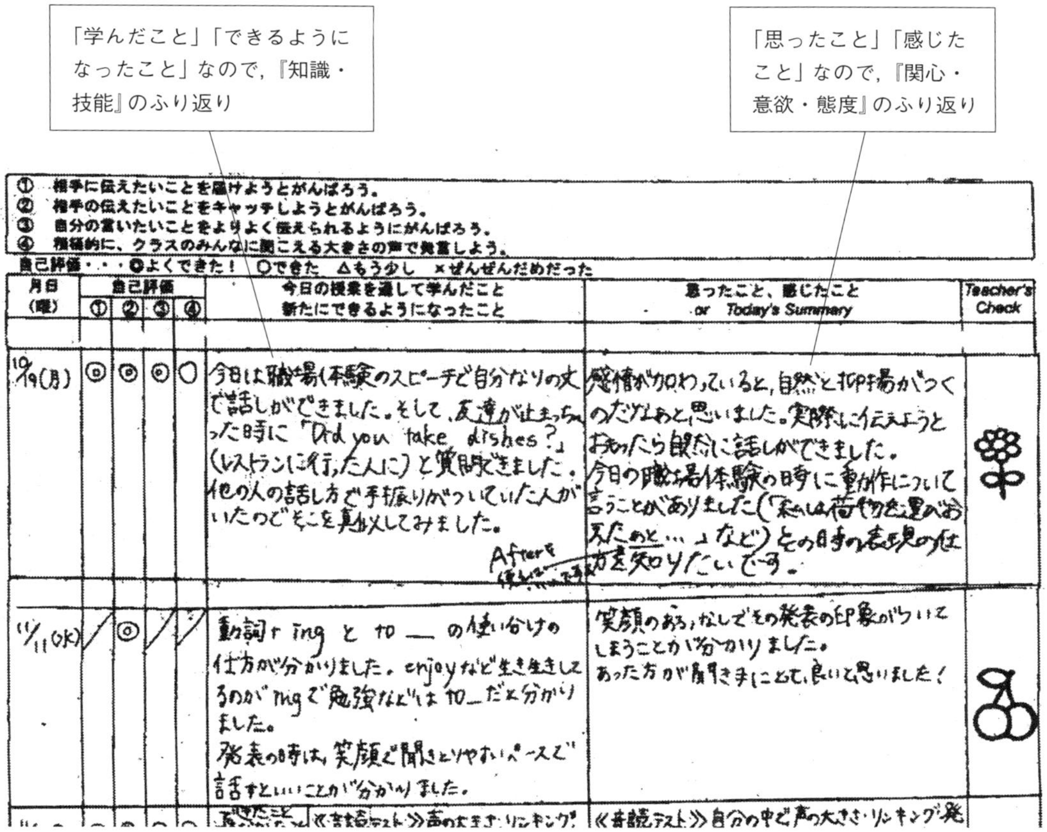

「学んだこと」「できるようになったこと」なので、『知識・技能』のふり返り

「思ったこと」「感じたこと」なので、『関心・意欲・態度』のふり返り

図Ⅳ-6 『知識・技能』のふり返りと『関心・意欲・態度』のふり返りを分けた記述例

97

★ふり返りの六つの機能

　ふり返りの学習活動には，六つの機能があります（表Ⅳ-2）。「なんとなく」ふり返らせるのではなく，学んだ『知識・技能』の確認なのか，『思考・判断・表現』したことを整理・再構成・再構築させたいのか，または長期的な『関心・意欲・態度』の変容に気づかせたいのかといった，学習指導のねらいを明確にしておくことが大切です。『学力の3要素』に対応させたふり返りの学習活動は，教科の学びをおもしろくします。

表Ⅳ-2　ふり返りの機能

ふり返りの目的	ふり返りの機能
①授業での学びの確認	○授業をふり返り，授業ごとの学びを確認する。
②授業ごとの学びの再構成 （学びをつなげる）	○授業ごとの学びを集積し，再構成し，そこから見えるものを学ぶ。 ○『知識・技能』を再構成し，概念化する。
③学びの再構築 （学びを組み立てる）	○学習全体（単元・題材・章，学期，学年）をふり返り，学びを整理したり，まとめたりして，学びを再構築し，学習全体でねらう学力に到達させる。 ○『思考・判断・表現』の方法知の形成をうながす。
④変容による内面の表出化	○最終段階で初期の学びをふり返り，自分の変容から学びの成果の状況を知る。 ○『関心・意欲・態度』の形成をうながす。
⑤次の学習課題の設定	○学習をふり返り，到達度を確認し，次の目標を定める（または生活に生かす）。 ○形成された『思考・判断・表現』や『関心・意欲・態度』を，次の学習へ生かす。
⑥自己評価能力の育成	○①〜⑤の学習活動を通して，自己評価能力を養う。

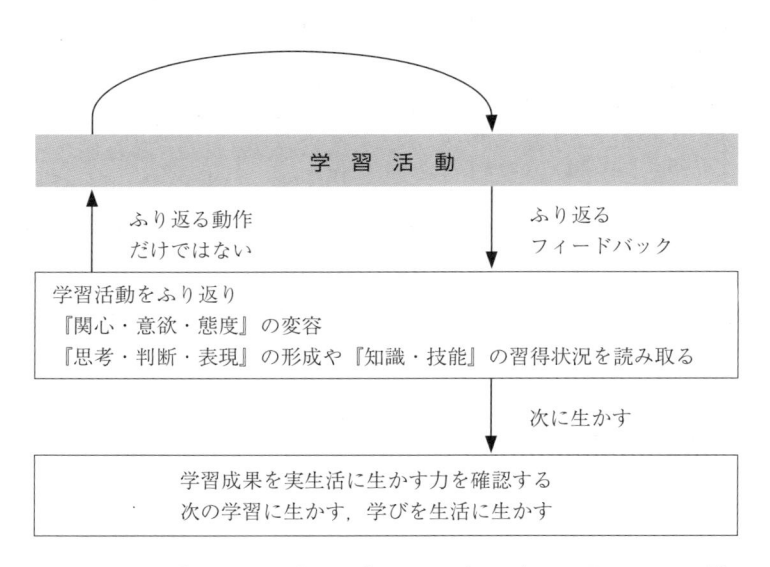

```
                    ┌─────────────────────────┐
                    ↓                         │
        ┌──────────────────────────────┐     │
        │        学 習 活 動           │─────┘
        └──────────────────────────────┘
           │ ふり返る動作        │ ふり返る
           ↑ だけではない        ↓ フィードバック
        ┌──────────────────────────────┐
        │ 学習活動をふり返り           │
        │ 『関心・意欲・態度』の変容   │
        │ 『思考・判断・表現』の形成や『知識・技能』の習得状況を読み取る │
        └──────────────────────────────┘
                           │ 次に生かす
                           ↓
        ┌──────────────────────────────┐
        │ 学習成果を実生活に生かす力を確認する │
        │ 次の学習に生かす，学びを生活に生かす │
        └──────────────────────────────┘
```

図Ⅳ-7　『学力の3要素』を「ねらって育てる」ふり返りのイメージ

Q8:『思考・判断・表現』の場面で,子どもが静かになってしまうのですが…?

A:深く考えているのならばOK。「静かにさせている」のはNG。

『思考・判断・表現』の「学習しぐさ」は,子どもたち一人ひとりで異なります。はじめからじっと深く考えはじめる子どももいれば,はじめは友達と相談して徐々に思考を深めていく子どももいます。そのため,指導者の指示や支援が適切であれば,子どもが静かになっていても『思考・判断・表現』していると考えられます。

★指導者の見えない圧力が,子どもの『思考・判断・表現』を妨げる

しかし,「静かに考えなさい」とか,「授業中は私語を慎みなさい」といった,生徒指導の目的から出ている授業規律等の指導では,子どもたちの『思考・判断・表現』が止まってしまうことが懸念されます(第Ⅱ章p.36を参照)。『学力の3要素』で授業がおもしろくなれば,授業規律等の指導は必要なくなってきます。

図Ⅳ-8 見えない圧力が『思考・判断・表現』を妨げる

★「ねらって育てる」ために,指導姿勢を変える

『思考・判断・表現』を妨げず,「ねらって育てる」ためには,指導者の行動一つひとつに意識をはらい,子どもへの無意味な圧力にならないような配慮が必要です。そのためには,次のような点で,指導者自身の振る舞いを見つめ直すことが大切です。"横から""やさしく"受け入れるような,そんな指導姿勢が,『思考・判断・表現』の学力を育てます。

○声量や語気……　子どもがこわがるような声量や語気になっていないか。
○腕組み姿勢……　「上から目線」になっていないか,しかめっ面になっていないか。
○目線…………　静かにさせようという,生徒指導的な姿勢になっていないか。
○うなずき………　正解・不正解をにおわせるようなうなずきになっていないか。

> **Q9：授業規律を重視して，私語を禁止していますが？**

⇒ **A：授業規律を守らない私語と，相談するときの私語を区別してみましょう。**

　　学習内容に関係のないおしゃべりは，『思考・判断・表現』の妨げになると考えられますから，控えるように指導してもよいかもしれません。「学習しぐさ」をよく観察し，子どもたちが『思考・判断・表現』を始めているかどうか，よく確かめてから指導することが大切です。

★『思考・判断・表現』では子どもは相談したくなってくる

　学習が進み，『思考・判断・表現』が深まってくると，「学習しぐさ」が変化してきます。特に，自分の中で考えがまとまらなくなってくると，周囲からの刺激を求めて，資料を見たり，友達と相談したりするしぐさが見られます。単なるおしゃべりとは違い，友達との相談が終われば，また自分の『思考・判断・表現』に戻ってきます。

個人で発散的……遠くを見る，消さずにたくさん書き出す

集団で発散的……隣の子と相談する，以前のプリントや教科書を見る

個人で収束的……ほおづえ，鉛筆回し，頭かき，消しゴムの多用，以前のプリントを見る

第Ⅳ章 『学力の3要素』がうまく育たないときのQ＆A

集団で収束的……余白にイメージ図を書いては消し，指さし，身振り手振り，上半身の動き（乗り出し，のけぞり），視線は皆が一点に集中

Q10：子どもの「学習しぐさ」を成績づけの資料に使うのですか？

A：そう考えるとうまくいきません。「学習しぐさ」で反応を確かめましょう。

　評価のための評価になってしまうと，子どもたちに信頼される学習評価になりにくくなってしまいます。「学習しぐさ」の観察は，指導者が授業を進めるときに子どもの反応や様子を見ているのと同じことですが，『学力の3要素』と結びつけて観察することで，子どもの頭の中の様子を読み取り，授業にメリハリをつけやすくすることがねらいです。

★指導改善につなげる

　子どもの「学習しぐさ」の観察は，学習評価の資料の一つですが，成績づけに使うことは想定していません。ここでいう学習評価は，指導者の指導が子どもたちに効果的に働いているか，指導計画のとおりに『学力の3要素』が育っているか，といった指導改善のための形成的評価につなげるものです。「学習しぐさ」の観察が習慣になれば，PDCAサイクル（→p.158）に則った指導改善をスムーズに進めることができます。

★子どもの反応を確かめよう

　「学習しぐさ」の観察は，『学力の3要素』に応じてメリハリをつけたい学習指導が，適切に機能しているかどうかを点検するために必要です。指導者の言葉かけで語尾を変えてみたが子どもは違った反応を見せてくれるだろうか，といった場合に，子どもの反応をよく確かめておくことが大切です。同時に，子どもの反応を確かめるということは，指導者と子どもとの関係を深めることにもつながります。

> Q11：子どもに「気づかせる」のは，『関心・意欲・態度』でしょうか，
> 『知識・技能』でしょうか，『思考・判断・表現』でしょうか？

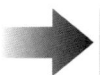

→ A：どの意味でもとれるということは，言葉を換えたほうがよいですね。

　「表現するための方法に気づく」とは，『知識・技能』でしょうか。それとも，『思考・判断・表現』？　『関心・意欲・態度』にも受け取れます。同じように，「考える」や「できる」も，『学力の3要素』の区別をつけにくい語尾であるといえます。

★「気づく」は，どの『学力の要素』にも受け取れてしまう

　小学校でよく聞く事例です。次を比べてください。

> ○『関心・意欲・態度』の場面では「これを見て，気づいたことある？」
> ○『知識・技能』の場面では「よく答えに気づいたね！」
> ○『思考・判断・表現』の場面では「考えてみて，気づいたことは何ですか？」

　どの場面でも「気づく」を使っているので，子どもたちは導入でも「○○が分かった（『知識・技能』的）」「○○だと思う（『関心・意欲・態度』的）」「考えるの難しいよ（『思考・判断・表現』的）」のようなさまざまな反応を示していました。子どもたちは「気づく」と聞いたときに，一人ひとり受け止め方が違ってしまうのだと考えられます。

★「考える」も，どの『学力の要素』にもつい使ってしまう

　中学校でよく見る事例です。次を比べてください。

> ○導入で，「この食生活がどうなのか考えてみよう」
> ○中盤で，「よりよい食生活になるような献立を考えてみましょう」

　このとき，指導者の意図は，導入で食生活への『関心・意欲・態度』をねらっていたようですが，子どもは真剣に答えを探しはじめ，深く考えはじめてしまいました。
　「考える」を使うときは，「ねらって育てる」を意識して，次のように使い分けましょう。「考える」を子どもがどう受け止めるのか，よく見極めてから使うことが大切です。

> ○「ちょっと考えてごらん」と軽めの感触で使うと，『関心・意欲・態度』
> ○「正しいやり方を考えてみよう」だと，『知識・技能』
> ○「自分なりに考えてみよう」とすれば，『思考・判断・表現』

　さらに，『思考・判断・表現』の場面でも「考えよう」と使ったとき，子どもは答えを見つければよいのか，自分なりに考えをまとめればよいのか，はっきり分からないことがあるようです。『思考・判断・表現』のゴールに合わせて，「考えよう」ではない語尾を使い，「自分の考えを書いてみよう」「作戦を立てよう」「図にまとめよう」と，具体的な学習行動で指示したほうが，『思考・判断・表現』も深まります。

第Ⅳ章　『学力の3要素』がうまく育たないときのQ&A

> **Q12："サンドイッチ型"を毎時間取り入れるのはちょっと…。**

> **A：今日はどの『学力の要素』を育てたいのか，意識してみましょう。**
> **単元・題材・章のスパンで，大きなサンドイッチを意識してみましょう。**

　"サンドイッチ型"の授業構成は，型にはめることが大切なのではなく，『学力の3要素』の組み合わせ方を工夫し，授業にメリハリをつけることが本質です。本質を押さえ，指導者なりのやり方で授業を構成したほうが，子どもが受けやすい授業につながります。

★本時でねらう『学力の要素』をしぼっておく

　今日の授業は，『知識・技能』か，『思考・判断・表現』か，『関心・意欲・態度』かなど，授業で育てたい『学力の要素』を明確にしておくことで，授業構成が見えてきます。

　1単位時間にすべての『学力の要素』が入るとは限りません。子どもの学習の流れに合わせて，中心となる要素を決めておくことが大切です。そうすれば，その『学力の要素』の前後を考えやすくなります。

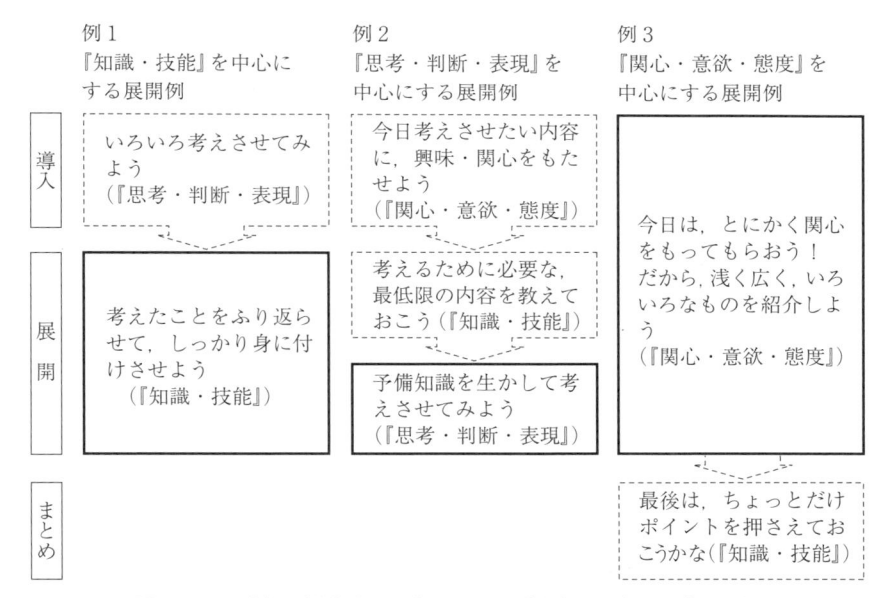

例1　『知識・技能』を中心にする展開例

- 導入：いろいろ考えさせてみよう（『思考・判断・表現』）
- 展開：考えたことをふり返らせて，しっかり身に付けさせよう（『知識・技能』）
- まとめ

例2　『思考・判断・表現』を中心にする展開例

- 導入：今日考えさせたい内容に，興味・関心をもたせよう（『関心・意欲・態度』）
- 展開：考えるために必要な，最低限の内容を教えておこう（『知識・技能』）／予備知識を生かして考えさせてみよう（『思考・判断・表現』）

例3　『関心・意欲・態度』を中心にする展開例

- 今日は，とにかく関心をもってもらおう！だから，浅く広く，いろいろなものを紹介しよう（『関心・意欲・態度』）
- 最後は，ちょっとだけポイントを押さえておこうかな（『知識・技能』）

図Ⅳ-9　1単位の授業時間で中心となる『学力の要素』を決めた例

★単元・題材・章などの長期的スパンで，『学力の3要素』を意識してみる

　1単位の授業時間の授業だけでなく，長期的なスパンで『学力の3要素』を意識すると，ストーリー性のあるダイナミックな学習活動を展開することができます。毎時間，『学力の要素』を細かく決めるのではなく，大まかな学習の流れを押さえておくことで，子どもの実態に合わせた柔軟な単元・題材・章などの展開が可能になります。

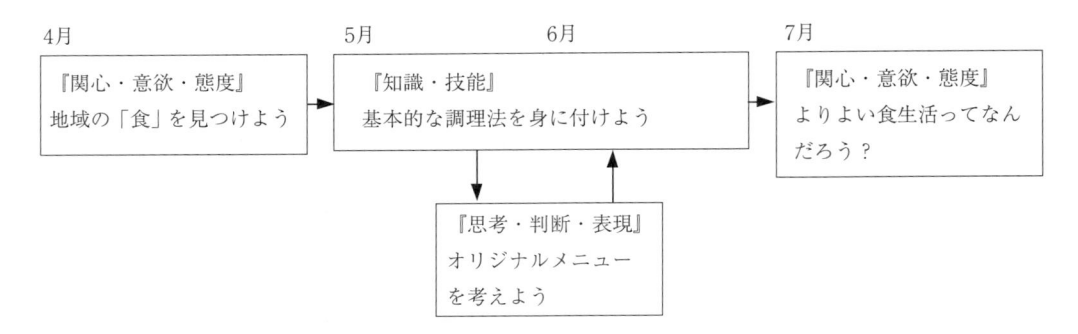

```
 4月                    5月          6月              7月
┌──────────────┐  ┌──────────────┐           ┌──────────────┐
│『関心・意欲・態度』│→│『知識・技能』  │ ────────→ │『関心・意欲・態度』│
│地域の「食」を見つ│  │基本的な調理法を│           │よりよい食生活って│
│けよう        │  │身に付けよう   │           │なんだろう？   │
└──────────────┘  └──────────────┘           └──────────────┘
                        ↓  ↑
                   ┌──────────────┐
                   │『思考・判断・表現』│
                   │オリジナルメニュー│
                   │を考えよう    │
                   └──────────────┘
```

図Ⅳ-10　単元・題材・章などのスパンで見通した"サンドイッチ型"授業構成の例

Q13：話が盛り上がってくると，それをさえぎりにくいのですが…？

A：『関心・意欲・態度』のふくらみを，次の展開につなげていけばよいのです。

　『学力の3要素』を意識して授業を組み立てておけば，子どもの話が授業から逸れそうになっても，流れをくずさずスムーズに元に戻ることができます。それは，指導者が『関心・意欲・態度』の「軸」をもっていて，子どものどんな話題でも『関心・意欲・態度』のふくらみとして，広く受け止めることができるからです。

★学習内容に関連のある盛り上がりは，『関心・意欲・態度』がふくらんでいる証し
　授業の導入で実物や写真などを提示し，「これ見たことある？」と投げかけ，生活に目を向けさせるような『関心・意欲・態度』の場面をつくったとします。すると，子どもが「あるある！　うちにもこれあるよ！」「そういえば，こんなのも見たよ！」「えー，それって○○じゃない？」と，どんどん話題をふくらませていくことがあります。これは，指導者の投げかけをきっかけにして，子どもの『関心・意欲・態度』がふくらみはじめた好例といえます。
　しかし，ふくらんだ話題を無理に拾おうとすると，授業内容にうまく結びつかないことがあります。そんなときは，授業展開を意識してみます。もともと，次の場面の『知識・技能』の学習につなげるための導入として『関心・意欲・態度』の学習場面を設定したわけですから，その軸がぶれなければ，自然に話題を戻して次の『知識・技能』につなげることができます。
　『学力の3要素』を意識して授業を組み立てておけば，子どもの『関心・意欲・態度』のふくらみを大切にしたまま，授業の流れをくずさずに展開することができるのです。
　どんな話題から入っても，指導者が『関心・意欲・態度』の「軸」をもっていれば，本題につなげやすくなります。『学力の3要素』を意識した授業展開を念頭に置くことで，話題が拡散しても，うまく元に戻れます。

第Ⅳ章 『学力の3要素』がうまく育たないときのQ&A

Q14：ついつい答えを教えたくなってしまうのですが…？

> A：『思考・判断・表現』の場面で「何を考えさせたいか」決めておけば，教えすぎずにすみます。

　　答えを教えたくなってしまうとき，その授業は，全員に同じ正解を求める『思考・判断・表現』になっていませんか？　『思考・判断・表現』の学習活動の場面では，子どもが考えてゴールに到達するまでじっくり待つ姿勢が必要です。そんなときは，ゴールから入り口に向かって，逆の向きに授業を設計するとうまくいきます。

★こんな授業になっていませんか？
　○指導者が，5分以上話し続けていませんか？
　　　指導者の中に，『知識・技能』を教えようという意識が強かったり，『思考・判断・表現』のねらいがはっきりしていなかったりすると，ついつい指導者が話し続けてしまいます。『知識・技能』の習得ならば，このような場面も必要です。しかし，子どもたちの活動が少なくなってしまえば，『関心・意欲・態度』も『思考・判断・表現』も育ちません。
　○いわゆる座学でも，45（50）分間のすべてが「習得」の学習活動になっていませんか？
　　　『知識・技能』を習得することが中心の学習であっても，『学力の3要素』をバランスよく配列することで，かえって『知識・技能』の習得や定着をうながすことができます。45（50）分間にわたり，指導者自身は分かりやすく丁寧な説明を心がけているつもりでも，黒板とチョークで，持論を展開していませんか？　無目的に答えを調べさせるような学習活動になっていませんか？

★「逆向き設計」[13] の理論
　授業設計の理論に「逆向き設計」というものがあります。これは，子どもたちにつかませたい中心概念をあらかじめゴールとして設定しておき，そこへたどりつけるような下位目標を設定していくという方法です。
　この理論を参考にして，『思考・判断・表現』の場面で，最終的に「何を考えさせたいのか」「そのゴールは何か」「何ができていればよいのか」をあらかじめ考えておきます。そして，そこから逆算して，「最低限必要な『知識・技能』は何だろう」「どういう順序で考えさせたらいいだろう」「はじめにどんな方向へ『関心・意欲・態度』を向ければいいだろう」と，入り口に向かって授業を組み立てていきます。
　このように授業を設計すれば，教えすぎない程度の『知識・技能』を準備できますから，答えを言いすぎてしまうことはなくなります。

---

[13]　西岡加名恵（2003）『教科と総合に活かすポートフォリオ評価法──新たな評価基準の創出に向けて』図書文化

★単元・題材・章の展開も，ゴールの『思考・判断・表現』から逆向きに考える

　例えば，学期末にどれだけの会話ができればいいのかを，パフォーマンス課題としてあらかじめ設定しておけば，それに必要な『思考・判断・表現』の場面や，習得させたい『知識・技能』を明確に整理することができます。こうすることで，『知識・技能』の時間を取りすぎることなく，『思考・判断・表現』の時間を十分に確保することができます。

　『思考・判断・表現』は中・長期的に育つものですから，授業時間の配分も大切になってきます。単元・題材・章などのスパンで授業展開を考えるときは，『思考・判断・表現』の学習時間を十分に取ってから，必要最低限の『知識・技能』の時間を生み出すようにすれば，バランスのとれた学力形成につながります。

> **Q15：この話を聞いていると，ペーパーテストを先につくったほうがよさそうなのですが…？**

➡ **A：そうです！　はじめにテストをつくると，授業内容が整理されます。**

　　　ペーパーテストをあらかじめつくっておくということは，単元・題材・章などのゴールが明確になるということです。『知識・技能』『思考・判断・表現』『関心・意欲・態度』をそれぞれどの程度まで育てようとしているのか，テスト問題を見ればすぐに分かりますので，指導目標を具体化しやすくなります（→ p.82）。

★ペーパーテストを作ることで，「教え込み」を少なくできる

　ペーパーテストは，『学力の3要素』が育ったか，目標に到達したか，といった統一された基準で測るものです。そのため，ペーパーテストを作成することは，指導計画にある最終目標（ゴール）を明確にするのと同じことになります。

　年度はじめや，単元・題材・章などの学習を始める前に，どんな『思考・判断・表現』の問題を解けるようになってほしいのか，という意味でペーパーテストを作成しておくと，それまでに習得させたい『知識・技能』がはっきり見えてきます。つまり，あらかじめペーパーテストをつくっておくことで，授業での「教え込み」を少なくすることができます。

第Ⅳ章　『学力の3要素』がうまく育たないときのQ＆A

> **Q16：それでもうまくいかなかったら？**

➡ **A：「なんとなく」から「ねらって育てる」がキーワードです！**

　　これまでの話は，これまで感覚的に考えていた授業づくりを，『学力の3要素』を通して「ねらって育てる」ように見直そう，という趣旨です。今，取り組んでいる授業を無理に変えるのではなく，今の授業を『学力の3要素』の視点から少しだけ見直して，意図的に「ねらって育てる」授業へ移行することが大切です。

★「感覚的に育てる授業」から意図的に「ねらって育てる」授業へ移行する視点（例）
○場面の違い（学習の目的）を切り替える「意図的」の例
　・板書を変える（→ p.16）
　・発問や語尾を変える（→ p.23, p.88）
　・指導者の目線や姿勢（→ p.7）……習得は"上から"，思考は"横から"，関心は"下から"。
○集団活動を行う「意図的」の例
　・収束目的なのか，拡散（発散）目的なのかをはっきりさせる。
　・意見の選択なのか，新たな生み出しなのか，合意形成なのか，はっきりさせる。
　・集団活動の規模，隊形，時間，タイミング，進行方法を整理する。
　・メモを取らせる必要があるか，共有ワークスペースは必要ないか。
○考えさせる発問の「意図的」の例
　・思考のゴール（目的や方向性）を子どもが把握できているか。
　・活用してよい知識の範囲を子どもが認識しているか。
　・思考をうながすときは，指示を大きく，展開はゆっくりと，静かにさせない。
　・習得をうながすときは，指示を小さく，展開は細かく，静かにさせる。
　　　……子どもの思考活動をどうコントロールしたいのか。
　・思考の深さや範囲，時間をコントロールする。
　　　……ワークシートの枠の大きさ，位置関係，指示の出し方，発問の工夫はどうしたいのか。
○考え方を教える「意図的」の例
　・一斉の指導形態で，指導者と子どもとのやりとりで，指導者の考え方を示す。
　・黒板に提示した情報を，指導者が整理しながら，考え方を示す。
　・指導者が黒板に書きながら，考え方を示す。
　・指導者がワークシートにコメント評価を返しながら，考え方を示す。
　・ワークシートのレイアウト・言葉を吟味しながら，考え方を「隠れた支援」で示す。

Q17：『学力の3要素』でメリハリをつくっている授業は，どんな様子？

A：「ねらって育てる」を意識して授業を進めると，授業がおもしろくなるみたい。

　『学力の3要素』を意識した授業づくりは，はじめはうまくいきませんが，2年目，3年目…と進めていくと，子どもの学習態度がはっきり変わり，指導者も子どもも，授業が楽しくなってきます。

★授業にメリハリが生まれる

　『学力の3要素』を意識した授業づくりを実践している人は，はじめは感覚がつかめず，苦労するようですが，徐々に慣れてきて，言葉かけの語尾が変わってきたり，ワークシートが改善されたりしてきます。すると，子どもたちの活動も，活発で主体的になってきます。『学力の3要素』は，授業によいメリハリを生み，おもしろい授業につながります。

★"偽ベテラン"にならない

　『学力の3要素』を意識して授業づくりにあたっていると，自分自身の授業を構造的にとらえていくことになりますから，理論に裏打ちされた経験を積み上げることができます。もし，『学力の3要素』を意識しなければ，これまで何十年も実践し続けている固定的な授業に陥ってしまうでしょう。経験だけを積み重ねた"偽ベテラン[14]"を脱し，子どもからも周囲からも尊敬される，真のベテランになるためにも，『学力の3要素』を意識した授業づくりに取り組む必要があります。

★学習評価も客観的になる

　ある研究で，『思考・判断・表現』や『関心・意欲・態度』の学習状況をワークシートの記述から読み取ろうとしたときに，『学力の3要素』を意識して授業に取り組んでいた教師は学習評価が一致する傾向になり，『学力の3要素』を意識していない教師は評価がさまざまになるということが分かってきました。『学力の3要素』をきっかけに，お互いが切磋琢磨して指導力を向上させていくことが，評価の客観性にもつながりますし，最終的には子どもたちが教科を好きになり，将来に生きる学力を育てる教育活動の原動力になります。

＊14　畑村洋太郎（2000）『失敗学のすすめ』講談社，p.133

第Ⅳ章 『学力の３要素』がうまく育たないときのＱ＆Ａ

> **Q18：自分では『思考・判断・表現』の学習と思っても，見ている人には『知識・技能』の学習に見えるそうです。**

➡ **A：その学習指導が，学校教育に合っているか，見直してみましょう。**

　学校教育は，学習塾や○○教室とは目的が異なっています。例えば，学習塾や○○教室のほうは，練習を繰り返すことでスキル的に習得させる側面があり，学校教育は子どもたちに時間をかけて学習に取り組ませ『学力の３要素』をバランスよく育てる側面があります。指導者は，自分の学習指導が『学力の３要素』を育てているか，常に意識しておくことが大切です。

★学校だからこそ，「書く学習」を取り入れる

　例えば，英会話には「書くことは必要ない」といわれるので，会話の学習場面では筆記用具を出さない場面も見られます。しかし，学校教育では，会話した活動をふり返ることで，授業のねらいに沿った学習成果を生み出すことが大切なのです。だからこそ，「書く学習」を意図的に取り入れることが必要です。

　また，ラジオ英会話のような展開をまねることは，教材研究の一環としてとても大切です。しかし，型にはめすぎてしまうような授業になってしまっては，子どもたちの『思考・判断・表現』が広がりにくくなってしまいます。求めているのは，単語の知識の広がりなのか，表現の質的な深まりなのか，子どもたちが迷うようなことがあっては，学校教育になりません。だからこそ，「書く」ことを言語活動として取り入れ，「書く」目的を『学力の３要素』に合わせて決めておくことで，『学力の３要素』をバランスよく育てることが大切です。

★瞬時に『思考・判断・表現』できるまで昇華すると，『知識・技能』に見えることがある

　はじめて出合った課題を解決するときは『思考・判断・表現』になりますが，何度も繰り返すことで，瞬時に判断できるようになると，『知識・技能』に見えてしまうことがあります。例えば，バスケットボールをすばやくパスできるようになったり，英会話がスムーズに行えるようになったり，色の組み合わせをぱっと決められるようになったりすることが，あてはまるでしょう。子どもの目から見れば，これらの活動は『思考・判断・表現』しているとは自覚していないかもしれませんが，課題によっては，間違いなく『思考・判断・表現』しているはずです。

　そんなときこそ，これを言葉に「書き表す学習」を通して，この経験を『知識・技能』や『関心・意欲・態度』として定着させることが大切です。既知のこととして次の『思考・判断・表現』に生かす『知識・技能』や『関心・意欲・態度』まで昇華させることが，学校教育ならではの学習になるといえるでしょう。

Q19：これから求められる指導力とは？

A：目標準拠評価に合い，オーソドックスな授業を展開する指導力です。

　いくつかの学校で『学力の３要素』を意識した授業を実践したとき，授業展開がとてもオーソドックスなものに感じられ，かえってオーソドックスな授業の力強さや安定感を感じることができました。それはきっと，『学力の３要素』を意識することで，ねらい，指導姿勢，教材，学習評価といったすべてのことがうまく結びついており，子どもも指導者も迷いがない授業になっていたからでしょう。『学力の３要素』は，伝統的に大切にされている指導のポイントがうまく集約された，日本の学校教育の肌に合う，日本らしい教育観なのかもしれません。

★抜け切らない「相対感覚」

　目標準拠評価が導入されてから，ずいぶん時間が経っています。学習評価の方法に関する研究はずいぶん進んでおり，全国各地で目標準拠評価による評価が定着しつつあります。

　しかし，学習指導においてはどうでしょうか。今でも生徒同士を比較して優劣をつけたり，テストでは満点を取らせないようにという意識が優先していたり，評定をつける人数を気にしすぎていたりしていませんか。

　第Ⅰ章でも述べたように，目標準拠評価は，目標準拠の指導と組み合わせることで，その教育効果が発揮されます。指導経験が長い指導者ほど，「相対感覚」から抜け切れずに，学習指導と学習評価の不整合が生じてしまうでしょう。

★目標準拠は，指導と評価を『学力の３要素』で結ぶことから始めよう

　目標準拠で学習指導と学習評価に取り組むとき，そのねらいを決める段階から『学力の３要素』を意識すると，学習指導から学習評価までの「ぶれ」がなくなります。

　ぶれのない授業は，子どもたちが安心して受けられますし，学習評価の矛盾も生じにくくなります。

　『学力の３要素』を意識しなければ，ねらいを決めても，その学習評価の段階で「これはどの要素かな」「どの観点に結びつければ無難かな」と考えることになり，結局はねらいと学習評価の不整合を生んでしまいます。

　『学力の３要素』は，学習指導と学習評価を結び，教育に一貫性をもたせるための，重要な柱になってくれます。

★『知識・技能』から抜け，『思考・判断・表現』や『関心・意欲・態度』を育てる指導力

　これまでは，学習のねらいが「知る」「分かる」「理解する」「できる」等に偏りがちでした。それは，求められていた指導力が『知識・技能』重視であり，しっかり教えることに力点があったからです。「分かりやすい授業」とは，子どもが理解しやすい教え方，と

いうふうにとらえることが多かったと思います。

しかし，これからは，『知識・技能』を分かりやすく教えるだけではなく，『思考・判断・表現』や『関心・意欲・態度』を含めた総合的な学力を育てることが求められます。それは，『知識・技能』だけの授業を脱皮し，『思考・判断・表現』や『関心・意欲・態度』をも育てるような授業を展開するということです。

これからの時代に求められる指導力は，『学力の３要素』を「ねらって育てる」指導力であり，「分かりやすい授業」とは，『学力の３要素』を意識してねらいを分かりやすくした授業である，ということができます。

『学力の３要素』は，指導者の職業スキルであるというべきでしょう。

★指導者は，「教えるプロ」から「育てるプロ」へ

目標準拠評価になった今，学校教育においては，内容を上手に教えるのはもちろんですが，『知識・技能』『思考・判断・表現』『関心・意欲・態度』といった資質・能力・態度を「ねらって育てる」指導力が求められています。それは，教育基本法にも謳われている「人格の形成」を目指すことが，『知識・技能』の習得だけでは達成できないからです。

授業においては，『知識・技能』の伝達や文化の継承といった観点からも，スキル習得型の指導を乗り越え，『思考・判断・表現』や『関心・意欲・態度』を育てることが，人格の形成のために，大変重要な役割を担ってきます。

大学等における教員養成でも，学生が教科専門の内容知を習得することや，基本的な教え方のスキルを習得することは非常に重要です。しかしそれだけにとどまらず，学力を３要素からとらえ，それぞれの学習特性を生かした指導と評価を実践する指導力を養成することが求められます。その実践的な教育が，子どもたちと向き合う時間を生み出し，強固な信頼関係を構築できる，熱意ある指導者を育てることでしょう。

指導者（特に学校の教員）は，今後，「教えるプロ」から，「育てるプロ」へと変化していくことが大切なのではないでしょうか。

★観点ごとに家庭学習アドバイス

さらに，学校の授業が『学力の３要素』を意識するならば，家庭学習も『学力の３要素』を意識してもらったほうが，子どもにとっての安心感につながります。学校で『思考・判断・表現』がよくなかったといわれても，家庭学習で何をすればいいのかわからなければ，子どもや保護者は悩んでしまいます。観点ごとに家庭学習のアドバイスを送るのは，学校ならではの指導力であり，これから指導者に求められる指導力であるともいえるでしょう。

1年生 夏休みの家庭学習 アドバイス

この観点は、こういう学習をやるといいよ！

教科	関心・意欲・態度	思考・判断	技能・表現	知識・理解
国語	○色々な分野の本に挑戦してみよう。○新聞のコラムを読んでみよう。	話すこと・聞くこと ○相手に伝わりやすい語り方か、考え、工夫して試してみよう。	書くこと ○自分の伝えたいことがはっきりと伝わるように内容を、その内容をまとめてみよう。	読むこと ○本やコラムを読み、その内容を分かるように読書記録を書いてみよう。	言語事項 ○漢字テスト、文法、便覧の部首等を繰り返し、練習しよう。
社会	○毎日、新聞のニュースをみて、そこから「なぜなんだろう」という疑問を持とう。	○それぞれのできごとがなぜおこったか、その結果、社会がどのように変化したのかを確認し、自分の言葉で説明してみよう。	技能・表現 ○白地図総合ライブラリーや、地図帳の統計資料から読めるようにする。	知識・理解 ○年表などを使い、できごとを中心に、時代の大きな流れをつかみ、正しく使えるようにし、地図で場所がどこかわかるようにしておく。
数学	○身の回りの数や数量に目を向けてみよう。○身の回りから学んでできそうな課題がないかを探ってみよう。	○1つの問題に対して、1つの解法だけでなく、他の考え方がないかを見つけ出してみよう。○発展的な問題に取り組んでみよう。	見方や考え方 ○毎日こつこつ計算練習をする。必ず丸付けを行い、できたかどうかを明らかにする。まちがった問題はどこでまちがえたかを自分で確認する。そのために、途中式を丁寧に書く。	知識・理解 ○今までに出てきた用語を覚え、正しく使ってみる。○計算練習をする中で、間違いがあったときは正しい解き方をもう一度確認する。
理科	○身のまわりで咲いている草花に目を向け、夏休み中に学んだ植物の分野と関連づけて観察しよう。○自然界にある「偶然」や「必然」について、日頃から考えてみよう！	○植物などに「なぜ？」「どうして？」と疑問を持ち、自分なりに解決しようと考えてみよう。その後、本やインターネット、「図鑑」で調べてみよう。	観察・実験の技能 ○まずは、もう一度、作図の問題や図を解いた問題を確認しよう。○徹底演習テキストのP16からの問題を解いてみよう！	知識・理解 ○教科書を読み、わかりにくい用語を抜き出してみよう。ワークノートに書き出し、完成させたところだけ説明できるように、自分の言葉で書いてみよう！
音楽	○いろいろな音楽を聴いてみましょう。○鏡を使って、歌い顔を研究してみよう。	○楽譜を書かれていることをしっかり読みとろう。○いろいろな記号を覚えよう。	表現の能力 ○歌唱…声の響く場所を確認。○毎日就寝前に、腹筋と腹式呼吸の練習。○器楽…アルトリコーダ時間のある限り練習。	鑑賞の能力 ○どういう気分を味わいに感じたことを簡条書きで良いから書いてみよう。
美術	○自分の身の回りにある美術的なものを見つけよう！○たくさんの材料や工具を見つけよう！工芸・装飾・建築	観点II ○絵を書くかわりに写真を撮ってみる。(構図や形のイメージ)○発想のスケッチ(スクリブリング)を描いてみよう！	観点III ○鉛筆や絵の具を使って線を引いてみる。(強弱・早さ・色の濃いなど変えてみる)○鉛筆でもかまわないから「作品」といえる物を制作してみよう。	観点IV ○身の周りで「キレイだな」と思うものを探してみよう。「なぜそう思ったのかな」を発想ノートに書いておこう。
保健体育	観点I ○第一に規則正しい生活を心がける。○のことは自分で責任をもって行う。○すすんで家の手伝いをする。	観点II ○できたこと、できないことを書き出してみる。○常に、どうしたら上手くなるか考えてみる。	観点III ○毎日、少しでもよいから、体を動かそう。	観点IV ○教科書や学習ノートを見て、競技のルールや技能のポイントを整理しておく。
技術	○身の回りにある「材料」や工具を、たくさん見付けてみよう！○次の材料や工具を見てみよう！新聞、テレビ等からも見つけよう！カード、ポンプライバー、ドリル、変わったもの等	工夫し創造する能力 ○生活の中にある製品が、なぜそのようになったのか、調べったり考えたりみよう。(例えばシャーペン、消しゴム、リモコン)	生活の技能 ○等角図法で立体をかけるように練習しよう。○工具の使い方を整理し、安全な作業の仕方を思い出して、何か作品を1つ作ってみよう。	知識・理解 ○色々な材料の名前を覚えよう。○工具の名前を覚えよう。○作業のしかたを思い出して、整理しておく。
英語	○習った英語のいろいろな場面で使ってみよう。○英語の番組、映画、CDなどを積極的に観たり、聴いたりする。	表現の能力 ○朝起きてから寝るまで、自分の行動を英語で言いながら、内容を思い出し実際にある製品、食品(カラーリング)なども使いながら英語で話ったり、英語で自己紹介をしたり、家族や知り合いの人に、ロで質問をする。	理解の能力 ○教科書を読みながら、内容を思い出す。○英語の番組、映画、CDなどを観たり、聴いたりする。	知識・理解 ○単語を覚える(文字でつくない所がなくなるまで繰り返し行う。○ワークのできない所がなくなるまで繰り返し行う。	言語文化についての知識・理解 ○言語文化を覚えることにいたり良い。

図Ⅳ-11 観点ごとの「家庭学習アドバイス」の例

第Ⅳ章　『学力の3要素』がうまく育たないときのQ＆A

★『学力の3要素』は，学習アドバイスも的確になる

　子どもたちは，観点ごとに評価を受け取りますが，その評価を自分の学習に生かしきれていないことがあると思います。そんなとき，『学力の3要素』を意識すれば，子どもが自らの学習の特徴をつかみやすくなり，学習計画を立てやすくなります。

　例えば，教科ごとに通知表を作成したとします（図Ⅳ-12）。このとき，各教科のレイアウトを少しだけそろえておき，これを縦に並べてみます（図Ⅳ-13）。すると，非常に大まかではありますが，『関心・意欲・態度』『思考・判断・表現』『知識・技能』に該当する観点が，おおよそ一直線に並びます。こうして見ると，「自分は『思考・判断・表現』が弱いな」「『知識・技能』はムラがあるな」など，子どもが自らの学習の特徴を，自分でつかむことができます。『学力の3要素』は，子ども自身が，主体的に学習を進める上で，非常に重要な指針を示してくれます。

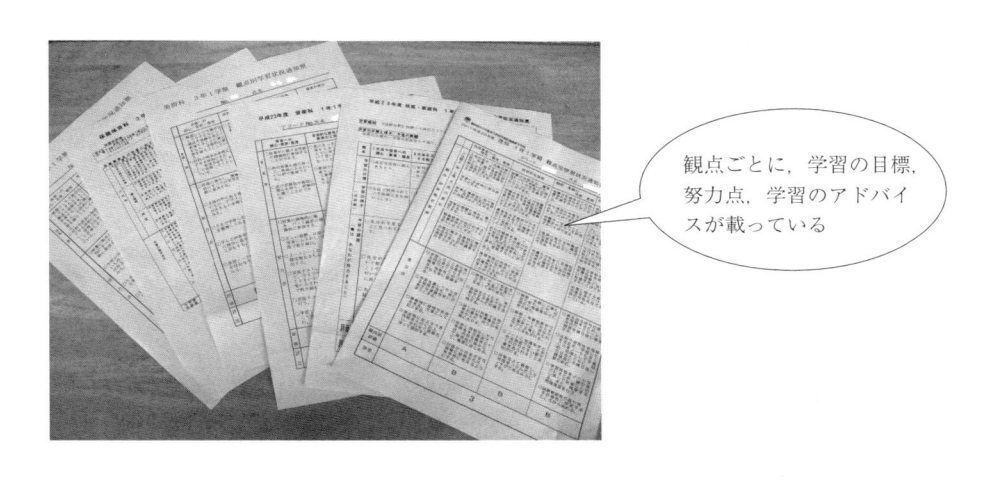

観点ごとに，学習の目標，努力点，学習のアドバイスが載っている

図Ⅳ-12　教科ごとに作成した通知表の例

『思考・判断・表現』の観点にBが多いな…

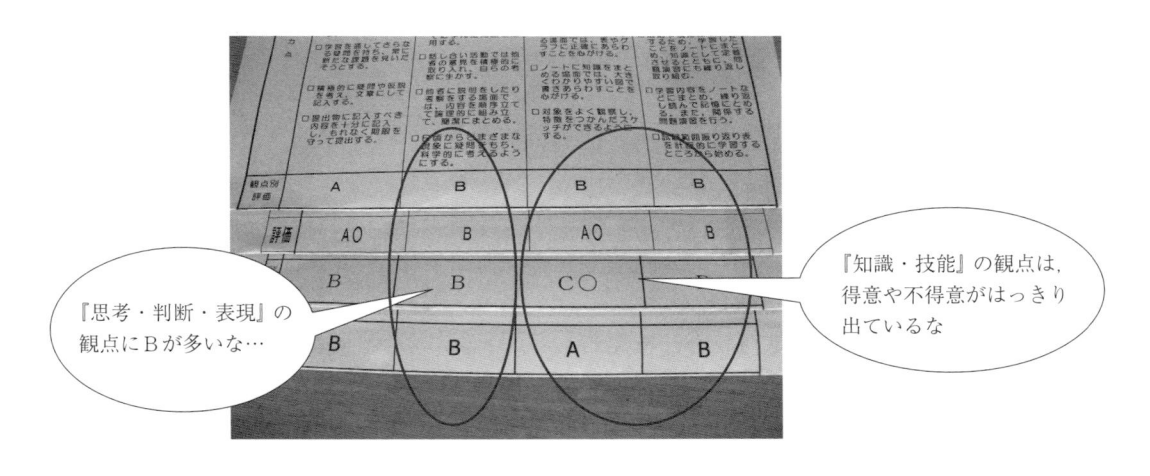

『知識・技能』の観点は，得意や不得意がはっきり出ているな

図Ⅳ-13　大まかだが『学力の3要素』が縦に並ぶ例

Q20：学級間の格差をなくす工夫はありますか？

A：ねらいや板書計画，ワークシートなどを，『学力の3要素』を意識してそろえてみては？

　小学校では，道徳の時間や総合的な学習の時間，生活科の授業などで，学級間の学習指導をそろえようとすることがあります。中学校では，学級間の指導差が出ないようにしようとする意識が常にあると思います。そんなとき，細かい方法をそろえるのではなく，『学力の3要素』を意識して，学習のねらいを大枠でそろえたり，指導法の原則だけそろえたりすると，教員一人ひとりがもっている個性や専門性を生かしながら，学級間の格差を小さくすることができます。

★クラスごとに違う学習指導案

　学習指導案は，その時間の学習がどのように展開されるか，その流れが目に浮かぶように作成されています。同じ教材や題材を用いても，子どもの実態や指導者の指導観によって，指導案は変わってきます。しかし，学習指導案が指導者の独善になると，指導案の見かけがずれてくるだけではなく，子どもの育ちもずれてしまい，それが学級間格差を生む原因になります。

★校内研究や校内研修は，ねらいをそろえるための大切な機会

　校内研究や校内研修を組織で進めていくと，学級間（担任間）で教え方が違っても，育てるねらいがそろってきます。ねらいをそろえることで，かえって指導者の個性が出てくるともいえます。研究や研修を進めることで，学力の育ちは共通化しつつ，クラスのカラーはかえってはっきり見えるようになります。

★なぜ学習指導「案」なのか？

　学習指導案はあらかじめ作成しておくものですが，実際の教材や指導のあり方は，子どもたちの「学習しぐさ」を見ながら，臨機応変に展開を変えていきます。だからこそ，指導「案」なのです。したがって，学習指導案を立案するさいには，育てたい「ねらい」をそろえておくことが大切です。具体的な教材や指導法などは，子どもの実態に応じて，あるいは担任の得意な方法によって変えればよいのです。

★『関心・意欲・態度』の「軸」をそろえる

　学級間の（あるいは指導者間の）学習指導のずれをなくすために，方法ではなく目的をそろえると，各指導者の個性を生かしやすくなります。大まかなねらいの方向（→ p.54）や，要所要所の学習指導のポイント（例えば，発表会はいつ，この方法で，など）をそろえることを大切にするとよいでしょう。

ねらいやポイントをそろえておけば，指導方法は，指導者が自分なりの方法で工夫することができ，かえって自分らしい学習指導を実現することができます。特に『関心・意欲・態度』の「軸」（→ p.54）を，方向目標として学級間・指導者間でそろえておくと，指導方法は違えども，子どもたちが自然に同じ方向へ関心を向けるようになってきます。「ねらいは共通で，指導方法は担任の個性を生かして」が，学級間・指導者間の格差をなくすための"合い言葉"になります。

★道徳の時間は，『関心・意欲・態度』を育てる学習ととらえる

　道徳の時間では，子どもたちの内面にある価値観を醸成していくことが求められます。仮に，『学力の3要素』にあてはめるとすれば，道徳の時間では『関心・意欲・態度』や『思考・判断・表現』を育てるときの考え方が利用できるでしょう。

　そこで，道徳の時間のねらいを，『関心・意欲・態度』を育てるのだと考えることにします。すると，指導者からの言葉かけは，「考えよう」よりも，「気持ちを伝えよう」「この子はどんな気持ちだっただろう」「思ったことは何かな？」「あなたはどうしたいですか」といった，『関心・意欲・態度』を「ねらって育てる」ときの言葉を使ったほうが適切であることが分かります。道徳の時間においても，『関心・意欲・態度』のねらいと学習指導を連動させることで，子どもたちが取り組みやすい授業を展開することができます。

★学級間で，学習指導案をそろえる

　道徳の時間は，最終のねらいである道徳的な心情，判断力，価値観，実践力を，子ども自身が自らの力で身に付けていく（醸成していく）のが，本来のあり方だろうと思います。しかし，『知識・技能』の授業のように，指導者の価値観を"上から"押しつける授業を見かけることがあります。

　こうした"上から"の学習指導を防ぐには，できれば学級間で，モデル指導案を作成したり，ワークシートをそろえたり，板書計画のモデル案を作成したりすることで，足並みをそろえた学習指導を心がけ，内容項目に沿い，学校全体でねらう力を養う必要があります。

　そうすることで，指導者の個性を発揮した学習活動を展開しながら，学年全体で統一した到達点に向かうことができます。公教育として，指導者一人ひとりが，"練られた"指導観にもとづき，"練られた"個性を発揮することが大切です。

★ワークシートをねらいに合わせる授業改善例
　内容項目： 小学校3・4年　1-(1) 節度・節制，自立
　ねらい：自分の気持ちをはっきり伝えるとともに，よく考えて行動しようとする態度を育てる。

　ワークシートのイメージ
　　改善前

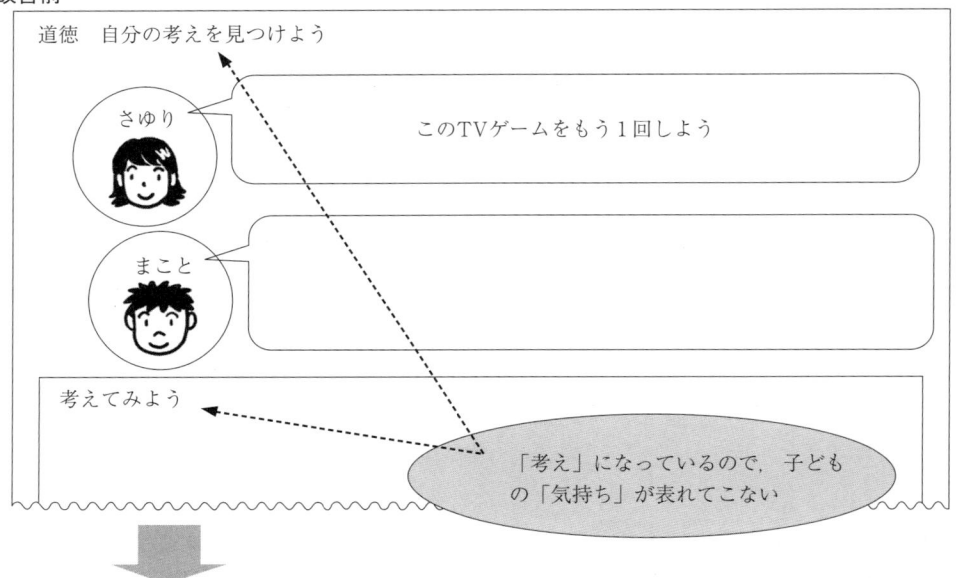

　　道徳　自分の考えを見つけよう

　　さゆり　　このTVゲームをもう1回しよう

　　まこと

　　考えてみよう

　　「考え」になっているので，子どもの「気持ち」が表れてこない

　　改善案

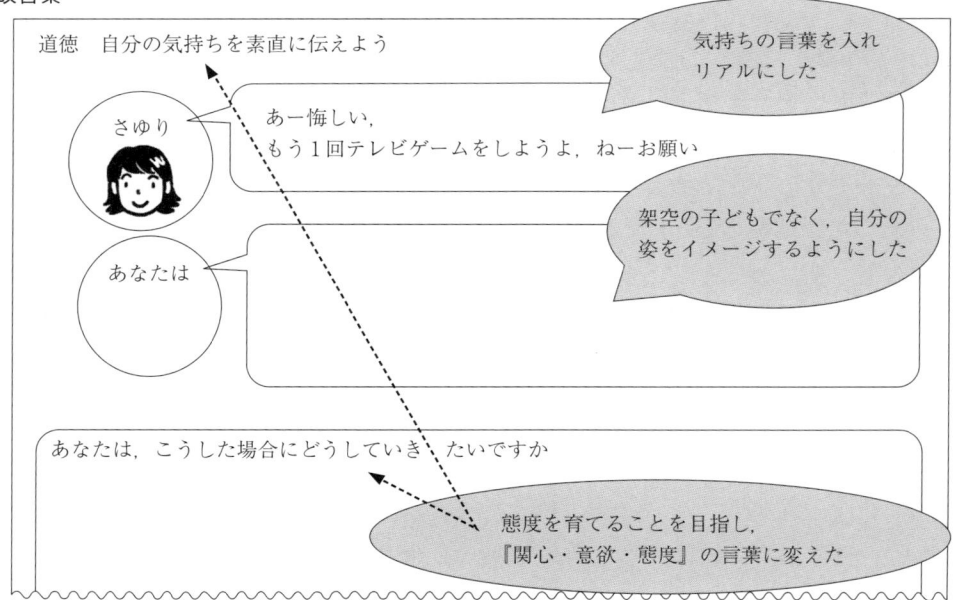

　　道徳　自分の気持ちを素直に伝えよう

　　気持ちの言葉を入れリアルにした

　　さゆり　　あー悔しい，もう1回テレビゲームをしようよ，ねーお願い

　　あなたは

　　架空の子どもでなく，自分の姿をイメージするようにした

　　あなたは，こうした場合にどうしていきたいですか

　　態度を育てることを目指し，『関心・意欲・態度』の言葉に変えた

第Ⅴ章

『学力の3要素』と「観点別学習状況の観点」との関係

「ねらって育てる」学習指導と「育った」姿の学習評価

『学力の3要素』と「評価の観点(4観点)」との関係は?

たしかに教科によって観点(4観点)の区分けが違うけど,子どもに説明するときは共通の概念が必要だね。

どの教科も同じ土俵で安心して語れるし,『学力の3要素』で子どもに語ればどう学習すればいいか分かってもらえる。

1 『学力の3要素』はどの教科にも通用する概念

　本書では,『学力の3要素』及び「観点別学習状況の評価の観点(4観点)」の共通のイメージをつかみやすくするため,『学力の3要素』を『知識・技能』『思考・判断・表現』『関心・意欲・態度』と表現してきました。

　その理由は,教科により観点の区分け方法やとらえ方が異なるため,学力をどう学習指導で育て,育った学力をどう学習評価するかを各教科に共通した概念で述べていきたいからです。

　また,『学力の3要素』を各教科に共通した概念で示していくことは,子どもと向き合うときにも,各教科に共通した概念で学習を語ることができると考えたからです。

　評価の観点(改訂前)と『学力の3要素(学力の三つの要素)』との関係は,「児童生徒の学習評価の在り方について(報告)」(平成22年3月22日 中央教育審議会 初等中等教育分科会 教育課程部会)でも示されています。

2 法令で見られる学力と観点

　本書での『学力の3要素』を各種の法令で見ると,表V-1のようになります。観点の順序は,『学力の3要素』の順にしたので,「知識・理解」及び「技能」,「思考・判断・表現」,「関心・意欲・態度」の順に示してあります。また,表V-1では,『学力の3要素』と文部科学省から示された観点別学習状況の評価の観点を対照させています。

表V-1 『学力の3要素』と各教科の観点との関係

法令等	学力などの表示		
学校教育法 第30条 第2項	「学力の三つの要素」		
	基礎的・基本的な知識・技能	思考力・判断力・表現力その他の能力	主体的に学習に取り組む態度
学習指導要領の総則	「基礎的・基本的な知識及び技能を確実に習得させ」	「これらを活用して課題を解決するために必要な思考力,判断力,表現力その他の能力をはぐくむとともに」	「主体的に学習に取り組む態度を養い」
観点別学習状況の評価の観点	「知識・理解」及び「技能」	「思考・判断・表現」	「関心・意欲・態度」
国語 小・中	○言語についての知識・理解・技能	○話す・聞く能力 ○書く能力 ○読む能力	○国語への関心・意欲・態度

第Ⅴ章 『学力の3要素』と「観点別学習状況の観点」との関係

各教科の観点	社　会 （　）内は 小学校	○社会的事象についての知識・理解 ○(観察・)資料活用の技能	○社会的な思考・判断・表現	○社会的事象への関心・意欲・態度
	算数 小学校	○数量や図形についての知識・理解 ○数量や図形についての技能	○数学的な考え方	○算数への関心・意欲・態度
	数学 中学校	○数量，図形などについての知識・理解 ○数学的な技能	○数学的な見方や考え方	○数学への関心・意欲・態度
	理　科 小・中	○自然事象についての知識・理解 ○観察・実験の技能	○科学的な思考・表現	○自然事象への関心・意欲・態度
	生　活 小学校	○身近な環境や自分についての気付き	○活動や体験についての思考・表現	○生活への関心・意欲・態度
	音　楽 小・中	○音楽表現の技能	○音楽表現の創意工夫 ○鑑賞の能力	○音楽への関心・意欲・態度
	図画工作 小学校	○創造的な技能	○発想や構想の能力 ○鑑賞の能力	○造形への関心・意欲・態度
	美　術 中学校	○創造的な技能	○発想や構想の能力 ○鑑賞の能力	○美術への関心・意欲・態度
	家　庭 小学校	○生活の技能 ○家庭生活についての知識・理解	○生活を創意工夫する能力	○家庭生活への関心・意欲・態度
	技術・家庭 中学校	○生活の技能 ○生活や技術についての知識・理解	○生活を工夫し創造する能力	○生活や技術への関心・意欲・態度
	体育 小学校 保健体育 中学校	○運動の技能 小：健康・安全についての知識・理解 中：運動や健康・安全についての知識・理解	○運動や健康・安全についての思考・判断	○運動や健康・安全への関心・意欲・態度
	外国語 中学校	○言語や文化についての知識・理解	○外国語表現の能力 ○外国語理解の能力	○コミュニケーションへの関心・意欲・態度

備考：小学校と中学校が同じ観点の表記の場合は，「小・中」として同じ欄にした。

3 本書での『学力の3要素』

本書で『学力の3要素』として表現した『知識・技能』『思考・判断・表現』『関心・意欲・態度』と，観点別学習状況の評価の観点とは，図Ⅴ-1のように対応しています。

また，観点別学習状況の評価の観点では「関心・意欲・態度」→「思考・判断・表現」→「技能」→「知識・理解」の順序となっていますが，本書の『学力の3要素』では『知識・技能』→『思考・判断・表現』→『関心・意欲・態度』の順序にしています。

本書での『学力の3要素』		
育った学力としての3要素だが，育つ過程での学習形成の段階も含んで用いている		
『知識・技能』	『思考・判断・表現』	『関心・意欲・態度』
↓	↓	↓
「知識・理解」及び「技能」	「思考・判断・表現」（能力を含む）	「関心・意欲・態度」
観点別学習状況の評価の観点		

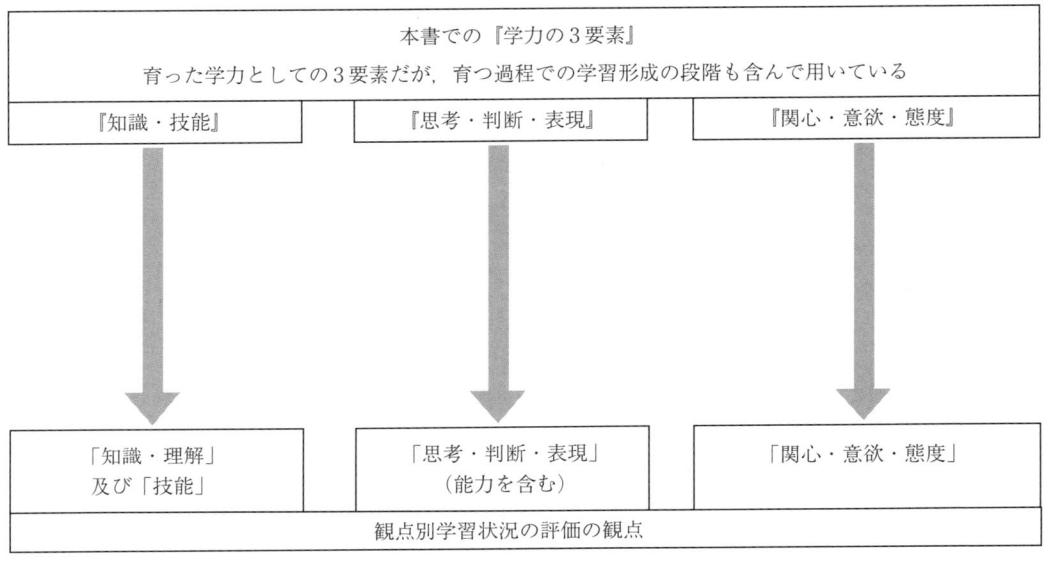

図Ⅴ-1　観点別学習状況の評価の観点と『学力の3要素』との対応

また，『学力の3要素』である『知識・技能』『思考・判断・表現』『関心・意欲・態度』は，子どもの中に育ち，身に付いた内容も含めた概念ととらえています。

『学力の3要素』には，次の行為は除いて示している。
○『学力の3要素』の学力特性を意識する教師の学習指導
○『学力の3要素』の学力特性に必要な子どもの学習活動そのもの
○学習評価する行為

→

子どもに育ち，身に付いた内容
○『学力の3要素』が固有にもつ学力
○『学力の3要素』が子どもに学力形成された姿
○『学力の3要素』が子どもに学力形成された習得内容・能力・態度
○『学力の3要素』にかかわる観点別学習状況の評価の観点が到達した姿
○『学力の3要素』が子どもに育った姿の学習評価された内容

第VI章

『学力の3要素』を育てるために

「ねらって育てる」学習指導と
「育った」姿を読み取る学習評価

『学力の3要素』を「なんとなく」の感覚から「ねらって育てる」の実践理論を意識して学習指導すると,学習評価も楽になる！

たしかに子どもの学ぶ姿が違い,「育った」姿の学力がよく分かり,教師冥利につきる。もう少し研究してみよう。

学力形成のコツが分かれば,たしかに授業実践が体系化できる！

1 『思考・判断・表現』を育てる学習指導と育った姿の学習評価

　第Ⅰ章で『思考・判断・表現』を育てる学習指導をイメージ的にとらえました。本章では『思考・判断・表現』の学力を，「なんとなく」の感覚から脱して，「ねらって育てる」ための学習指導及び学習評価の方法を詳しく述べていきます。

(1) 『思考・判断・表現』の学習活動

★ 「ねらって育てる」ための『知識・技能』の学習活動との違い

　第Ⅰ章の図Ⅰ-5と図Ⅰ-6で示した『知識・技能』の学習活動と『思考・判断・表現』の学習活動の違いを，整理して図Ⅵ-1に示します。

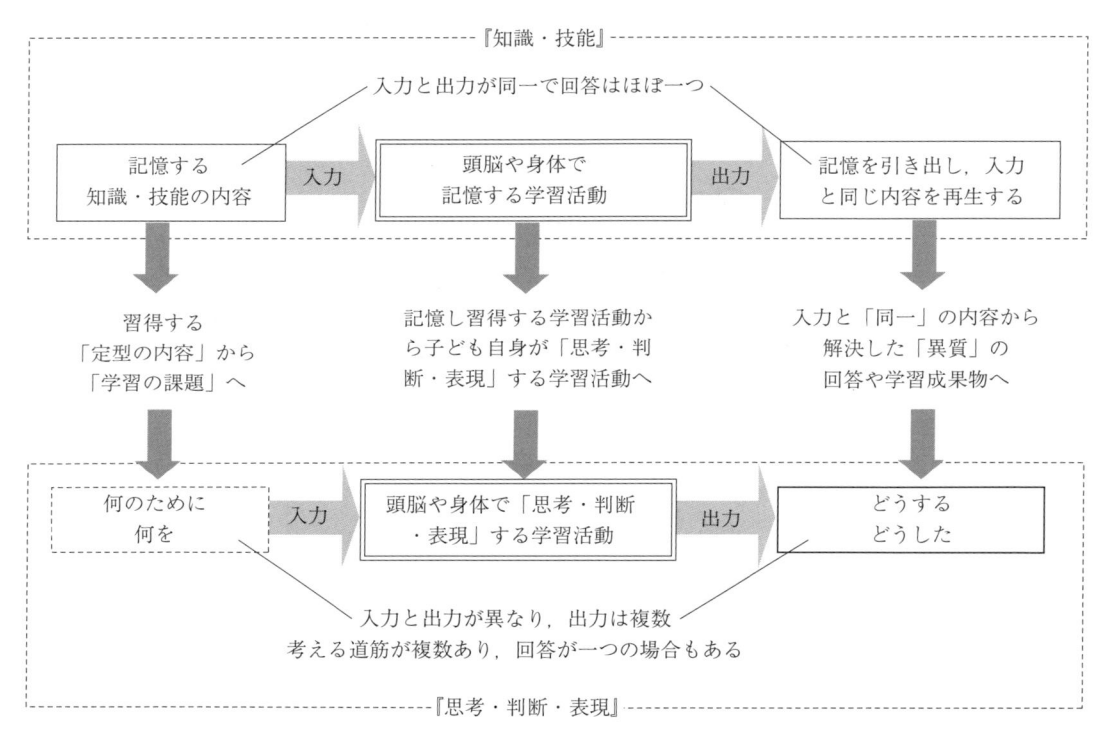

図Ⅵ-1　『知識・技能』から『思考・判断・表現』へ

　「入力」は，『知識・技能』の学習活動では「覚える・習得する」でしたが，『思考・判断・表現』の学習活動では，これから「何のために，何を」解決するのかという「学習の課題」となります。

　「出力」は，『知識・技能』の学習活動では「入力」とほぼ同一でしたが，『思考・判断・表現』の学習活動では，「入力」とは異なる，複数の，解決した学習成果や回答の方法などになります。回答が一つであっても，考え方の道筋は複数ある場合があります。

第Ⅵ章 『学力の3要素』を育てるために

子どもの学習活動は,「覚え,習得する」から「自分で考える」になっていきます。

★ 「ねらって育てる」ために必要な四つの要因からなる基本構造例

『思考・判断・表現』の学力を「なんとなく」から「ねらって育てる」ためには,図Ⅵ-2に示す①～④の四つの要因からなる基本構造を意識して学習指導する方法があります。

この基本構造は,『思考・判断・表現』の学習指導を,「なんとなく」の感覚から抜け出し論理的にするためのよりどころの参考例です。本例は一例にすぎず,他にもよい方法があると思います。

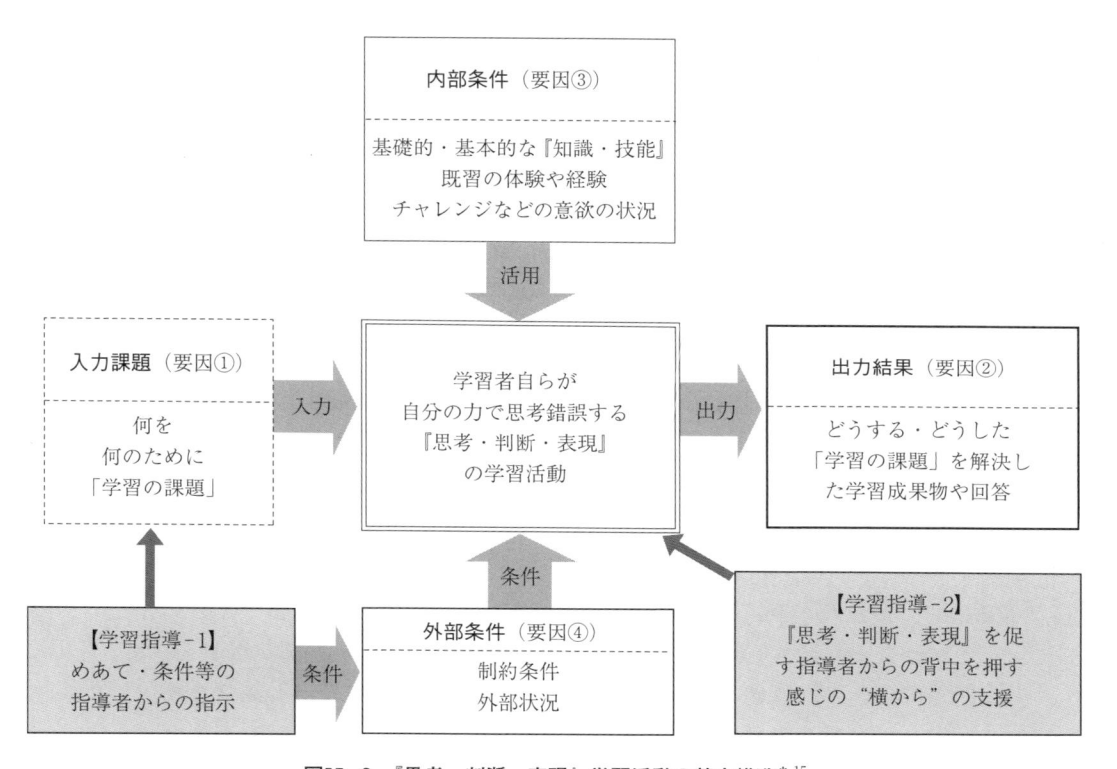

図Ⅵ-2 『思考・判断・表現』学習活動の基本構造[15]

```
例:「職場体験先への行き方を調べよう」という入力課題（要因①）について,
   「経路や時間,交通費などを調べてまとめる」という出力結果（要因②）を求める。
   このとき,
      知っている行き方を思い出しながら……内部条件（要因③）
      インターネットを使わずに……………外部条件（要因④）
   考えさせるようにする。
```

四つの要因は,教科の特性などにより異なりますが,基本的には,次のようになります。

[15] 中村,尾﨑ら（2008）教材学会『教材学研究』第19巻,p.72

入力課題（要因①）……「何を」「何のために」などの「学習の課題」
　「学習の課題」：指導者が設定して指示する，子どもに課題を発見させる，「問題」を「課題」化する（表Ⅵ-1参照），教科書の課題を提示する，応用問題を課すなどの場合があります。
出力結果（要因②）……「どうする」「どうした」の「学習成果物」や「回答」など
　「学習成果物」：「学習の課題」が解決された作文，作品，発表，レポート，回答方法などさまざまですが，子ども自身の力で考えて生まれたことは共通しています。
内部条件（要因③）……『知識・技能』「既習の体験や経験」「チャレンジなどの意欲の状況」
　『知識・技能』：『思考・判断・表現』に必要な『知識・技能』をあらかじめ習得させるのが基本ですが，学習活動の過程で新たな『知識・技能』を子ども自身で獲得していく方法もあります。
　「既習の体験や経験」：家庭や地域の生活場面で過去に体験した内容です。
　「チャレンジなどの意欲の状況」：子どものやる気などの心的な状況です。
　このほかにも，自己認識など，子ども自身に内在する条件も含みます。
外部条件（要因④）……解決に向けて考慮すべき条件である「制約条件」や「外部状況」
　「制約条件」：「何分以内で」などの考える時間，使ってよい用具・機器・道具など，考える学習内容の範囲（「地域内で」「今年の出来事」「この素材・材料で」など），表現方法・発表方法など（ワークシート，自分のノート，「何字以内で」「コンピュータを使って」など）の，解決して「出力」する形態や方法，学習形態（個人/集団）や学習ルールなどに対して課す条件です。学年を追うにつれ，条件をゆるやかにしていく必要があります。
　「外部状況」：発表のときに聞き手の状況を把握する，グループ討議のときに相手の話の内容をつかむ，対象物の観察，社会的事象の状況などです。「外部状況」を，要因①（入力課題）の「学習の課題」に組み込んで子どもに提示する方法もあります。
　四つの要因は，校種や学年の発達段階，教科の特質によって，種類や程度はまちまちです。学習の当初や発達の初期段階では，四つの要因のすべてを学習活動に仕組む必要はありません。

★指導者の学習指導は二つのパターン
　学習指導には，図Ⅵ-2で示したように，一つは，学習の課題や学習方法などを明示する"指示的"な方法，二つは，試行錯誤しながら『思考・判断・表現』の学習活動を"横から支援"する方法があります。
　学習活動開始時の指導者からの指示は一斉の指導形態ですが，学習活動の展開過程では個別の指示や支援になってきます。
　学習活動の過程での支援は，多くは個別対応ですが，場合により一斉の指導形態もありえます。

第Ⅵ章　『学力の3要素』を育てるために

表Ⅵ-1　問題と課題[*16]

問　題	課　題
○主観的・抽象的な事柄	○具体的な事柄
○願望や希望	○願望や希望を実現する決意
○漠然とした事柄	○漠然とした事柄を目標化させる
○向上や改善させたいと思っている事柄	○向上や改善させたい事柄を明確にする
○社会や生活でなにげなく見過ごしている事柄	○見過ごしている事柄を明確にして具体的にどうしたらよいかを考える

(2)『思考・判断・表現』の「かたち」

　教科の特質や子どもの発達段階などによって，さまざまな『思考・判断・表現』の「かたち」が存在します。以下では，さまざまな角度から『思考・判断・表現』の「かたち」の例を紹介していきます。

★『思考・判断・表現』の「かたち」-1　"拡散（発散）的思考"

　"拡散（発散）的思考"は，図Ⅵ-3に示すように，入力課題に対して出力結果がさまざまで，複数のものが生み出された「かたち」の構造になります。複数の「出力」が最終の学習成果にある場合や，その後に「かたち」-3で述べる"収束的思考"につなげる場合もあります。

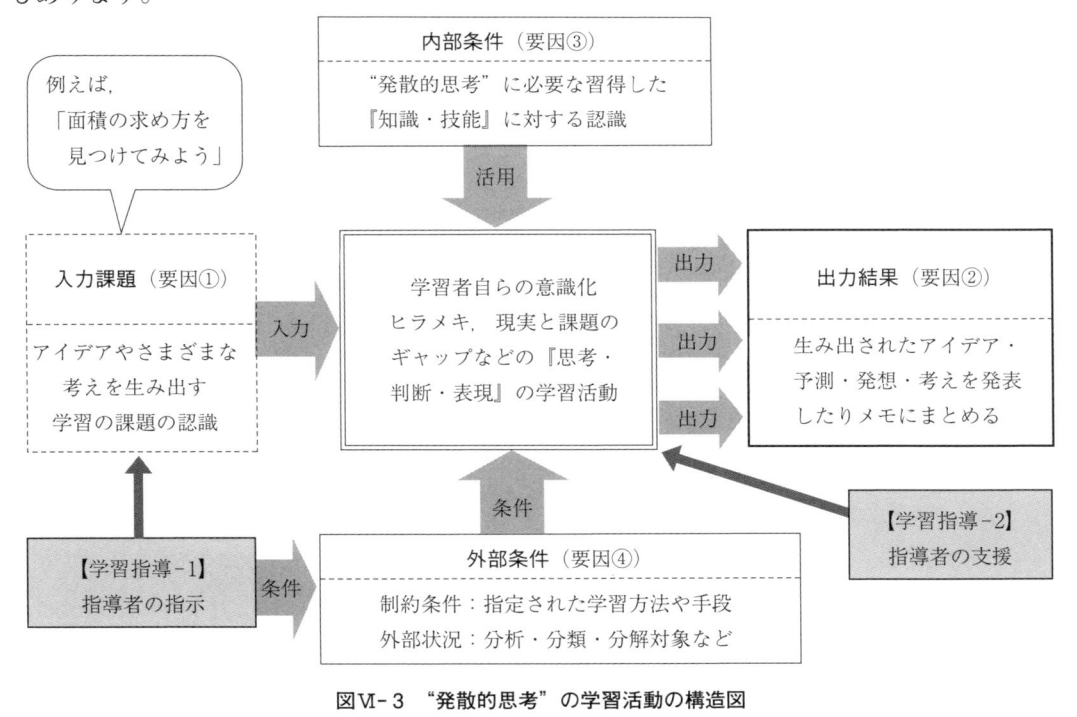

図Ⅵ-3　"発散的思考"の学習活動の構造図

---

*16　高橋誠（1999）『問題解決手法の知識 第2版』日経文庫

> 例:「校舎の高さを測るには,どんな方法があるかな」という入力課題(要因①)について,
> 「とにかく自由にアイデアを考え,発表する」という出力結果(要因②)を求める。
> このとき,
> 　アイデアを思いつくために,学習した『知識・技能』を活用して……要因③
> 　「どんな方法でもいいよ」という緩い条件のもとで……………要因④
> 考えさせるようにする。

★『思考・判断・表現』の「かたち」-2　"分析・分類・分解"("拡散(発散)的思考"の応用)

　"拡散(発散)的思考"と同じ構造になる"分析・分類・分解"の構造図は,図Ⅵ-4に示すように,入力課題である分析・分類・分解を,指定された方法でいくつかに分析・分類・分解していく「かたち」になります。

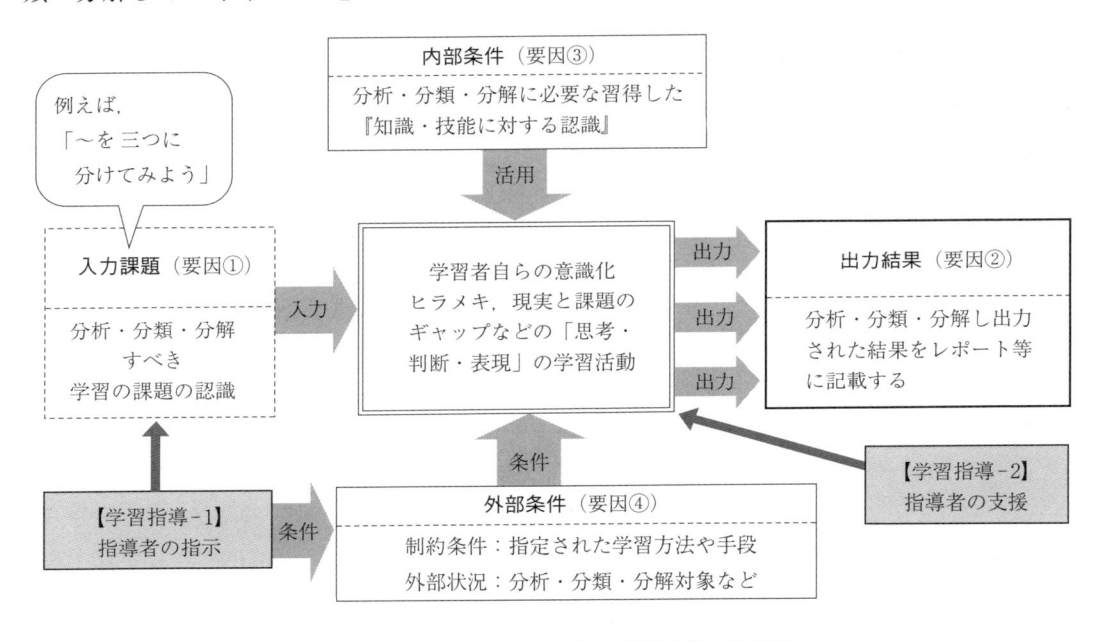

図Ⅵ-4　"分析・分類・分解"の学習活動の構造図

> 例:「ここにある図形を仲間分けしよう」という入力課題(要因①)について,
> 「こんなふうに仲間分けしたよ」という出力結果(要因②)を求める。
> このとき,
> 　どんな基準で分類したか(どんな『知識・技能』を使ったか)を説明して……要因③
> 　「教師が提示した図形に限って考える」という条件を設定して ……………要因④
> 考えさせるようにする。

第Ⅵ章 『学力の3要素』を育てるために

★『思考・判断・表現』の「かたち」-3　"収束的思考"の基本例
　"収束的思考"は、図Ⅵ-5に示すように、多くの入力課題から一つの出力結果に収束していく「かたち」の構造になります。"収束的思考"の場面は、"拡散（発散）的思考"の後に設定するという順序が必要になる場合があります。

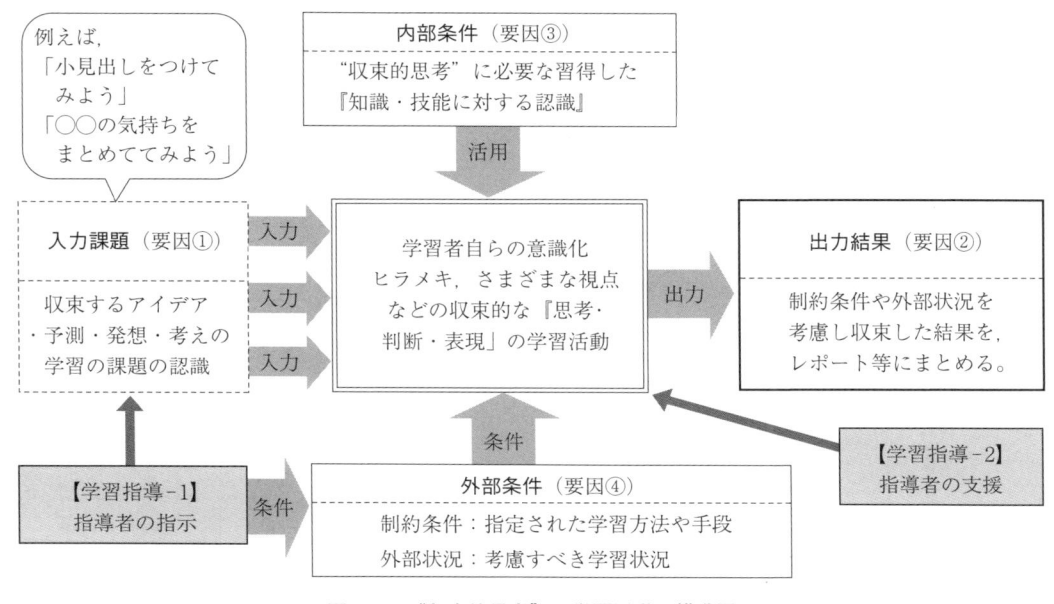

図Ⅵ-5　"収束的思考"の学習活動の構造図

例：「校舎の高さを測ってみよう」という入力課題（要因①）について、
　　「思いついた多くのアイデアから、一つを選んで実践する」という出力結果（要因②）
　　を求める。このとき、
　　　学習した「長さをcm単位で測る方法」の『知識・技能』を活用して……要因③
　　　「みんなが授業で測れる方法にしよう」という条件をつけて……………要因④
　　考えさせるようにする。

●「かたち」-3の応用例　"選択する"にあてはめたときの各要因の内容
　複数の対象がある入力課題に対して、出力結果を一つに絞るため「選択する」『思考・判断・表現』の学習活動も"収束的思考"と同じ「かたち」で、各要因は次のようになります。
「入力課題」（要因①）は、選択する「学習の課題」
「出力結果」（要因②）は、選択された出力結果
「内部条件」（要因③）は、選択する対象物に関して必要な『知識・技能』
「外部条件」（要因④）は、選択する対象物が置かれる立場

★『思考・判断・表現』の「かたち」-4　「問題解決」での"問題の発見"や"課題の解決"

　『思考・判断・表現』と「問題解決」とは必ずしも同一視できませんが，『思考・判断・表現』を「問題解決」と結びつけて考えてみると，社会科や理科及び総合的な学習の時間での"問題の発見"を例にした場合，『思考・判断・表現』の構造図は，図Ⅵ-6に示す「かたち」になります。

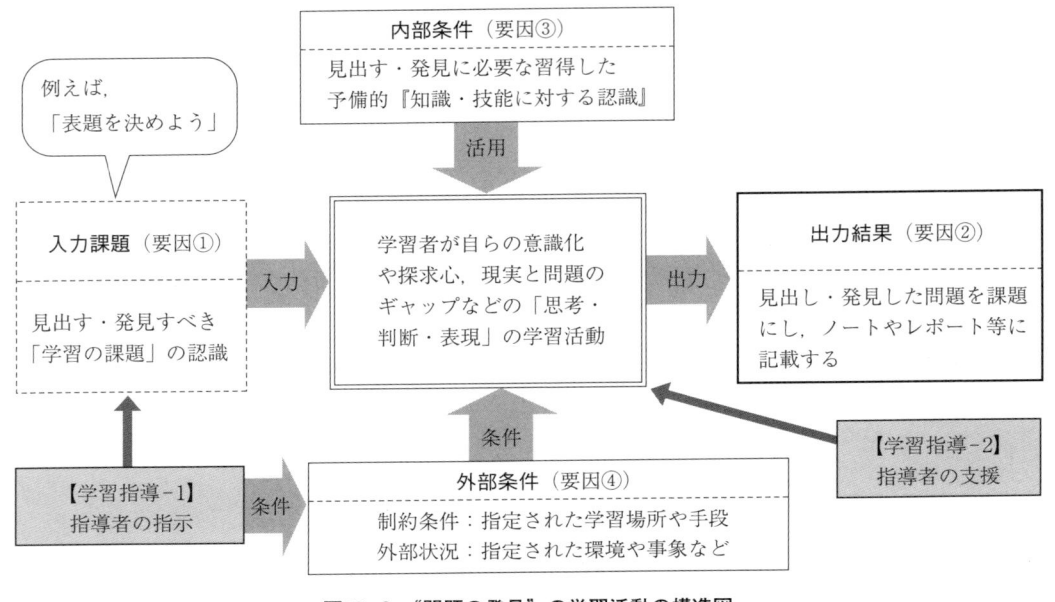

図Ⅵ-6　"問題の発見"の学習活動の構造図

例：「学校のゴミ問題を解決しよう」という学習課題（要因①）について，具体的な問題（「ティッシュのゴミがあふれている」「落ち葉が多い」等）を見つけることができるという出力結果（要因②）を求めることにする。
　このとき，
　　各教科で学習したゴミ問題に関する『知識・技能』や，
　　材料，地域等に関する『知識・技能』を活用して……………………………要因③
　　学校内の現状を調査した結果（集めた情報）に基づいて…………………要因④
　問題を見つけさせるようにする。

●「かたち」-4の応用例　"課題の解決"にあてはめたときの各要因の内容
　内部条件（要因③）の「自分の思いや解決したい希望」と外部条件（要因④）の「集めた資料」などを比較しながら出力結果（要因②）に迫るという「かたち」になります。
●「かたち」-1～4の応用例，キャリア教育での問題解決にあてはめた場合
　「かたち」-1～4で示した学習活動の構図は，キャリア教育の問題解決にも適用できます。
　出力結果（要因②）の「自分自身の生き方」を，入力課題（要因①）で見出すため，内

部条件(要因③)の「自己理解」や「自己特性」と,外部条件(要因④)の「職業特性」や「学校の特色」「関門突破の難易度」などを照らし合わせながら試行錯誤する『思考・判断・表現』は,キャリア教育での自己の生き方を探ったり,進路決定の学習にも通用する基本構造の「かたち」になります。

★『思考・判断・表現』の「かたち」-5　試行錯誤の問題(課題)解決

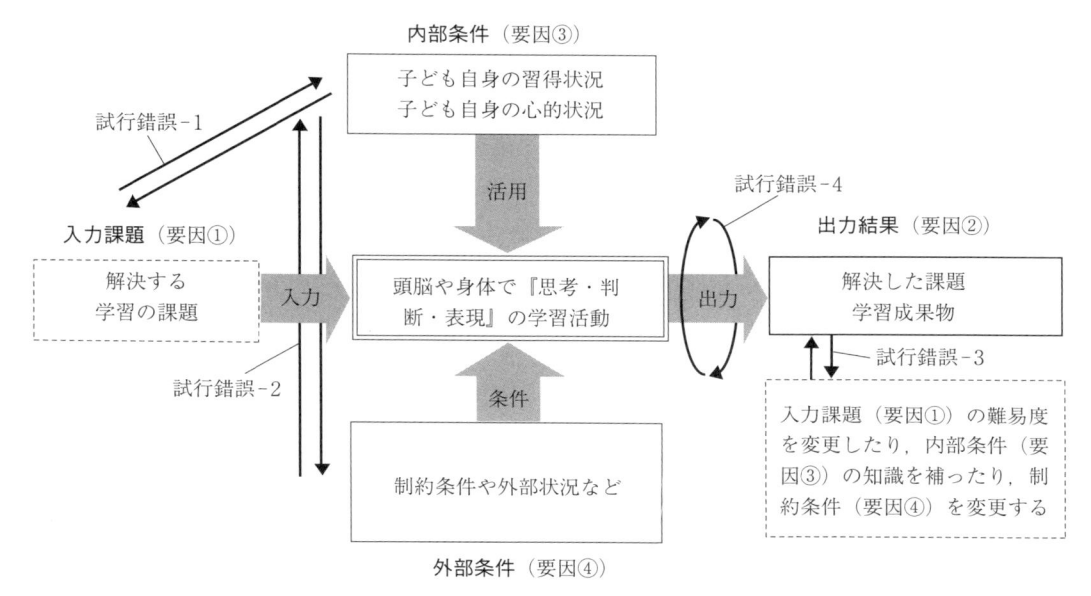

図Ⅵ-7　試行錯誤しながらの『思考・判断・表現』の学習活動

『思考・判断・表現』の学習活動で,図Ⅵ-7に示す試行錯誤-1～4のような試行錯誤をしながら問題(課題)を解決していく「かたち」があります。この例は,指導者が意図的に学習指導に組み込む場合や,学習活動の過程で生じる問題を解決していく場合などがあります。

試行錯誤-1のように,学習活動の過程で,内部条件(要因③)の技能レベルが低かったり習得知識が少ないと学習状況を判断したとき,入力課題(要因①)をやさしい学習の課題に変更するなどします。また,内部条件(要因③)が試行錯誤-1のとき,試行錯誤-2のように,制約条件(要因④)の時間を延ばしたり簡単に扱える用具にしたりして,技能制約条件を緩やかに変更するなどの,相互の流れを繰り返す試行錯誤の場面設定が必要です。

試行錯誤-3のように,出力課題(要因②)の出来ぐあいの学習状況を見ながら,入力課題(要因①)の「学習の課題」の難易度を変更したり,知識(要因③)を補ったり,別の方法や手段(要因④)に変えたりする,相互の流れを試行錯誤しながら『思考・判断・表現』していく場面設定もあります。

試行錯誤-4のように，観察した外部状況（要因④）により子どもの習得知識の学習状況（要因③）とを照らし合わせながら『思考・判断・表現』して解決策を練っていく試行錯誤が必要になります。

★『思考・判断・表現』の「かたち」-6　集団思考から個の思考に収束する

　一般的には，『思考・判断・表現』の学習活動は，"発散的思考"から"収束的思考"へと順序を踏んで展開することが多いと考えられます（問題の発見→問題を課題化する段階などを除く）。"発散的思考"には，子ども同士がさまざまな発想・考え・視点を出し合い，互いが刺激しながら考えをふくらませる集団活動が有効です。しかし，集団での"発散的思考"で終わらせてしまっているケースが多くないでしょうか。教科の学習は，図Ⅵ-8に示すように，個に収束しないと意味がありません。"発散的思考"を学習のゴールである"収束的思考"にしていく「個」の学習活動を学習の流れに位置付けることが大切です。もちろん最終のゴールの第3段階でも，互いの相談活動は必要です。第2段階での集団活動では，個々の子どもは集団の成員として活動しますが，第3段階では，個が生じた疑問を他の子どもに相談するといった，個を中心とした活動が主となります。

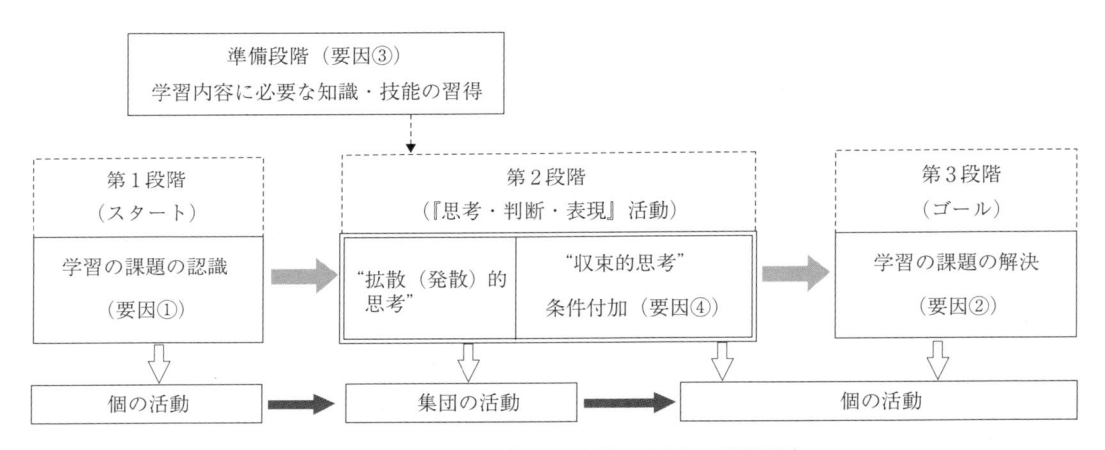

```
                    準備段階（要因③）
                    学習内容に必要な知識・技能の習得
                              │
                              ▼
┌─────────┐    ┌─────────────────────┐    ┌─────────┐
│  第1段階  │    │       第2段階        │    │  第3段階  │
│ （スタート）│ →  │（『思考・判断・表現』活動）│ →  │ （ゴール） │
│          │    │ ┌────────┬────────┐ │    │          │
│学習の課題の│    │ │"拡散（発散）│"収束的思考"│ │    │学習の課題の│
│  認識    │    │ │ 的思考"  │条件付加  │ │    │   解決   │
│ （要因①） │    │ │         │（要因④） │ │    │ （要因②） │
└────┬────┘    └─────┬──────┴────┬───┘    └────┬────┘
     ▼                ▼               ▼              ▼
┌─────────┐    ┌─────────────────────┐    ┌─────────┐
│ 個の活動  │ →  │      集団の活動      │ →  │ 個の活動  │
└─────────┘    └─────────────────────┘    └─────────┘
```

図Ⅵ-8　学習形態と『思考・判断・表現』の学習順序

★『思考・判断・表現』の「かたち」-7　その他の例

　"拡散（発散）的思考""収束的思考"などで『思考・判断・表現』の構造の「かたち」を見てきましたが，これ以外にも，逆発想的思考，演繹的思考，帰納的思考，総合的思考，創造的思考などは，大方この基本構造の「かたち」で考えることができます。科学的思考，数学的思考など，教科の特質により『思考・判断・表現』のとらえ方が異なることから，この基本構造の「かたち」がそのままあてはまらない場合もありますが，「なんとなく」『思考・判断・表現』させるのではなく，図Ⅵ-3～7で示した基本構造を参考にして，子どもが考える過程や道筋を大切にして「ねらって育てる」『思考・判断・表現』の学習活動を工夫してみてください。

第Ⅵ章 『学力の3要素』を育てるために

★『思考・判断・表現』の「かたち」-8　応用例　校務の『思考・判断・表現』

　『思考・判断・表現』の構造図は，図Ⅵ-9で示すように校務の内容にもあてはまります。

入力課題（要因①）は，学習指導，生徒指導，校務の処理などの課題となります。

出力結果（要因②）は，学習指導，生徒指導，校務の処理など，解決された課題で，具体的な指導業務や校務の推進になります。

内部条件（要因③）は，専門職として必要な学習指導，生徒指導，校務の処理などに関した知識や技能（スキル）です。これらは，【要因④】の例えば学習指導要領の改訂などの状況の変化によって，新たに研修など学ぶ必要がある内容もあります。

制約条件（要因④）は，勤務校での勤務環境，行事企画のさいの予算の範囲，来週までにする教材研究などがあります。

外部状況（要因④）は，社会環境や情報社会の進展，保護者の意識の変化，子どもの実態などの変化などです。外部状況をつかまずに，単なる過去の経験の蓄積のみを判断基準に問題や課題の解決策を出すと，問題や課題の本質とずれた解決策になってしまいます。特に，徐々に変化する子どもの実態や保護者の意識などについては，変化を読み取るアンテナの感度を上げていないと，知らず知らずに問題が大きくなり，問題の解決に多大な労力が必要になってきます。

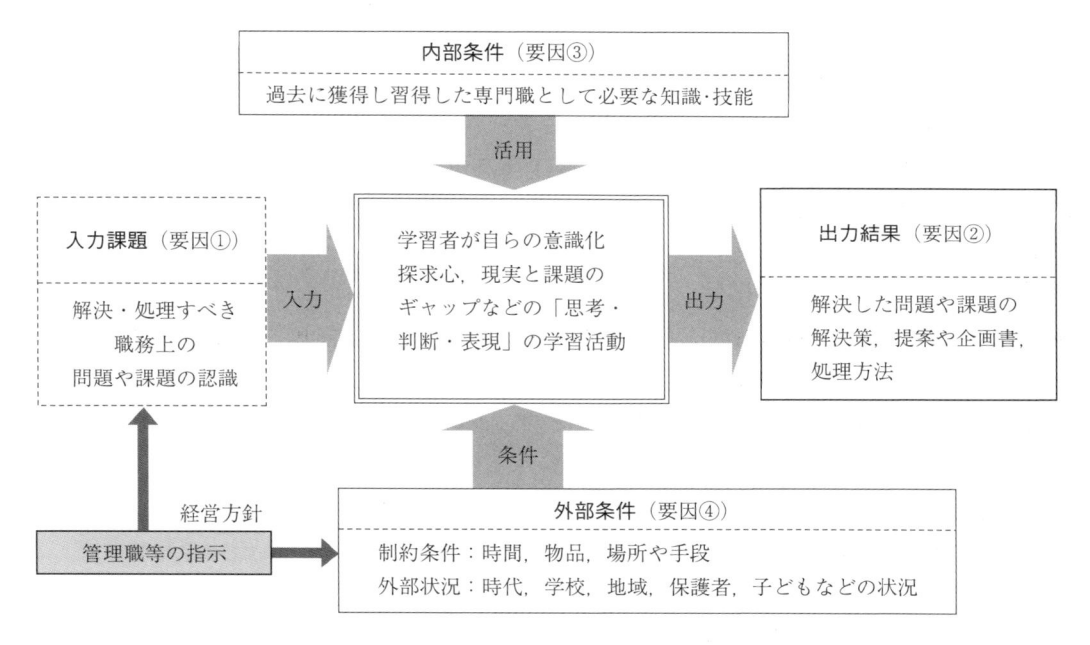

図Ⅵ-9　学習形態と『思考・判断・表現』の学習順序

(3)『思考・判断・表現』の支援のポイント

★支援のポイント1　"指示"と"支援"とを使い分ける

学習指導の働きかけは，第1段階（『知識・技能』の学習及び課題等の提示）では一斉の"指示"，第2段階（学習の課題を子ども自身の力で解決していく）では個別の"支援"，第3段階（解決した学習成果物が生まれる）では子どもの状況により一斉の"指示"と個別や一斉の"指導"を使い分けるなどと，"指示"と"支援"とを使い分けるのがポイントです。

第1段階（"一斉の指示"）	第2段階（"個別の支援"）	第3段階（"一斉の指示"）
子ども全員がほぼ同じ姿勢で，一斉に教師や板書等に視線を注目させる。身体の向きも，同一の方向をとる。関心の喚起の場合は姿勢はまちまち。	鉛筆回し，頭をかかえる，髪の毛を触る，消しゴムを使う，互いに相談する，教科書や資料を見る，個々が思い思いの姿勢をとる。	子ども一人ひとりが思い思いで異なる姿勢ではあるが，視線や気持ちは発表者，教師，黒板に注目している。

図Ⅵ-10　段階で異なる「学習しぐさ」

各段階での学習形態を工夫すると，子どもの「学習しぐさ」は，図Ⅵ-10に示すようになっていきます。

第2段階の個別の支援では，次のポイント2で述べる「つまずき」の診断などに対して，適切に応答しながら個別の支援（KR情報を取り入れる活動[*17]）を重視するのがポイントです。

★支援のポイント2　四つの要因のどこでつまずいているかを診断し，支援する

子どもがうまく『思考・判断・表現』できずにつまずいたとき，「よく自分で考えて」「困ったら友人と相談しなさい」などと抽象的に助言しているケースをよく見かけます。これでは，子どもは悩みを増したり，焦るばかりで，「学習の課題の解決」に結びつきません。

子どもがつまずき，戸惑っているときの有効な支援や助言は，『思考・判断・表現』の学力形成に必要な四つの要因のどこが足りないためにつまずいているのかを診断して，診断結果の要因を，表Ⅵ-2の例のように適切に支援していくのがポイントです。

入力課題（要因①）の指導は，『思考・判断・表現』の学習活動開始時点では「指導者の指示」でしたが，学習活動の展開時点では「指導者の支援」になっていきます。

[*17] 日本教育工学会編（2000）『教育工学事典』実教出版，pp.16-17. KR情報とは，教授者が情報を提示し，学習者が解答を返し，その解答に関して教授者から学習者に示される情報のこと。KR は knowledge of result の略。学習評価などの「知的KR」，励ましや叱責などの「情的KR」などがある。

表VI-2 「つまずき」の診断とその対応例

「つまずき」の診断結果	診断結果に応じた個別支援の言葉かけ等の例
「学習の課題」（要因①）を明確につかんでいない（再確認の支援）	○「黒板をもう一度よく見て」「もう一度テーマを見直して」 ○「学習のゴールをイメージしてごらん」（ゴールが見通せないため、学習の課題が不明確な場合）
「学習のゴール」（要因②）を明確につかんでいない	○具体的な学習成果物の見本を提示する（頃合いを見計り提示する。早い時期に提示すると見本に引っ張られてしまう）
『知識・技能』（要因③）を習得していない	○「教科書の□ページをもう一度読んで、ノートにまとめてごらん」 ○「黒板のあそこを見て。あの内容を使えばうまくいくよ」 ○「そこが分からないからうまくいかないんだね、そのことを友達に聞いて確認してみたらうまくいくよ」
「制約条件・外部状況」（要因④）を明確につかんでいない	○「あと何分（時間）で終わりだけど、どう工夫すれば時間内に終わるか考えてごらん」 ○「その道具は学校にないから、別のを使ったら？」 ○「よく観察し直してみると、考えるポイントが分かるよ」 ○「その様子をもう一度VTR・教科書で確認してごらん」
『思考・判断・表現』そのものが成熟していない	○（考える手順を提示し）「ここから考えはじめるとうまくいくよ」（できるだけ自分で考えたように思わせるような「フリ」をする支援をする） ○解決例などの見本やヒント、他の子どもの例などを提示し、思考活動のイメージを与え、きっかけをつかませる
よい考えが生まれず『思考・判断・表現』がストップしている	○「まわりの人と相談していいよ」（思考活動を刺激する） ○グループ活動で他からヒントを得る（『思考・判断・表現』が成熟していない場合以外）
アイデアが生まれているが『思考・判断・表現』が具体化できない	○「なかなかおもしろいね」「それいいね」「うまいアイデアだ」「それを使えばいいんだよ」（賞賛・激励・揺さぶりなどで背中を押す） ○「これを見てごらん」（完成品でなく、その一部や参考を示す）

★支援のポイント３　自分の力で考えたように思わせる「フリ」（演技）をする

　『思考・判断・表現』が成熟していない場合に、ゴールの見本を提示し、出力結果が提示した見本と同じものになったとしても、見本をまねたのでなく、いかにも子ども自身が自ら考えたように思わせる「フリ」（演技）を工夫していくのがポイントです。

　例えば、「この見本を見てまねしなさい」でなく「この見本を参考にしてごらん」と助言して、結果的に学習成果が見本どおりになったとしても、子どもが「自分で考えた」ように演出することにより、『思考・判断・表現』に自信をもたせることになり、後々の学習活動への主体的な取り組みにつながっていきます。

★支援のポイント４　相談活動を取り入れる

　子ども自身が自ら『思考・判断・表現』するといっても、自分一人の力でどんどん解決策を生み出す子どもは数少ないでしょう。『思考・判断・表現』の学習活動においては、

教師との相談活動，周囲の子どもたちとの相談活動，グループ活動での相談活動，あるいは家庭での家族の方々との相談活動を位置付けるのがポイントです。

教師との相談活動：机間指導で学習活動につまずいていたり，学習活動がストップしているような子どもに対しては，その場で適切な相談活動をする場合や，個別支援の時間と場を設けて相談活動をする場合などがあります。時間と場所を設定する場合は，子どもの思考状況に応じて，支援に必要な資料，プリント類，作品見本，先輩のレポート例などのような思考を促す教材をあらかじめ準備しておき，提示していきます。

周囲の子どもたちとの相談活動：学習活動時に「静かに課題をやりなさい」と"上から"指示することは，『思考・判断・表現』の学習活動を停滞させます。不必要な私語と必要な私語とを区別する必要があります。

グループ活動での相談活動：『思考・判断・表現』の学習活動を活性化させるには，図Ⅵ-11に示すグループ活動を取り入れることがポイントです。しかし，いきなり「はい，グループで話し合って考えなさい」とだけ指示しても，相談活動が『思考・判断・表現』の学習には結びつきません。

相談活動を『思考・判断・表現』の学力形成に結びつけるには，次で述べる個→集団→個の3段階の流れを組み込むのがポイントです。

第1段階では，既習の基礎的・基本的な知識や技能の内容及び学習の課題を含めたグループでの相談活動の内容を確認します。

第2段階では，個人の提案をグループ相互で検討し，その場で出た意見や付箋などに記載されている内容について，修正すべき点，追加すべき点，よい考えだと思う点などを自由に出し合います。

第3段階では，グループ討議で出た意見を取り入れて，自分なりにまとめ，個に帰す活動にしていきます。

その他，第2段階でグループで共通の課題を解決し，第3段階で個人の課題を解決する方法などもあります。

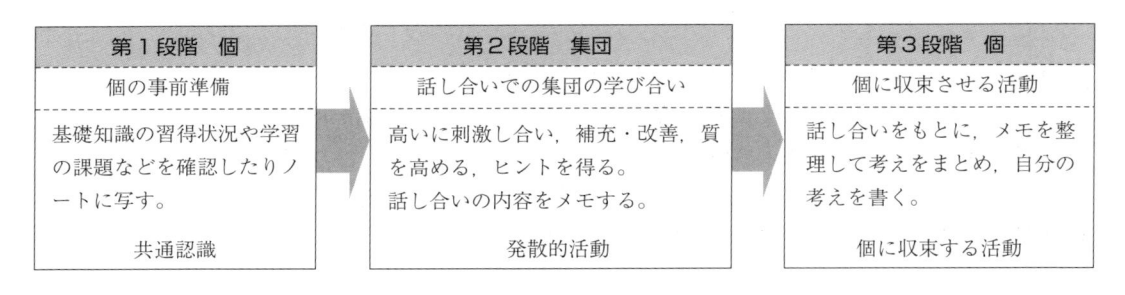

第1段階　個	第2段階　集団	第3段階　個
個の事前準備	話し合いでの集団の学び合い	個に収束させる活動
基礎知識の習得状況や学習の課題などを確認したりノートに写す。	高いに刺激し合い，補充・改善，質を高める，ヒントを得る。話し合いの内容をメモする。	話し合いをもとに，メモを整理して考えをまとめ，自分の考えを書く。
共通認識	発散的活動	個に収束する活動

図Ⅵ-11　グループ活動の流れ

(4) 『思考・判断・表現』の学習評価——評価規準

★評価規準を明確にする

　『思考・判断・表現』は，子どもの頭脳内で処理される学習活動であるため，学習行動に表出した現象が，到達した学力に一致していない場合もあります。

　回答が「出力」されても『知識・技能』的であって，『思考・判断・表現』が育っていない場合もありますし，学習成果である「出力」が稚拙であっても試行錯誤されながら『思考・判断・表現』が育っている場合もあります。また，学習成果である作品などを『思考・判断・表現』でなく，出来がよい場合に技能レベルで評価する場合もあります。

　各教科で示された「評価規準」の設定例を具体的な学習指導の方法や実態に即して，四つの要因に分析して表すと，育った『思考・判断・表現』の学力が読み取りやすくなるとともに，表出した学習成果や学習行動と頭脳内部で育った『思考・判断・表現』の学力が一致するようになります。

「学習の課題」（要因①）は，「何のために」「何を」を子どもの言葉で組み込む。
　　　　例：○○のレポートを作成するために，○○の回答を出すために

「課題の解決策である学習成果物」（要因②）は，作文，作品，発表内容，レポート，回答などの具体的な学習のゴールに達しているかを組み込む。
　　　　例：レポートの作成ができている，○○の回答が出されている

基礎的・基本的な『知識・技能』（要因③）は，『知識・技能』の活用状況を組み込む。
　　　　例：教科書の内容を活用して，○○の公式を活用して

制約条件（要因④）は，時間内，指示する道具・用具・機器などを組み込む。
　　　　例：○○の時間内で，ワークシートの枠の中に，何字以内で

外部状況（要因④）は，学習に関係した社会の状況や観察の状況などを組み込む。
　　　　例：見学で得た観察状況を生かして，社会事象を生かして

　到達度判定のさいは，ふだんから「なんとなく」四つの要因を意識しないで，学習成果（要因②）のみで読み取っていることが多いのではないかと思われます。四つの要因を意識することで，学習指導のねらいが明確になり，ねらいが明確になれば，育った『思考・判断・表現』が容易に学習評価できるようになります。

★評価規準の設定例

　四つの要因で示した場合の各教科の評価規準の設定例を次ページの表Ⅵ-3に示してみます。

表Ⅵ-3　評価規準を四つの要因で示す例

＊表中①～④は，それぞれ要因①～④（p.46）を示す。

校種や教科	四つの要因を示した評価規準の具体例	
小学校　国語 第3・4学年 「B 書くこと」 (1) イ	疑問に思ったことを調べて学級新聞に表すために， 「その理由は～」「例えば～」などの表現を適切に用いて， 書く目的や必要に応じて理由や事例を挙げていることが読み手にも伝わるよう， 記事を書けている。	…目的（①） …活用する知識等（③） …制約条件（④） …期待する行動（②）
中学校　国語 第3学年 「B 書くこと」 イ-1	テーマに即した文集を作成するために， 様々な方法を活用して， 読み手を想定して， 必要な材料を集め，整理し，比較・検討できている。	…目的（①） …活用する知識等（③） …制約条件（④） …期待する行動（②）
小学校　社会 第5学年 「我が国の工業生産」	我が国の工業生産が国民生活を支えるために果たしている役割を説明するために 各種の工業生産や工業地域の分布，貿易や運輸などに関する知識を活用して， 様々な資料を調べ，工業生産の様子と国民生活とを関連付けながら， その役割を適切に表現(説明)できている。	…目的（①） …活用する知識等（③） …外部条件（④） ※資料活用は要因④ …期待する行動（②）
中学校　社会 Ⅱ 歴史的分野 「(2) 古代までの日本」	律令国家の確立について説明するために 国家の仕組みが整えられることに関する知識を活用して， 確立に至る過程を多角的・多面的に考察する方法で， その過程や結果を自分なりに表現(説明)できている。	…目的（①） …活用する知識等（③） …制約条件（④） …期待する行動（②）
小学校　算数 第2学年 「C 図形」	例示した四角形を仲間分けするために， 正方形や長方形に関する知識を活用し， その違いを見付けながら， 分類した四角形の特徴を見出すことができている。	…目的（①） …活用する知識等（③） …制約条件（④） …期待する結果（②）
中学校　数学 Ⅰ 第1学年 「A 数と式」	目標の達成状況を示したり把握したりするために， 正の数と負の数を用いた表現や処理(に関する技能)を活用し， 設定した目標値を基準として， 目標値からの増減を表すことができている。	…目的（①） …活用する知識等（③） …制約条件（④） …期待する結果（②）
小学校　理科 第3学年 「B 物質・エネルギー」 (2) 風やゴムの働き	風やゴムで物が動くしくみを理解するために， 風やゴムに関する経験や知識を活用し， 風を当てたときの物の動く様子や，ゴムを引っぱったり，ねじったりしたときの物の動く様子を観察・比較しながら， その違いを考察し，自分なりの考えをもつことができている。	…目的（①） …活用する知識等（③） …制約条件（④） …期待する結果（②）
中学校　理科 Ⅱ 第2分野 (1) 「植物の生活と種	校庭や学校周辺の生物に関する事物・現象の中に見出した問題について説明するために， 植物の生活と種類に関する知識を活用し	…目的（①） …活用する知識等（③）

第Ⅵ章 『学力の3要素』を育てるために

類」	目的意識をもって観察した事実を踏まえ いろいろな生物が様々な場所で生活していることなどについて自らの考えを導き表現できている。	…制約条件（④） …期待する行動（②）
小学校　生活 第1・2学年 「公共物や公共施設の利用」	身の回りにある公共物や公共施設の利用の仕方を考えるために， 自分自身の利用経験をふり返り， 公共物や公共施設を見たり調べたりしながら， 利用の仕方を自分なりの方法で表し，友だちに伝えることができている。	……目的（①） …活用する経験等（③） …制約条件（④） …期待する行動（②）
小学校　音楽 第5・6学年 「B　鑑賞」	楽曲の特徴や演奏のよさを感じるために 音楽を形づくっている要素を見付けながら， 曲想とその変化などの特徴や音楽を形づくっている要素のかかわり合いを踏まえて， 想像したことや感じ取ったことを言葉で自分なりに表すことができている。	…目的（①） …活用する知識等（③） …制約条件（④） …期待する結果（②）
中学校　音楽 「A　表現・歌唱」	音楽表現を工夫するために， 音楽を形づくっている要素を知覚し，それらの働きが生み出す特性や雰囲気を感受しながら， 歌唱の内容や曲想を感じ取って， どのように歌うかについて思いや意図をもって表現できている。	…目的（①） …活用する知識等（③） …制約条件（④） …期待する行動（②）
小学校　図画工作 第3・4学年 「A　表現(2)絵や立体，工作」	自分の想像したことや見たことを表すために， 表し方に関する知識や経験等を活用し， 形や色，組み合わせなどの感じをとらえながら， 形や色，組み合わせなどを考えて，自分なりに絵や立体，工作に表すことができている。	…目的（①） …活用する知識等（③） …制約条件（④） …期待する結果（②）
中学校　美術 Ⅰ　第1学年 「A　表現(2)(3)目的や機能の表現」	表現の構想を練るために， 美的感覚を働かせ，形や色彩の効果を生かして， 目的や条件などをもとに， 構成や装飾などを自分なりに具体化できている。	…目的（①） …活用する知識等（③） …制約条件（④） …期待する結果（②）
小学校　体育 第1・2学年 「E　ゲーム」	みんなでゲームを楽しむために， ボールゲームや鬼遊びの動き方を知り， ゲームの規則を守りながら， 攻め方を選んだり見付けたりできている。	…目的（①） …活用する知識等（③） …制約条件（④） …期待する結果（②）
中学校　保健体育 「B　機械運動」	自分の学習課題を解決するために， すでに習得した技などを生かして， 運動する場や器具及び周囲の状況に応じて， 技の習得に適した練習方法を選べている。	…目的（①） …活用する知識等（③） …制約条件（④） …期待する結果（②）
小学校　家庭 第5・6学年 「A　(3)家族や近隣の人々とのかかわり」	近隣の人々とのかかわりについて見直すために， 自分自身と近隣の人々とのかかわりをふり返り， 今の生活の状況を踏まえて， 近隣の人々とかかわり快適に生活するための方法を考えられている。	…目的（①） …経験の思いだし（③） …制約条件（④） …期待する結果（②）

中学校 技術・家庭 技術分野 「D（2）ア」	作品の使用目的を実現するために， メディアの特徴に関する知識を活用し， 制作の条件を考慮して， 使用目的に適したメディアの種類やディジタル化の方法，複合する方法などを決定できている。	…目的（①） …活用する知識等（③） …制約条件（④） …期待する結果（②）
中学校 技術・家庭 家庭分野 「D（1）イ」	商品を選択するために， 商品選びに関する知識を活用し， 状況や条件，収集・整理した情報を考慮して， 目的に合う適切な商品を比較・検討して選択できている。	…目的（①） …活用する知識等（③） …制約条件（④） …期待する結果（②）
中学校 外国語 (2)「話すこと」	自分の考えや気持ちなどを正しく伝えるために， 文化的背景に関する知識等を活用して， （要点を）強調したり繰り返したりしながら， 聞き手を意識して話すことができている。	…目的（①） …活用する知識等（③） …制約条件（④） …期待する行動（②）

(5)『思考・判断・表現』の学習評価——具体的な方法

　学習評価においては，学習内容中心か学習方法中心か，学習成果と学習過程のどちらを重視するか，技能教科か否かなど，教科の特質や学習内容の性格により読み取り方法が異なりますが，a：「出力」である学習成果物やペーパーテストで読み取る，b：「入力」と「出力」との差異（ずれ）の程度で読み取る，c：「出力」段階で学習活動をふり返ることで読み取る方法などがあります。

　いずれの場合も四つの要因で表した評価規準（表Ⅵ-3参照）で判定すると，育った『思考・判断・表現』が読み取りやすくなります（→p.49）。

★方法1　ペーパーテストの例

　ペーパーテスト（→p.82）は，「出力」である学習成果物である作品やレポートなどで育った学力を読み取る一般的な方法です。以下に，教科を問わず共通の，ペーパーテストの問題作成上のポイントについて述べていきます。

ポイント1　四つの要因の何を問題として提示し，何を回答にするかを決める

　ペーパーテスト（→p.82）の問題作成にあたっては，図Ⅵ-4で示した要因①～要因④の何を問題として提示し，何を回答にするかを明確にする必要があります。

出力結果回答型：「入力課題（要因①）」を問題として提示し，「出力結果（要因②）」を回答させ，その理由である「制約条件や外部状況（要因④）」も回答させる一般的な出題方法です。校種や教科，学年の発達段階によってさまざまな形態がとれます。

制約条件回答型：「入力課題（要因①）」を問題として提示し，その結果の予測をも示し，その条件で考えられる制約条件や外部状況を回答させる例です。

入力課題回答型：授業でつまずいた失敗例・成功例などの「出力結果（要因②）の学習の成果」を問題として提示し，その原因を追及し「入力課題（要因①）」や「入力課題（要因①）と出力結果（要因②）の関係」を回答させる例です。

知識活用回答型：例えば，「実験の結果がうまくいきませんでした，どの知識や技能を押さえていなかったからですか」というように，「入力課題（要因①）」と「出力結果（要因②）」を問題に提示し，それに必要となる「習得内容（要因③）」を回答として求める例です。

表Ⅵ-4　四つの要因における問いと回答の関係

	習得した 『知識・技能』 （要因③）	入力課題 学習の課題 （要因①）	出力結果 学習の成果 （要因②）	制約条件 外部状況 （要因④）
出力結果回答型	問題に設定するかテスト以前に示しておく	問題として提示	回答させる	条件を提示
制約条件回答型		問題として提示	予測提示	回答させる
入力課題回答型		回答させる	問題として提示	状況を説明
知識活用回答型	回答させる	問題として提示		条件を提示

ポイント2　『思考・判断・表現』に必要な『知識・技能』を押さえる

『知識・技能』（要因③）の示し方は，次のア～ウで示すようにさまざまな設定方法がありますが，問題作成の前提条件として意識する必要があります。

ア：既習内容として当然習得しているものとして問題には示さない。
イ：『思考・判断・表現』を問う問題の前段階に『知識・技能』を問う問題を設定する。
ウ：『思考・判断・表現』の回答として，必要になる『知識・技能』そのものを回答させる。
エ：その他，教科の特性に応じた示し方。

ポイント3　『知識・技能』と『思考・判断・表現』との境界を意識する

ア：『知識・技能』と『思考・判断・表現』の境界が曖昧な場合がありますが，その判定は，一般的には習得内容の再生である一つに限定された正答の場合が『知識・技能』で，少しでも考えた形跡が見取れる複数の回答がある場合が『思考・判断・表現』と考えてよいでしょう。
イ：『思考・判断・表現』が熟していない段階では，覚えた『知識・技能』を単純に再生させるのでなくて，例えば，外部状況に応じて『知識・技能』が選択できるなど少しでも考えが働けば，『知識・技能』であっても『思考・判断・表現』と「みなす」場合もありえます。
ウ：学習活動で想定しなかった「制約条件や外部状況（要因④）」を設定すれば『思考・判断・表現』の問題にすることができます。

ポイント4 回答は，できたら自由記述が望ましい

ア：回答は，理想的には子ども一人ひとりで異なるので自由記述が望ましい。
イ：採点の手間を省きたいときは，次に示すように，回答を誘導する方式もあります。
　　例：「わたしは，＿＿＿＿した。そのとき＿＿＿＿を考えた。＿＿＿＿これからは＿＿＿＿していきたい」
ウ：自由記述ではなく，回答として予測される選択肢で回答し，選択した理由を自由記述する方法もあります。選択肢は，記号の選択でなく，用語の選択が望ましいです。これは，選択した内容を明確化して，思考の流れを大切にするためです。
エ：自由記述の採点方法は，授業で用いた『思考・判断・表現』のキーワードの出現状況で判定する方法があります。
オ：「何を」「何のために」などの「学習の課題」を認識，「どうする」「どうした」の「学習の課題の解決」を見通し，ゴールを見定める自由記述の方法もあります。

ポイント5 回答の読み取り方法はさまざまある

ア：自由記述の場合，記載されたキーワードの数で読み取る。あるいは，カテゴリー化したキーワード群内に出現したキーワードで読み取る。
イ：第1段階として『知識・技能』が回答できていれば「C」，第2段階として制約条件や外部状況がクリアしていれば「B」，第3段階として回答に自分なりの考えが記載されていれば「A」，などのように各段階を通過した状況の通過型で読み取る。
ウ：『知識・技能』「制約条件や外部状況」「自分なりの記載」を点数化していき，合計の加点型で読み取る

★方法2　「入力」と「出力」の差異（ずれ）の程度で読み取る方法

「学習の課題（要因①）」が自力で解決でき「学習成果物（要因②）」となった状態を比較し，その差異を読み取る方法です。

この方法は，学習成果物の出来ぐあいだけでなく，子どもが設定した学習の課題に向けて試行錯誤しながら勝ち得た学習成果で読み取るものであります。

差異の読み取り方法には，次のア〜ウのような方法があります。

ア：子ども全員の「学習の課題」が同じ場合は，教師が設定した判定基準で読み取る。
イ：学習の課題を子ども自身が設定した場合は，まず自己評価させ，その後相互評価した上で当初の自己評価を修正し，その結果を読み取り，評価資料とする。
ウ：学習の課題を子ども自身が設定した場合は，当初の「学習の課題」の難易度と「学習成果物」の完成度の差異を読み取る。例えば，高い難易度でそれが達成できれば「A」，低い難易度で設定しても完成度が高ければ「B」，設定した課題より低い完成度であれば「C」とする個人内評価で判定する方法です。

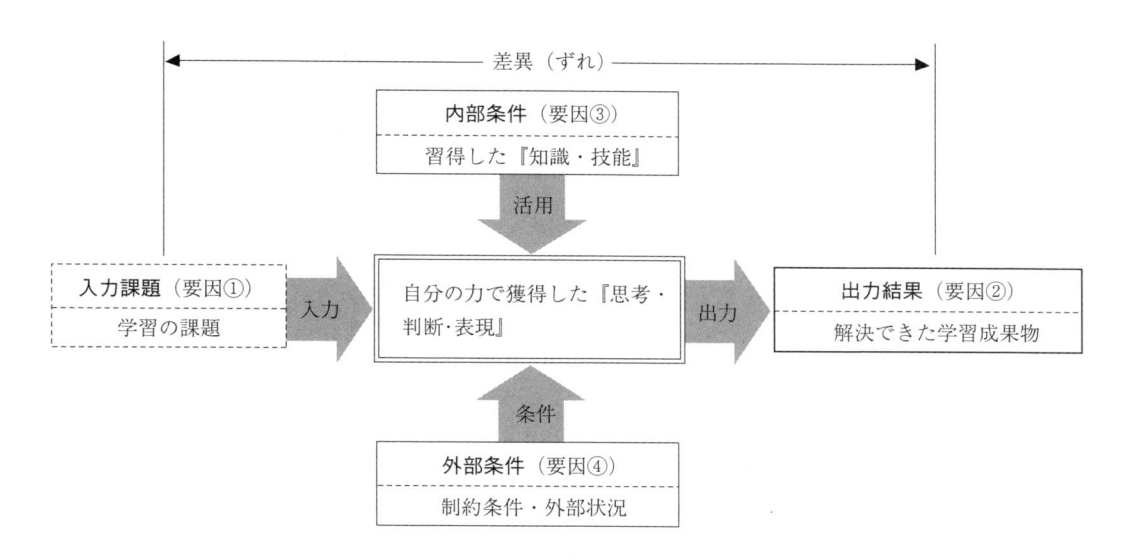

第Ⅵ章　『学力の3要素』を育てるために

```
        ←――――――――― 差異（ずれ） ―――――――――→
                    ┌──────────────┐
                    │ 内部条件（要因③）│
                    ├──────────────┤
                    │ 習得した『知識・技能』│
                    └──────────────┘
                           │ 活用
                           ▼
┌──────────┐        ┌──────────┐        ┌──────────┐
│入力課題（要因①）│ 入力 │自分の力で獲得│ 出力 │出力結果（要因②）│
├──────────┤ ──→  │した『思考・  │ ──→  ├──────────┤
│ 学習の課題   │      │判断・表現』  │      │解決できた学習成果物│
└──────────┘        └──────────┘        └──────────┘
                           ▲
                           │ 条件
                    ┌──────────────┐
                    │ 外部条件（要因④）│
                    ├──────────────┤
                    │ 制約条件・外部状況│
                    └──────────────┘
```

図Ⅵ-12　「入力」と「出力」の差異で読み取る

★方法3-1　学習活動のふり返りで読み取る方法

　『思考・判断・表現』の学力は，「出力」段階だけでは育った姿を読み取ることができない場合があります。例えば，作品を失敗したり完成度が低いような場合などでも，学習活動の過程での試行錯誤の学びで『思考・判断・表現』の能力が育っている場合もありえます。

　そこで，過去の自分の学習活動をふり返り（→ p.96），育った『思考・判断・表現』の姿を確かめて読み取る方法があります。

過去の自分の学びの姿	『思考・判断・表現』の育ちを意識しない自分の姿
学習終了の時点での自分が学んだ姿	過去の学習活動をふり返り，学習成果物の自己分析から，現在の育った姿の背景や理由を分析する
学習成果を生かす自分の姿を予測	育った『思考・判断・表現』を生かし，将来遭遇する事態などの課題を解決することができるかどうかを想定する

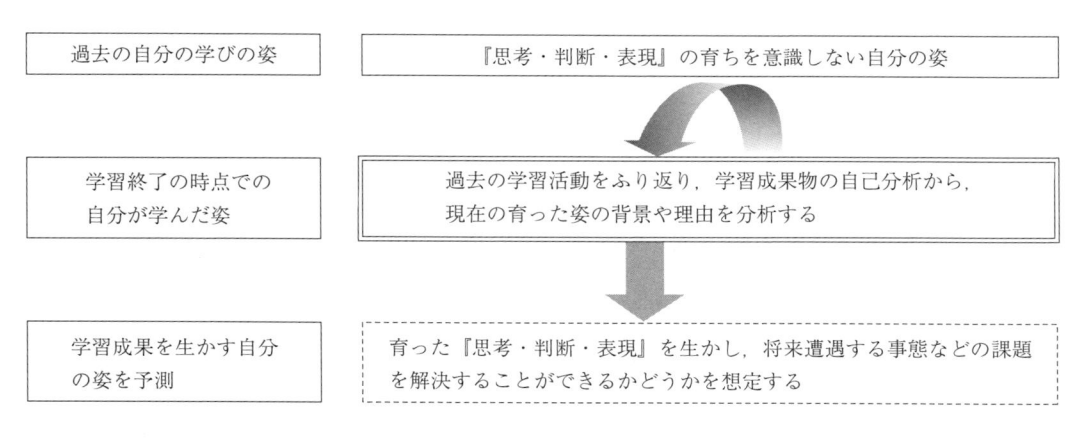

図Ⅵ-13　ふり返りでの読み取り方法

　この方法は，最終段階での学習成果物が「よくできた・できなかった」という学習評価でなく，過去の学習活動を自己分析によりふり返ることで，学習活動で試行錯誤しながら

育った『思考・判断・表現』を再認識するものであります。

　分析内容は，失敗した事実やうまくいった事実から，その原因や背景が四つの要因のどこにあるかなどについて自己分析し，分析結果から学習活動で育った事実あるいは何を補えば『思考・判断・表現』が育つかを確認することで，『思考・判断・表現』自体を学ぶ方法です。

★方法3-2　自己評価で読み取る方法

　この方法は，最終「出力」段階の学習成果物での読み取り，今まで述べてきた「入力」と「出力」の差異，学習のふり返りなどの方法と兼用できます。

　『思考・判断・表現』の育ちは，教師自身が学級全員の状況をつかみにくい面があり，子ども自身が客観性のある自己評価ができるのが最適な方法であるといえます。

　そのため，「自己評価」での読み取りに客観性をもたせるのがポイントとなります。

　子ども自身による学習のふり返りなどに関した確認そのものを「自己評価」として扱うケースも広く見られますが，これは図Ⅵ-11で示す第一次の評価データにすぎず，客観化された自己評価とはいえません。

　客観性の高い自己評価にしていくには，図Ⅵ-14に示すような評価活動の流れが必要です。この流れは，図Ⅵ-2で示した『思考・判断・表現』の基本構図と同じです。

　すなわち，自己評価の活動は，『思考・判断・表現』と同じ学習機能をもつと考えることができます。

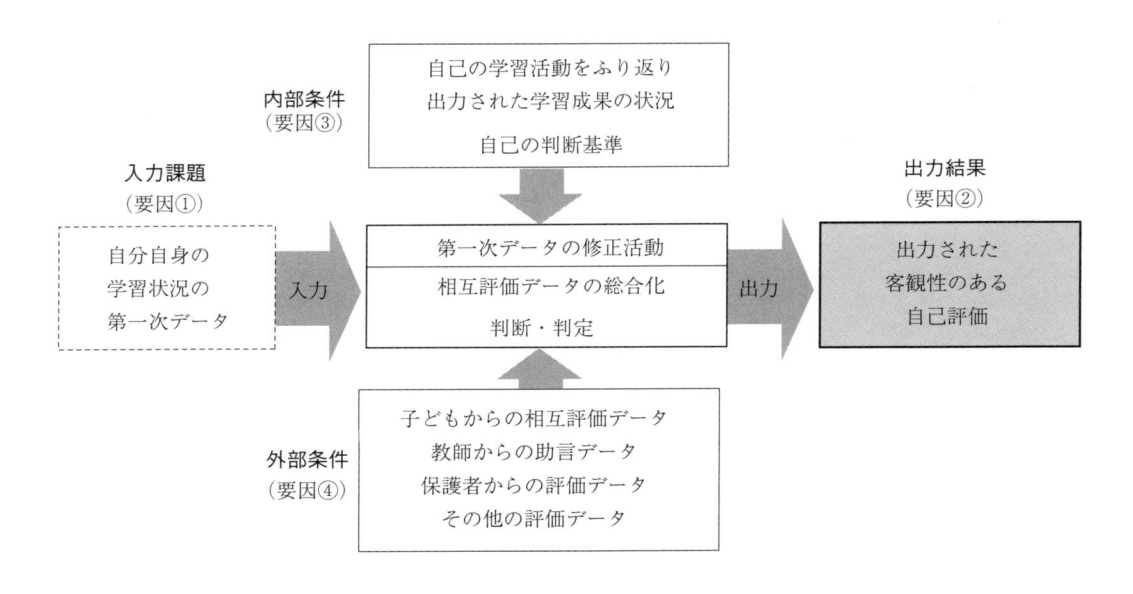

図Ⅵ-14　自己評価における評価活動の流れ

入力課題（要因①）は，客観化する「学習の課題」である第一次のデータ
出力結果（要因②）は，『思考・判断・表現』の評価活動により「出力」された自己評価
内部条件（要因③）は，客観化する『思考・判断・表現』に必要な自己の学習状況の資料
外部条件（要因④）は，客観化する『思考・判断・表現』に必要な相互評価などの資料

第一次データを内部条件（要因③）と外部条件（要因④）の資料と照らし合わせながら判断し，客観化に向けて判定する『思考・判断・表現』が評価活動になっていきます。

★方法４ 「学習しぐさ」で読み取る方法

『思考・判断・表現』の思考の程度により「学習しぐさ」（→ p.65）が表Ⅵ-5に示すように異なってきます。その「学習しぐさ」の違いを読み取り，学習行動の状況を判断して，個別の支援（→表Ⅵ-2）に活用できる方法です。

表Ⅵ-5で示したのは，あくまで一例であり，校種や教科によってその程度が異なってきます。慣れるに従い，その程度が分かるようになってきます。

表Ⅵ-5　思考の程度で示す「学習しぐさ」

思考が停止	思考の初期段階	思考が熟してきた段階
○ポカンとしている ○放心状態が続く ○私語を始める ○意味もなく歩く	○教科書のページをめくる ○ほおづえをしたり，手を髪や耳にあてて考える表情 ○鉛筆回しが始まる	○必要な相談活動をする ○指導者に自ら相談に来る ○手や身体を動かし動作を試す ○消しゴムを使い始める

2 『関心・意欲・態度』を育てる学習指導と育った姿の学習評価

　『関心・意欲・態度』の学力特質をさまざまな角度から見ていき，「ねらって育てる」ための学力形成の仕方を，第Ⅰ章より詳しく理論的[*18]な面で示していきます。

(1) 『関心・意欲・態度』の学習評価が「忘れ物の回数」でないと分かっていても…

★『関心・意欲・態度』の評価の悩みから抜け出す

　『関心・意欲・態度』をどう学習指導で育て，育った姿をどう学習評価するかで悩まれている先生方が多いと思います。

　『関心・意欲・態度』が，忘れ物や挙手の回数，授業態度などでなく，教科内容や事象への『関心・意欲・態度』（→ p.156）と知りながらも，効果的で具体的な学習評価の方法が見当たらないため，忘れ物や挙手の回数などから間接的に『関心・意欲・態度』を見取るといったぐあいに，「なんとなく」感覚的に学習評価してしまいがちなのが現実だと思います。

　そのため，『関心・意欲・態度』の観点別評価は，「A」が多くなる傾向があるようです。育っていないのに「A」と評価されれば，子ども自身の努力や教師の支援は促されず，教科でねらう大切な学力が置き去りになり，子どもにとっては不幸なことになります。

★「なんとなく」の感覚から「ねらって育てる」『関心・意欲・態度』へ

　『関心・意欲・態度』の学力が育つと，学校の行き帰りや生活場面で，ふだんなにげなく見ている行き交う人々，広告，植物，建物，商店，夕焼け，大人のしぐさなどが，教科のねらいの学習対象と結びつき，学習対象物に関心を向けるようになってきます。教科の学習対象に関心が向かうと，授業に食いつく「学習しぐさ」が出てきます。その結果，『知識・技能』や『思考・判断・表現』の学力を引き上げることにもつながっていきます。

★『関心・意欲・態度』の指導と評価の改善は，学力向上の鍵

　『関心・意欲・態度』の学習指導と学習評価の改善により，第一には学力向上の出発点になり，第二には『知識・理解』『思考・判断・表現』の学力を育てる授業改善につながり，第三に，学習成果が生活に具体的に生きる効果を生むようになります。

[*18] 尾﨑誠・中村祐治（2005）「中学校技術科における関心・意欲・態度の評価に関する研究」『横浜国立大学教育人間科学部紀要Ⅰ（教育科学）』pp.169-184

(2) 『関心・意欲・態度』の学習指導

① 『関心・意欲・態度』は間接的な働きかけで育つ
○学習指導での間接的な働きかけの意味

　『関心・意欲・態度』は，子どもの内面へ働きかける情意領域ですから，他の観点のように直接的に働きかける学習指導は向いていません。向いていないというよりむしろ困難で，無理して直接指導をすれば教師の練れていない特定の私的な理念や感情を押しつけることになり，学級全体の子どもの心を誘導するマインドコントロールにつながる恐れもあります。

○学習指導での間接的な働きかけの具体例

　間接的な学習指導とは，図Ⅵ-15に示すように『知識・技能』『思考・判断・表現』の学習活動と関連させながら，子どもの内面に対して，「よく気づいたね」「おもしろそうだね」などの言葉がけや，「触ってごらん」「よーく見て」「どんな音がするかな」「匂いを嗅いで」など五感を媒介にして内面を刺激していく働きかけです。

　子どもの内面を刺激する働きかけにより，風船が少しずつふくらむように子どもの内面で，教科でねらう方向に向かって，『関心・意欲・態度』が少しずつ少しずつ，徐々に形成されてきます。「形成」の用語より，醸造菌が少しずつ時間をかけ発酵していく「醸成」の用語が適切かもしれませんが，ここでは「形成」の用語を用いていきます。

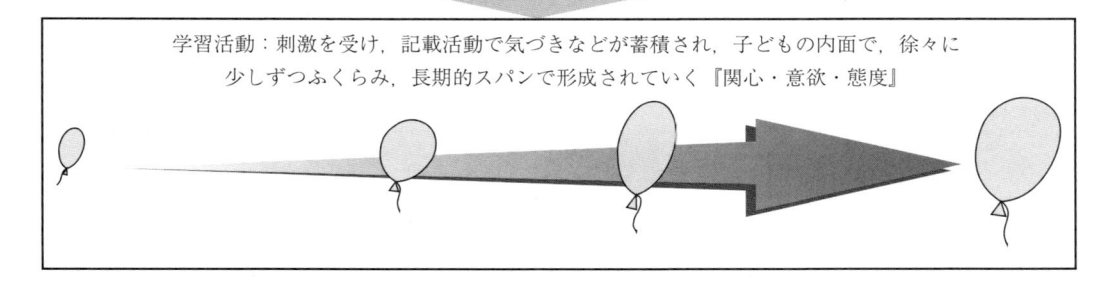

図Ⅵ-15　『関心・意欲・態度』への働きかけ

● 長期的スパンで育つ

『関心・意欲・態度』は，1単位授業時間だけで形成されるのでなく，題材・単元・章あるいは学期・学年単位の長期的スパンで形成されていく特性をもっています。したがって，後ほど学習評価の項で述べますが，1単位授業時間で学習評価できる性格ではありません。

② 『関心・意欲・態度』は子ども一人ひとりで異なる受け取り方

● まずは一斉指導で個別学習

『関心・意欲・態度』は情意領域ですから，学習指導による働きかけを受け取る感じ方・気づき方・思い方が子ども一人ひとりにより異なります。かといって，学級の子ども40人全員に個別に働きかけたのでは，授業時間がいくらあっても足りません。

● 一斉指導で子ども一人ひとりで個別に向かう方向

学習指導は，一斉指導で働きかけ，子ども一人ひとりが個別で受け取り，第Ⅱ章の9と10の学習指導例で示したように『関心・意欲・態度』がねらう方向に向け形成させていくのがポイントです。

子ども一人ひとりの受け取り方の違いは，個人内で見取るのが最適です。この方法は，次の学習評価の具体例の項で示していきます。

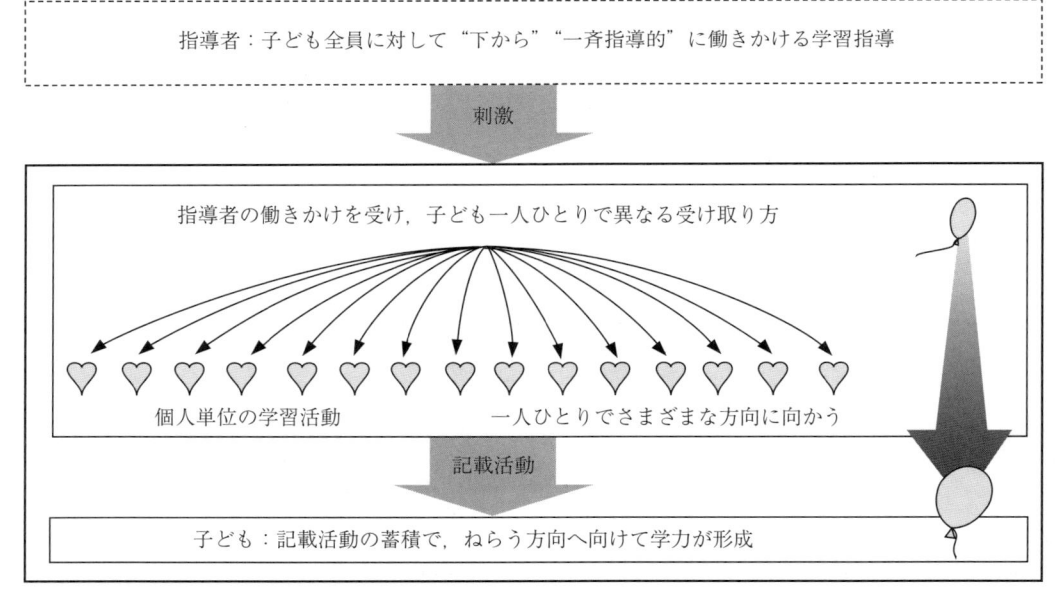

図Ⅵ-16　一人ひとりで異なる受け取り方

第Ⅵ章 『学力の3要素』を育てるために

● 次に個別の支援活動

　子どもによって受け取り方の強弱や感じ方の違いにより，個別支援をしていきます。

③『関心・意欲・態度』の授業展開例

　『関心・意欲・態度』を形成させる働きかけを図Ⅵ-17で示しながら詳しく述べてみます。

● 内面に働きかける「軸」

　子どもの内面に少しずつ形成されていく『関心・意欲・態度』に「ぶれ」を生じさせず，働きかけに一貫性をもたせるために，題材・単元・章・学期・学年ごとの働きかけの「軸」を設けます。

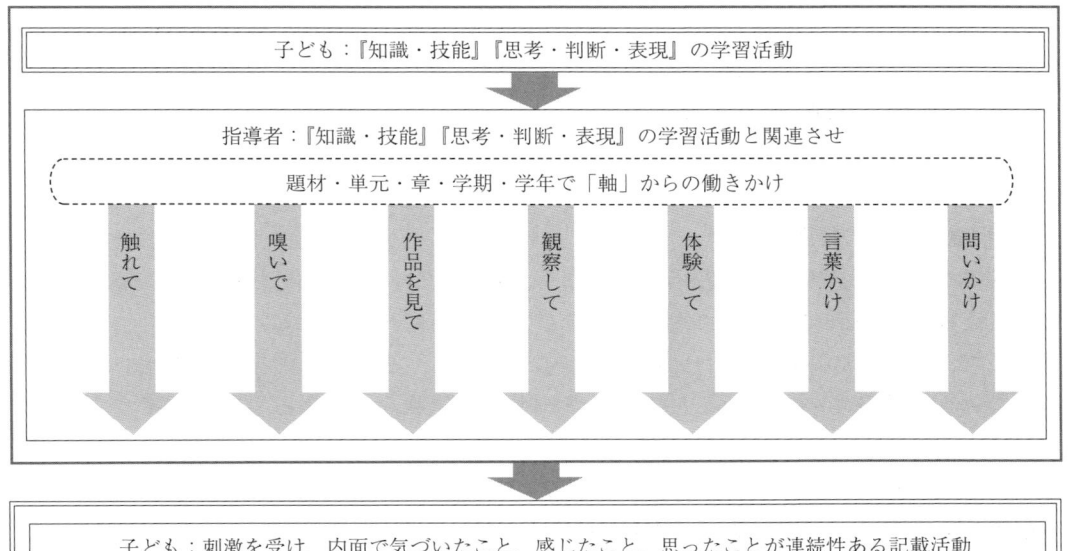

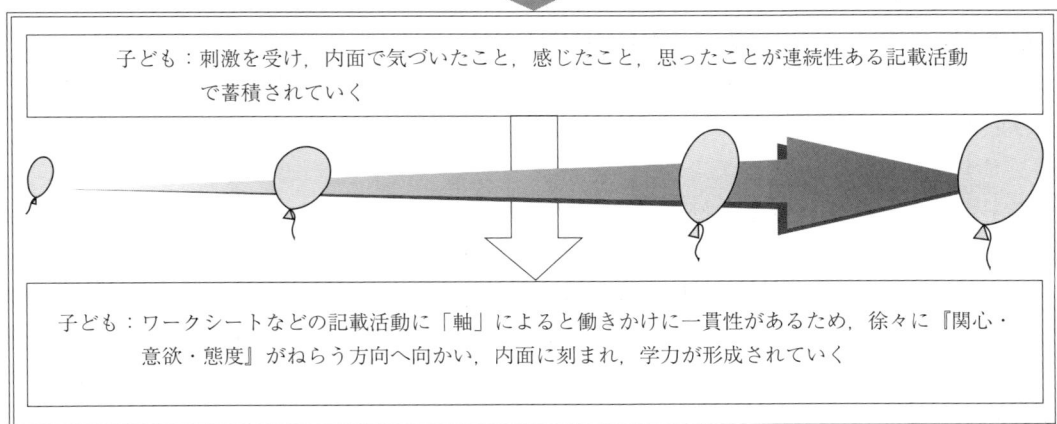

```
┌─────────────────────────────────────────────────────┐
│  子ども：『知識・技能』『思考・判断・表現』の学習活動  │
└─────────────────────────────────────────────────────┘
                          ↓
┌─────────────────────────────────────────────────────┐
│ 指導者：『知識・技能』『思考・判断・表現』の学習活動と関連させ │
│   題材・単元・章・学期・学年で「軸」からの働きかけ          │
│                                                     │
│  触れて  嗅いで  作品を見て  観察して  体験して  言葉かけ  問いかけ │
│   ↓      ↓       ↓        ↓       ↓       ↓      ↓    │
└─────────────────────────────────────────────────────┘
                          ↓
┌─────────────────────────────────────────────────────┐
│ 子ども：刺激を受け，内面で気づいたこと，感じたこと，思ったことが連続性ある記載活動 │
│   で蓄積されていく                                     │
│                                                     │
│   ○───────○───────○═══════▶○                          │
│                          ↓                          │
│ 子ども：ワークシートなどの記載活動に「軸」によると働きかけに一貫性があるため，徐々に『関心・│
│   意欲・態度』がねらう方向へ向かい，内面に刻まれ，学力が形成されていく          │
└─────────────────────────────────────────────────────┘
```

図Ⅵ-17　題材や単元で一貫性ある働きかけ

　「軸」は，各教科で示された学年・分野別の評価の観点の趣旨あるいは評価規準の設定例を，子どもに通じる，フィットする「用語」にしていきます。例えば，理科では「植物」

など，社会科では「地域社会」などです。「軸」は，題材・単元・章・学期・学年ごとの単位で，子どもの五感を刺激する働きかけですから，授業ごとに変化させる必要があります。

例えば，理科の授業で設定した「軸」が「植物」であれば，「葉っぱを触ってごらん」「根はどうなっているのかな」「葉の裏側の様子を観察してみよう」「空気をどこから吸っているのかな」などと学習内容と関連させながら，「軸」である「植物」をめぐって連想を広げていくように変化させます。

● 内面での受け取り方の強弱のゆらぎ

子どもによって，あるいは，授業ごとの学習内容などによって，働きかけに対する子どもの内面での受け取りにはゆらぎがあります。あるときは強く感じ，あるときは弱く感じ，あるときは全く感じないということもあります。体験的・実践的な学習活動の場合は，強く感じることが多く，いわゆる座学の場合は，弱い感じ方になることが多いです。

『関心・意欲・態度』への効果的な働きかけがしにくい学習内容によっては，無理に働きかけをする必要がない学習活動の場面もありえます。

● 学習活動としての言語活動

間接的で弱い働きかけの学習指導ですから，長期的スパンの学習活動では，毎時間に感じたことなどを忘れてしまい，なかなか子どもの内面に残りません。

そこで，子どもの内面で気づいたこと，感じたこと，思ったことを忘れさせないために有効なのが，第Ⅱ章の4で示したワークシートへの記載などによる言語活動です。

④ ワークシートの形態
● 記載内容の「変容」を読み取るための毎授業用のワークシート

ワークシートの役目は，記載活動することでねらう方向に「変容」を促す，評価活動を読み取る，授業ごとに内面に刻まれていく思い・気づき・感じ方などを忘れずにとどめるなどです。

ですからワークシートは，例えば，題材・単元・章・学期・学年等の単位での「変容」の読み取りに2種類，毎時間用に1種類，計3種類を準備します。

「変容」でなく，単元・章・題材の終末段階で評価する方法もありますが，記載内容「変容」の場合は，表現力に左右されずに『関心・意欲・態度』の育った姿が評価できます。

● 具体例

図Ⅵ－18で示すⓐが初発（学習前）の感想記載用，ⓑが毎時間の感想記載用，ⓒが終末（学習後）のまとめの感想記載用です。ⓐの初発用とⓒの終末用とで記載内容の変化を読み取ります。3種類のワークシートは，例を参考にしながら教科の性格によって工夫してみてください。ⓑの毎時間用は，題材・単元・章・学期・学年等の単位授業時数分の欄

を準備するとよいでしょう。

ⓐの初発用（学習前）とⓒの終末用（学習後）とは，同じ「投げかけのことば」，同じ「大きさの空欄」にしておきます。

同じ「投げかけのことば」にする理由は，同じ働きかけによる，題材・単元・章・学期・学年等の指導単位での変容を見るためです。同じ「大きさの空欄」にする理由は，空白の大きさの変化などから，学びによる記載内容の量や質などの変化が分かり，子ども自身が学びの意義を感じることができるからです。

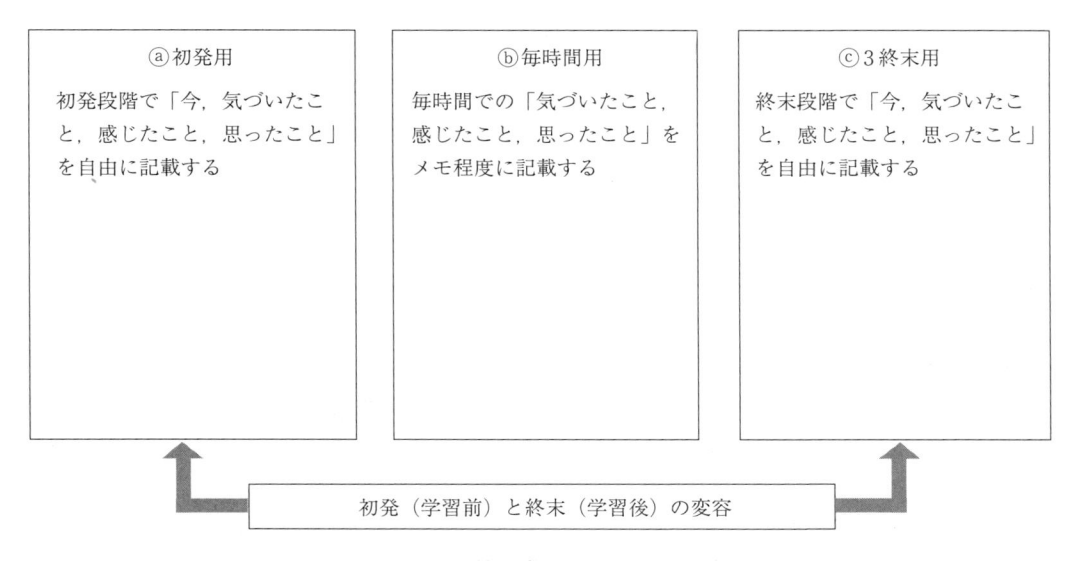

```
┌──────────────┐  ┌──────────────┐  ┌──────────────┐
│  ⓐ初発用      │  │  ⓑ毎時間用    │  │  ⓒ3終末用     │
│              │  │              │  │              │
│ 初発段階で「今, │  │ 毎時間での「気 │  │ 終末段階で「今, │
│ 気づいたこと, │  │ づいたこと,   │  │ 気づいたこと, │
│ 感じたこと,   │  │ 感じたこと,   │  │ 感じたこと,   │
│ 思ったこと」  │  │ 思ったこと」  │  │ 思ったこと」  │
│ を自由に記載  │  │ をメモ程度に  │  │ を自由に記載  │
│ する          │  │ 記載する      │  │ する          │
│              │  │              │  │              │
└──────────────┘  └──────────────┘  └──────────────┘
      ↑                                    ↑
      └──── 初発（学習前）と終末（学習後）の変容 ────┘
```

図Ⅵ-18　3種類3枚のワークシートの例

● ⓐ～ⓒの例で示すワークシートの役目

ⓐの初発用（学習前）は，子どもの無意識下にある題材・単元・章・学期・学年等の単位でねらう『関心・意欲・態度』を意識化させる役目があります。また，ⓐの初発用（学習前）とⓒの終末用（学習後）とで記載内容の変化を比較して，子ども自身が成長した証しを確認できるとともに，記載内容の増加や質の向上の変容を学習評価に活用できるという役目があります。

ⓑの毎時間用は，発達段階や教科の性格によって形式や形態を工夫していく必要がありますが，毎時間の内面での気づき・感じ・思いを言語活動で書き留める役目があります。

ⓒの終末用（学習後）は，ⓑの毎時間用を見ながら記載していき，子ども自身の『関心・意欲・態度』の学びの集大成が確認できる役目があります。

『関心・意欲・態度』の学習活動とは，教師が働きかける学習指導を，ワークシートなどへの記載活動により，子どもの内面で芽生え形成させていくことです。

⑤ワークシートの記載方法

●ⓐの初発用

　ⓐの初発用（学習前）は，初めて実践で子どもにぶつけるときには「習っていないので何も書けない」「何を書いていいか分からない」などという声が聞かれます。習っていなくとも「今，気づいていること，感じていること，思うことを自由に書けばいいのだよ」「書けなかったら無理に書かなくてもいいのだよ」と気持ちをほぐすようにやわらかく語りかけると，子どもは自由に書きます。慣れてくると，自然に書くようになります。

　ほとんどが，単語の羅列，系統性のない単文です。初発用は意識化させる役目ですから，思いつくままの自由な記述に価値がありますので，そうした記述も大いに認めて書かせるようにします。

●ⓑの毎時間用

　ⓑの毎時間用は，授業ごとの終了時点で，短時間でもいいから時間をとって記載させます。「この授業で，気づいていること，感じていること，思うことを自由に書けばいいのだよ」と指示します。

●ⓒの終末用

　ⓒの終末用は，題材・単元・章・学期・学年等の終了時点で，ⓐの初発用とⓑの毎時間用を参考にしながら，記載させます。当初は単語や系統性のない単文だったものが，意味のある文章になってきます。

　ⓒの終末用の記載活動を，まとめのテストや定期考査時にさせる方法もあります。この際は，ⓐの初発用とⓑの毎時間用を持ち込ませます。相対評価時代の『知識・技能』の記憶状況のみを問うテストとは違い，目標準拠評価時代のテストでは，『学力の3要素』を学習評価するために，テスト時にも必要な資料を持ち込ませる形態にしていく必要があります。

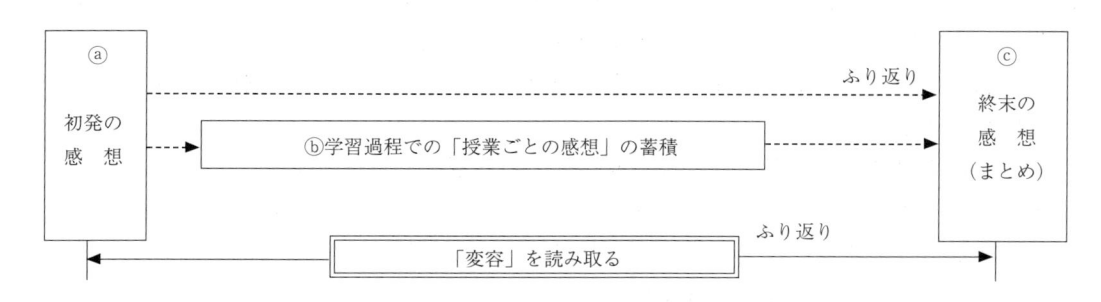

図Ⅵ-19　変容の読み取り方法

(3) 『関心・意欲・態度』の学習評価の具体例

★平均ではなく, 「変容」で読み取る

　『関心・意欲・態度』の学習評価は, 他の観点で用いているような合計や平均での学習評価は, 向いていません。

　その理由は, まずは, 『関心・意欲・態度』は授業ごとの学習内容によって働きかけに強弱があり, 強弱のゆらぎをくり返しながら長期的スパンで少しずつ形成されていくためです。次に, 子どもの心的な状況は授業ごとに一定ではなく, 友達とけんかをした, 家を出るとき保護者に怒られた, 体の調子が悪いなどによって異なるからです。さらに, 変容での読み取りは, 言語による表現力に左右されずに, その子に育った力を読み取ることができるからです。

　読み取り方法により, 図Ⅵ-20に示すように, 同じ子どもでも, 合計や平均で見れば「C」ですが, 「変容」で見れば「A」になり, 読み取り結果が異なってきます。

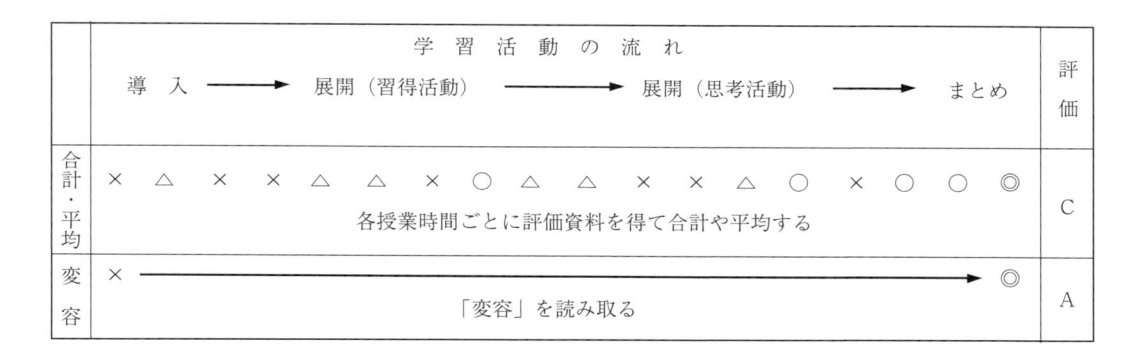

	学習活動の流れ　導入 → 展開（習得活動） → 展開（思考活動） → まとめ	評価
合計・平均	× △ × × △ △ × ○ △ △ × × △ ○ × ○ ○ ◎ 各授業時間ごとに評価資料を得て合計や平均する	C
変容	× ────────────────────────────────→ ◎ 「変容」を読み取る	A

図Ⅵ-20　『関心・意欲・態度』の評価

★「変容」の読み取り方法の例

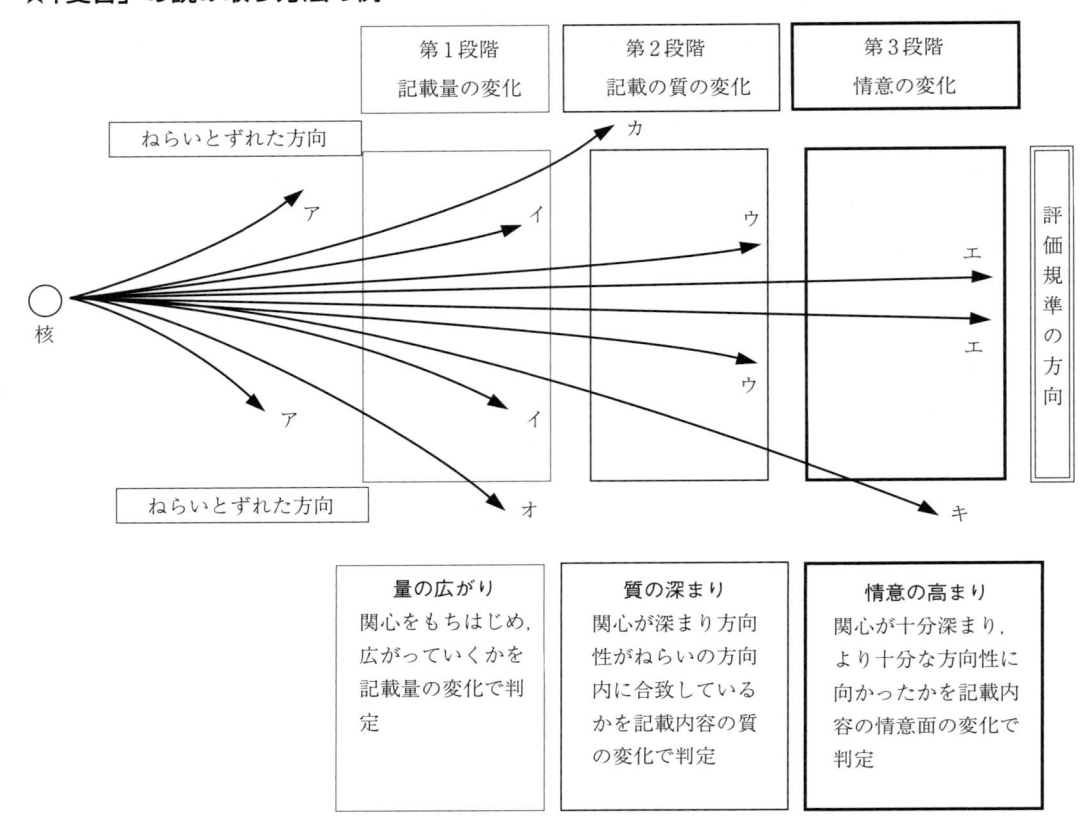

図Ⅵ-21　読み取りの3段階

間接的な働きかけによる学習指導により育った『関心・意欲・態度』は，ⓐの初発用（学習前）とⓒの終末用（学習後）とで記載内容の変化を3段階で読み取ります（図Ⅵ-21）。

第1段階では記載量の変化，第2段階では記載内容の質の変化，第3段階では情意の変化，の3段階で読み取り学習評価します。

★「A」「B」「C」の3段階で評価する例

記載内容の「変容」を，「A：十分満足できる」「B：おおむね満足できる」「C：努力を要する」の「A」「B」「C」の3段階で評価する例を述べていきます。

第3段階の「情意の高まり」が十分に認められる場合は「A」，第2段階の「質の変化」までが認められる場合は「B」，第1段階の「量の変化」のみ，あるいは変化が見られない場合は「C」です。

しかし，『関心・意欲・態度』は，題材・単元・章単位や学期単位では，満足に形成されない場合があります。また，学年の発達段階を重ねるに従い，形成されていくものであります。したがって，図Ⅵ-21で示したア〜エの例についても，表Ⅵ-6に示すようにさ

まざまな判定の仕方があります。

表Ⅵ-6　3段階での評価

	到達しない 変化	第1段階 記載量の変化		第2段階 記載の質の変化		第3段階 情意の変化	
	アの例	イの例	オの例	ウの例	カの例	エの例	キの例
例1	C	B	C	A	B	A	B
例2	C	C	C	B	C	A	B

評価規準の枠からはみ出たオ～キは，1段階落とした評価にするのが適切です。
ねらいから外れたオはC，カはBまたはC，キはBとなります。

★読み取りの具体例

　記載内容の読み取りの目安は，教科や校種・学年により若干異なってきますが，おおむね表Ⅵ-7のようになります。
　文章から，特有のキーワードなどを手がかりに読み取っていくと，第1段階から第3段階の区分けが比較的容易にできます。

表Ⅵ-7　3段階での読み取りの目安[19]

	読み取りの視点	読み取りたい記載内容の「変容」の具体例
第1段階	記載量の増加	■学習内容への意識が喚起され，知識の領域が広がり，単語数・文章量・行数の増加 ＜名称の羅列，思い出し，単なる感想でも可とする＞
	記載量の減少	△ふり返りがなく記載が減った（※指導改善が必要）
		■単語が文章になったため記載量が減少していても，質が向上していればそれを読み取り，この段階と判断する →質の変化で読み取れば関心の変容があったと判断
第2段階	ねらいの方向に沿った具体的な気付きの記載が見られる	■関心への意識化が学習内容と結びつき，知識量の拡大，具体的な現象，原因・理由，動作などの状態や仕組み，授業での具体的な気づき等の記載 例：授業で教師が「軸」として働きかけた言葉や授業で学習した用語が記載されている
	ねらいの方向に沿った学習の深まりの記載が見られる	■学習内容の理解の深まり，学習以外への新たな気づき・発見・知識，学習以外の内容との比較，観察の様子，初発の感想からの広がり，自分からの視点・考え方の変化など 例：学習内容以外の内容や他の視点に目を向けたことなど，授業で学習した以外の知識や用語や学習内容の理解への深まりが記載されている

＊19　尾﨑誠・中村祐治（2005）「中学校技術科における関心・意欲・態度の評価に関する研究」『横浜国立大学教育人間科学部紀要Ⅰ（教育科学）』No.8

第3段階	情意的な内容の有無	ねらいの方向に合致した意識の変化や具体性を伴った感覚的な記載が見られる	■意識が変化し，学習以外への広がり，知的好奇心，具体性ある興味や驚き・感動，生活との結びつけ，新たな疑問など 例：社会，自分の生活に目が向き，社会や生活の具体物や現象・出来事などを意識するようになった，具体性がある発展的な自分なりの感覚（「○○だからおもしろいと思った」，驚きなど），奥深さを伴う個性的な内容の記載が見られる
		質の変化を伴い行動しようとする行動や態度の記載が見られる	■実践や応用する態度に結びつく推進力となる自分の向上や変容の様子，前向き・積極的・持続的な心情，授業への期待，向上しようとする態度，学習成果を生活に生かそうとする態度など 例：前より・はじめは，しかし・だけど・〜だったけど，〜になった・もっと・やってみたい・〜したい・調べてみたい・発見することが多かった・さっそく〜したい・詳しくなった
		教科の本質に対する概念の変化の記載が見られる	■概念が変化し深みを増した情緒の高まり，教科内容の本質に迫る考え方の変化，社会や将来に向けた活用を大切に考えるなど 例：□□で大切なのは○○だとわかり・気づいた，□□って○○なんだ！ （学習内容から教科がもつ概念への転移）
			■教科のねらいに沿う個性的な進展が見られる，ただし，教科外の個性的な記載については，評価規準のねらいとずれた方向かどうかや，子どもの学習状況を加味して個々に判断

　あくまでも，子ども一人ひとりの「変容」を読み取るのですから，初発の感想が単語でなく文章で書いた場合でも，その文章がどう質的に変化したかを読み取ります。

★記載内容を読み取る時間

　この例は，慣れてくると子ども一人当たり1分以内で読み取ることが可能になり，1学級当たり15〜30分程度で読み取ることも可能です。忘れ物や挙手の回数，授業態度のチェックの資料を合計したり平均したりして「A」「B」「C」にするより，短い時間で処理できます。また，授業時間中にチェックする苦労から解放されますし，子どもにとっても指導者に挙動をチェックされているという精神的な軋轢から解放されます。そのことによって，授業の雰囲気が明るくなり，結果的には授業改善にもつながっていきます。

第Ⅵ章　『学力の3要素』を育てるために

（4）『関心・意欲・態度』は，『関心・意欲』と『態度・意欲』

★三層の『関心・意欲・態度』

　『関心・意欲・態度』は，それぞれが「・」で表記されているように，それぞれ独立した存在ととらえることもできます。

　独立した存在である『関心』『意欲』『態度』は，『関心・意欲』から『態度・意欲』へと段階を経て形成されていきます。

　授業や題材・単元・章などの単位で，図Ⅵ-22で示すように，第一層は，『関心・意欲』が意識として働き，それが原動力やきっかけとなり，学習過程での学習活動により『関心・意欲』が形成され，最終的には第三層の実践力・活用力・応用力などの『態度・意欲』になっていきます。

　ですから，第Ⅲ章で述べた「サンドイッチ型」の授業構成が，能力や態度形成に有効になります。

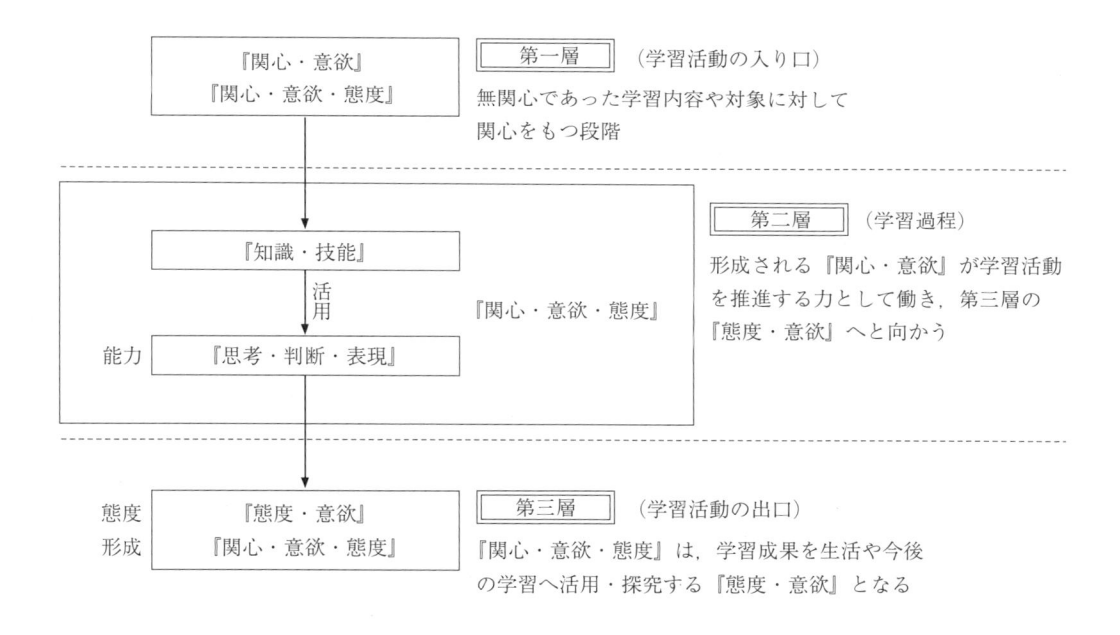

```
┌─────────────────┐   ┌─第一層─┐（学習活動の入り口）
│　『関心・意欲』　　│   
│『関心・意欲・態度』│   無関心であった学習内容や対象に対して
└─────────────────┘   関心をもつ段階
         ↓
- - - - - - - - - - - - - - - - - - - - - - - - - - - - - - - -
    ┌─────────┐
    │『知識・技能』│                 ┌─第二層─┐（学習過程）
    └─────────┘
         ↓活用          『関心・意欲・態度』
能力  ┌─────────┐                 形成される『関心・意欲』が学習活動
    │『思考・判断・表現』│           を推進する力として働き，第三層の
    └─────────┘                 『態度・意欲』へと向かう
         ↓
- - - - - - - - - - - - - - - - - - - - - - - - - - - - - - - -
         ↓
態度  ┌─────────────────┐   ┌─第三層─┐（学習活動の出口）
形成  │　『態度・意欲』　　│
      │『関心・意欲・態度』│   『関心・意欲・態度』は，学習成果を生活や今後
      └─────────────────┘   の学習へ活用・探究する『態度・意欲』となる
```

図Ⅵ-22　三層（サンドイッチ型）で見た『関心・意欲・態度』

★各教科の評価の観点の趣旨に見られる第三層の表記

　各教科の性格や学力特性により，『関心・意欲・態度』の表記が異なりますが，教科単位の「評価の観点及びその趣旨」で見ると，第一層は学習内容への意識化，第二層は学習展開過程での『関心・意欲』の『態度・意欲』への形成化，第三層は学習末における，生活や次の学習への活用していく『態度・意欲』と置き換えられると解釈できます。

表Ⅵ-8 三層で見た各教科の評価の観点及びその趣旨

校種・教科		第一層（関心・意欲）	第三層（態度・意欲）
小学校	国語	国語に対する関心を深め	国語を尊重しようとする
中学校	国語	国語に対する認識を深め	国語を尊重しようとする
小学校	社会	社会的事象に関心をもち	社会の一員として自覚をもってよりよい社会を考えようとする
中学校	社会	社会的事象に対する関心を高め	よりよい社会を考え自覚をもって責任を果たそうとする
小学校	算数	数理的な事象に関心をもつとともに	進んで生活や学習に活用しようとする
中学校	数学	数学的な事象に関心をもつとともに	数学を活用して考えたり判断したりしようとする
小学校	理科	自然に親しみ	自然を愛するとともに生活に生かそうとする
小学校	生活	身近な環境や自分自身に関心をもち	楽しく学習したり，生活したりしようとする
中学校	理科	自然の事物・現象に進んでかかわり	事象を人間生活とのかかわりでみようとする
小学校	音楽	音楽に親しみ，音や音楽に対する関心をもち	音楽表現や鑑賞の学習に自ら取り組もうとする
中学校	音楽	音楽に親しみ，音や音楽に対する関心をもち	主体的に音楽表現や鑑賞の学習に取り組もうとする
小学校	図工	自分の思いをもち	つくりだす喜びを味わおうとする
中学校	美術	美術の創造活動の喜びを味わい	主体的に表現や鑑賞の学習に取り組もうとする
小学校	家庭	衣食住や家族の生活などについて関心をもち	家庭生活をよりよくするために進んで実践しようとする
中学校	技術・家庭	生活や技術について関心をもち	生活を充実向上するために進んで実践しようとする
小学校	体育	身近な生活における健康・安全について関心をもち	安全に気をつけようとする／意欲的に学習に取り組もうとする
中学校	保健体育	個人生活における健康・安全について関心をもち	運動の合理的な実践に積極的に取り組もうとする／意欲的に学習に取り組もうとする
小学校	外国語活動	コミュニケーションに関心をもち	積極的にコミュニケーションを図ろうとする
中学校	外国語	コミュニケーションに関心をもち	積極的に言語活動を行い，コミュニケーションを図ろうとする

(5)『関心・意欲・態度』をまとめると

今まで述べてきた『関心・意欲・態度』の評価の観点を,『知識・技能』や『思考・判断・表現』と比較してまとめると,次の3点になります。

★学力の特質
①情意領域であり,認知領域などと違い,個人差が多く出る学力である。
②長期的スパンで,時間をかけながら少しずつ徐々に形成される学力である。
③『知識・技能』や『思考・判断・表現』と連動する学力であり,知的好奇心を喚起したり,学習成果を生活や次の学習に生かすことができる学力である。

★学習指導の特質
①子どもの五感を通して働きかける学習指導が有効である。
②1単位授業時間でなく,題材・単元・章・学期・学年ごとの単位の長期的スパンで働きかける学習指導が有効である。
③『知識・技能』や『思考・判断・表現』と連動させながら,それらの学習活動を通して働きかける学習指導が有効である。

★学習評価の特質
①内面に形成された学習指導が表出した言語活動などで学習評価するのが有効である。
②1単位授業時間でなく,題材・単元・章・学期・学年ごとの単位の長期的スパンで学習評価するのが有効である。
③知識量の増大,知の概念化,『思考・判断・表現』で形成された能力の変容で学習評価するのが有効である。

3 指導と評価の一体化

(1)「学習しぐさ」を生かした指導と評価の一体化

★指導と評価のポイント──「ねらって育てる」PDCAの手順を踏む

　指導と評価の一体化を図るポイントは，図Ⅵ-23に示すように，①『学力の3要素』をバランスよく配置した指導計画や学習指導案の立案，②『学力の3要素』の学力特性を生かした学習指導，③「学習しぐさ」を読み取る指導と評価，及び「ねらって育った」『学力の3要素』の姿を学習評価，④図で示すア～ウの改善をしていく手順を踏むことです。

　大切なのは，PDCAサイクルの「A」をア，イ，ウの3種類でフィードバックしていくことです。

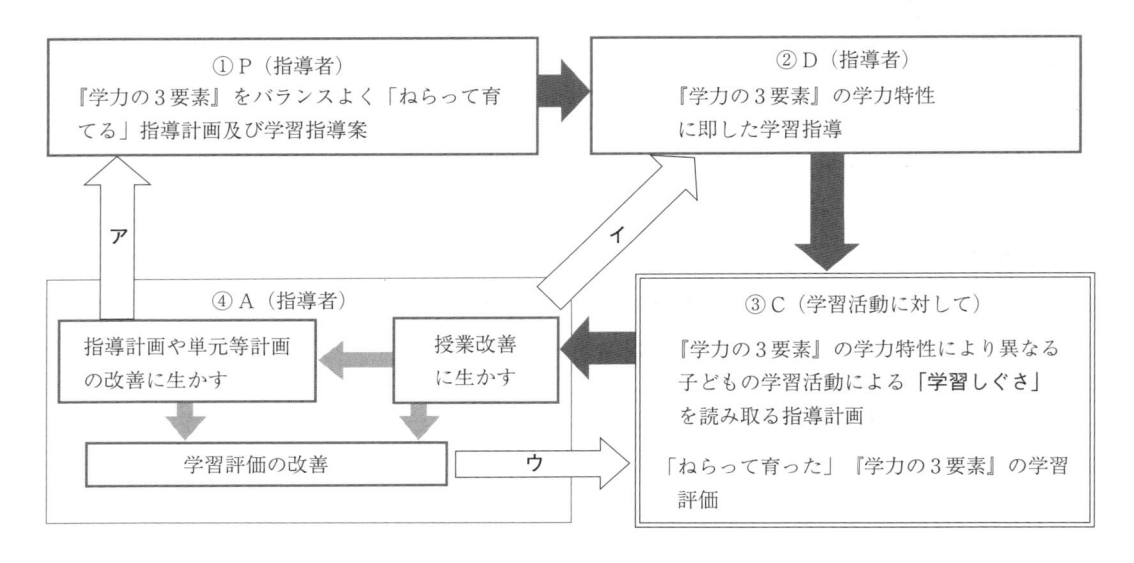

```
①P（指導者）                          →    ②D（指導者）
『学力の3要素』をバランスよく「ねらって育         『学力の3要素』の学力特性
てる」指導計画及び学習指導案                    に即した学習指導
        ↑                                      ↓
        ア                    イ
④A（指導者）                               ③C（学習活動に対して）
指導計画や単元等計画  ←  授業改善    ←    『学力の3要素』の学力特性により異なる
の改善に生かす          に生かす          子どもの学習活動による「学習しぐさ」
        ↓                                  を読み取る指導計画
    学習評価の改善         ──ウ──→    「ねらって育った」『学力の3要素』の学習
                                          評価
```

図Ⅵ-23　「ねらって育てる」ためのPDCA

★「ねらって育てる」ために必要な『学力の3要素』の学力特性

　『学力の3要素』の学力特性を第Ⅰ章の表Ⅰ-1では概略を示しましたが，少し詳しくさまざまな角度から示していきます。

　指導と評価の一体化のため，図Ⅵ-23で示したPDCAサイクルを参考にされ，各教科がもつ観点に即した学習指導と学習評価を工夫していくことが必要になります。

第Ⅵ章 『学力の3要素』を育てるために

表Ⅵ-9 『学力の3要素』の学力特性

	『知識・技能』	『思考・判断・表現』	『関心・意欲・態度』
学びの性格	覚える，再現する（remember, reappearance）	考える（think, judge），選択する（choose, select），修正する（revise），実践する（practice）	（学習対象への）関心（interest），感じる（feel, sence），心にかける（mind），実践へ向ける思い（heart）や態度（attitude）
学習指導での指導姿勢や働きかけのポイント	○強い態度で，確実に伝達し，学習内容のポイントや技能の注意点などを徹底させる姿勢 ○教える，覚えさせる，身に付けさせる，注意するなど，"上から伝える"強い姿勢 ○事実・結論・正解を求める断定的な問い。禁止・徹底させる働きかけ ○『知識・技能』を伝授し，くり返し記憶させる，単純明快で強い姿勢の働きかけ ○「そうだ」「そうかな？」「あれっ！」など直球的な応答	○子どもが考えたことを，『知識・技能』を活用しながら自分の力で具体化できるよう，"横から助ける"ことを意識する姿勢 ○考えを引き出す，うながす，支援する，ヒントを与える，気づかせる姿勢 ○選択・分類・発散・収束・総合化・試行錯誤を確認し，『思考・判断・表現』の活動を促し，引き出す姿勢での働きかけ ○引き出しを多くもち，必要に応じて提供する ○「なるほど」「別の考えは？」「別の条件では？」など変化球的な応答	○ねらいに対し気持ちや思いを素直に引き出し，気づきをうながすやわらかい姿勢 ○教え込むのではなく，投げかけ，刺激，誘発，種をまく等，"下から"時間をかけて徐々に間接的に情意の刺激を意識する姿勢 ○経験の記憶をよみがえらせる働きかけ ○他の観点の学習活動を通して，感覚や感情を通して情意を刺激・誘発するやわらかい姿勢での間接的な働きかけ ○笑顔で静かにうなずくなどあまり言語で価値判断しない応答
言葉の語尾	○「知っている」「分かった」「できた」 ○「答えて」「言って」「正解は」「覚えている」「もう一度」 ○強い感じの語尾	○「見つけた」「決めた」「考えた」「選んだ」「分類した」「集めた」「理由は」「根拠は」「基準は」「なぜそうしたの？」 ○「相談して」「○○を見たら？」	○「感じたのは」「思ったのは」「気づいたのは」 ○やわらかい感じの語尾 ○言語以外の五感を通して刺激 ○スローなテンポで
板書	はっきりと文字や図柄の情報で明示	手順やヒントを示す，文字情報を少なくし矢印や空欄など	特に必要としないが，使うなら，感じたことを羅列
教科書の活用	○説明文を読んで理解する ○表や図を見てまねる ○用語に線を引く ○ワークシートやノートに書き写して覚える	○手順例・計画や企画例・見本例・資料例の参考にする ○教科書を見ながら考える ○忘れていた知識や技能を得るため見直す	○口絵をながめ，興味・関心を喚起する ○ざっと見てイメージをふくらませる ○知的好奇心の喚起に活用
教材・教具	○『知識・技能』の習得を支援するヒント図・掛け図・用具・道具・見本・フラッシュカード ○理解を深める提示教材・ビデオ教材	○完成一歩前の見本例 ○ヒントになる掛け図 ○先輩や過去の作文例・作品例・レポート例・解決例 ○課題を再現した仮想教材	○子ども自身が触れ・嗅ぐ・見る・感じる・聞くもの ○イメージ的に見せるもの ○働きかけに一貫性をもたせる「軸」に関した写真・掛け図等

入力と出力の関係	○身体や頭脳で覚えた「入力」とほぼ同質な内容が再現・再生され「出力」される ○知識・技能の記憶→記憶の再生	○「入力」の学習の課題が，再構成・生成された異質の「出力」となる ○「入力」を，諸条件を考慮し，既習内容を活用して，自力で解決して具体物を生む「出力」	○無意識・希薄・むらのある「関心」がねらいの方向に変容していくことで「態度」になっていく ○さまざまな刺激の「入力」→傾向性のある知識・技術・行動等の「出力」
学習指導形態	一斉指導・一斉学習を主としながら必要に応じた個別の働きかけ	一斉指導・一斉学習後に個々の援助を主とした個別の働きかけ	各観点の学習活動を通した一斉指導で，間接的に個別の情意に働きかける
期間	比較的短期間で習得する	中長期的で学力形成する	学力形成に長期間を要する
学力形成のかたち	習得内容の出力が言語活動などに直接的に表れる	学習成果物の「出力」がかたちに出るが，試行錯誤の過程が表れにくい	内面の情意の表出が表れにくい，言語活動の積み重ねなどの「みなし」で表れる
評価の読み取りの視点	○単純明快に読み取れる。ただし，定着したかは『思考・判断・表現』後に読み取る ○『思考・判断・表現』に必要な新たな内容も押さえる必要がある	○育った姿は表出する場合と内在する場合とがある ○ワークシートでの自己評価，ペーパーテスト，学習成果物，課題と解決物との差異，ふり返るなどのさまざまな方法がある	○日により濃淡のむらがあり，徐々に少しずつ育つから記載内容の「変容」が向いている ○内面が表出した言語活動などできるだけ，客観的な資料で読み取る

(2) 形成的評価での指導と評価の一体化

★指導者の学習指導に対する形成的評価

　図Ⅵ-23で示したPDCAサイクルの「ア」について述べていきます。「イ」については，第Ⅲ章のポイント4，「ウ」については第Ⅵ章の1や2で述べています。

　図Ⅵ-24で示すように，指導者は働きかけた学習活動での「学習しぐさ」から情報（KR情報）を受け取り，その状況を評価し，評価結果に応じた資料の追加提供・再度の指示・相談活動の促し・ポイントを示すなど適切な学習指導の修正行動をしていきます。

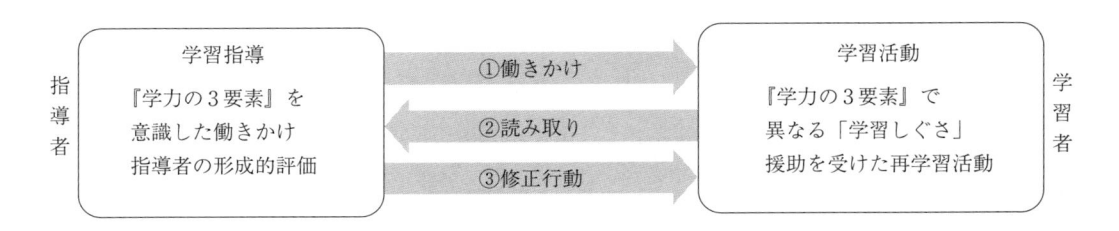

指導者　[学習指導　『学力の3要素』を意識した働きかけ　指導者の形成的評価] ①働きかけ→ ②読み取り← ③修正行動→ [学習活動　『学力の3要素』で異なる「学習しぐさ」援助を受けた再学習活動]　学習者

図Ⅵ-24　指導の形成的評価

第Ⅵ章　『学力の3要素』を育てるために

★「学習しぐさ」からの形成的評価

『学力の3要素』に応じて，表Ⅵ-10に示すような「学習しぐさ」を見せます。この姿は，教科や校種，学年によって若干異なりますが，子どもの学習活動中の様子を注意深く観察すると，『学力の3要素』による「学習しぐさ」の違いが分かると思います。

表Ⅵ-10　『学力の3要素』での「学習しぐさ」

	『知識・技能』の場面では	『思考・判断・表現』の場面では	『関心・意欲・態度』の場面では
授業を受ける気持ちが	全員一点集中	一人ひとりでまちまち	全員同じ方向に集中
授業を受ける態度が	全員一点集中	一人ひとりで動的にまちまち	一人ひとりで静的にまちまち

表Ⅵ-10で示す以外の「学習しぐさ」であれば，適切な修正行動をしていきます。

"サンドイッチ型"の授業構成にした学習活動の各場面での修正行動を必要とするか否かの目安について，表Ⅵ-11～14（☆は言語活動）に示していきます。

表Ⅵ-11　導入での学習活動の場面

主として学習のめあてなどの指示で示す「学習しぐさ」	状況判断	修正行動
○顔の表情や向き，身体や向き，手の位置や動作（両手や片手でほおづえ，手を机の上で組む，手を髪に，手を耳に，体の向きが横で）は異なるが，気持ちは一点に集中している。 ○表情は，やわらかい，笑顔が見られる。 ○期待感や不安感が表情や目に出る。	示せば なければ	必要なし 必要あり
主とした「関心」を示す「学習しぐさ」	状況判断	修正行動
○「はい！　はい！」とみんなが挙手して発言したがる。 ○「わー！」「何？」といった興味を示すつぶやき，及び，「へぇ～」「すごーい！」のような反応，及び，ざわめき，おどろき，喜び等の感情表現がさまざま。 ☆なんとなく書く。 ☆授業のねらいはしっかりと書く。	示せば なければ	必要なし 必要あり

表Ⅵ-12　展開Ⅰ　『知識・技能』習得の学習活動の場面

「学習しぐさ」	状況判断	修正行動
○教科書を熱心に読む・見るなど集中する視線や態度 ○板書を熱心に見たり，写したりなど集中する視線や態度 ○黒板を向き，じっと話を聞く，スクリーンをじっと見て，友人の発表を聞く。 ○うなずき，挙手の反応が見られる。 ○少ししゃべりながらも，ノートやプリントに記入 ○表情は，まじめな顔 ☆消しゴムを使わず，素直にそのまま記入し，間違ったとき以外は書き直ししない。 ☆自分なりに，色分けしたり表にするなど構造化した記載方法をとる。 ☆文字の大きさや濃さは比較的そろっている。	示せば なければ	必要なし 必要あり

表Ⅵ-13　展開Ⅱ　『思考・判断・表現』の学習活動の場面

「学習しぐさ」	状況判断	修正行動
○教室全体に，考えている空気や雰囲気 ○はじめは懸命に考えている，動かずにじっくり考える。 ○次に，相談しながら，試行錯誤しながら考えている。 ○表情は，笑顔はあまりなく，しかめっ面，額にしわを寄せる。 ○見本などを見ながら，きょろきょろしながら考える。 ○ほおづえ，ペン回し，髪を触る等の葛藤の様子が出る。 ☆紙の上で，考えなどを書いては消しゴムで消すことなどをくり返しつつ，試行錯誤しながら考える。 ☆考えを整理する段階で，消しゴムを使いはじめ，何度も書き直す。 ☆記載文字は，文字の濃淡，大きさ，行のそろいに乱れが出る。	示せば なければ	必要なし 必要あり

表Ⅵ-14　まとめ　「態度」の学習活動の場面

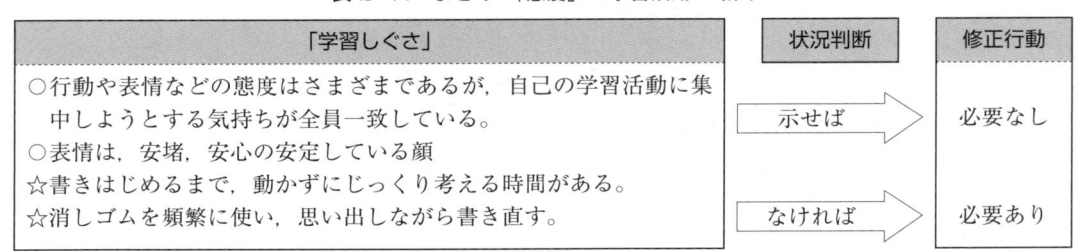

「学習しぐさ」	状況判断	修正行動
○行動や表情などの態度はさまざまであるが，自己の学習活動に集中しようとする気持ちが全員一致している。 ○表情は，安堵，安心の安定している顔 ☆書きはじめるまで，動かずにじっくり考える時間がある。 ☆消しゴムを頻繁に使い，思い出しながら書き直す。	示せば なければ	必要なし 必要あり

(3) 目標準拠評価での指導と評価の一体化

★教師冥利につながる目標準拠評価

　相対評価の時代は，子ども同士の学力を比較しながら読み取ったため，ともすると学力でなく，人物比較になりがちなきらいもあったと思います。

　目標準拠評価の時代は，子どもに身に付いた学力で評価するため，まず『学力の３要素』ごとの評価規準を定め，その上で『学力の３要素』ごとに養われた学力を判定する多くの手順を踏む必要があるため，煩雑さを感じると思います。しかし，その煩雑さは過去に経験してこなかったため生ずることが背景にあると思います。

　手順を踏むことに慣れてくると，手順を踏みながら学習指導し学習評価していく流れが心地よく感じるようになります。その理由は，学習指導した成果が確実に子どもに伝わる実感が教師冥利につながり，職業意識へのプライドを感じるからでしょう。

★逆向き設計[*20]にもとづく指導計画

　教師冥利につなげるには，もうひとつの手順が必要となります。

　それは，指導計画の立案を指導内容の配列から始めるのではなく，子どもに身に付ける能力や態度である『関心・意欲・態度』『思考・判断・表現』にかかわる観点を明らかにした上で，指導内容を配列することです。

　すなわち，「図Ⅵ-23 「ねらって育てる」ためのPDCA」で示した「P」を『関心・意欲・態度』→『思考・判断・表現』→『知識・技能』にかかわる観点の順で指導計画を立案していくのです。

　逆向きの指導計画を立案することで，はじめに習得させる『知識・技能』を精選でき，考える時間が確保できて授業構成がスッキリしてきます。

　『思考・判断・表現』がある程度できたところで，『知識・技能』を追加していくか，子ども自身が自ら習得していけば，学習指導要領に示された内容が習得できます。

　逆向きの指導計画を立案していくには，特に受験教科では勇気が必要でしょうが，手順を踏めば適切に実施できると思います。まず最初のステップは，『学力の3要素』の学力特性を理解して学習指導し，学習評価できる授業実践を積んでいくことです．次のステップで，逆設計の指導計画の立案を試みるとよいと思います。こうした手順を踏みながら，ぜひ踏む込む勇気をもってほしいと思います。

[*20] 西岡加名恵編著（2008）『「逆向き設計」で確かな学力を保障する』明治図書

4 バランスのとれた『学力の3要素』の大切さ

(1) 学校の役割

★学校は『学力の3要素』を養う教育機能

　学習塾や進学塾・スポーツ・音楽・絵などの教室などは，『知識・技能』に特化した優秀な教育機能を有しています。それに対して，学校教育は，『学力の3要素』をバランスよく育てる教育機能を有しています。

　互いの教育機関の優劣を比較するのではなく，それぞれの教育機能の分担を見つめ直し，それぞれが教育機能を発揮するための努力を互いに積み重ねることが重要です。

　学校が『学力の3要素』のバランスがとれた教育機能を発揮するためのポイントは，教員同士が互いに切磋琢磨して学習指導や学習評価の技術を磨くことにあります。

　『学力の3要素』の学力特性に応じた役割を演じることができる教師を目指す上では，教師相互の切磋琢磨によって授業力を高めることが重要です。

★校内研究・校内研修

　『学力の3要素』のバランスのとれた授業力をアップするには，教育委員会など行政主催の研修会，各種任意団体の研究会などの機会がありますが，日常的な子どもの姿に焦点を当てることができる場として重要なのが，校内研究や校内研修です。校内研究や校内研修が，他の研究会や研修会と異なる性格は，表Ⅵ-15に示すようになります。

表Ⅵ-15　校内研究・校内研修がもつメリットとデメリット

生かせるメリット	生じやすいデメリット
①いつも目の前にいる子どもを対象としている。 ②いつでも同じ学校内で研究・研修活動が可能である。 ③同じ職場内で同じ目線で見て，語ることができる。	①教科担任や学級担任として接する中での子どもに対する先入観が，思いこみや決めつけを生む恐れがある。 ②指導事務が忙しく，研究・研修活動が後回しになる可能性がある。 ③同じ職場の者同士としてのなれあいが互いの甘えを生む恐れがある。

　子どもの日常的な動きを互いが知っている教師同士が，教室の正面から子どもの「学習しぐさ」を観察し，『学力の3要素』の学力特性に即した学習指導での働きかけの仕方や，学び取った『学力の3要素』の学習評価の読み取り方法を学び取ることができるのが，校内研修や校内研究の場です。

　校内研修や校内研究により，互いが切磋琢磨して授業力をアップさせるには，校内運営の機能を，図Ⅵ-25で示すように，管理的な分掌は「縦の関係」，研究や研修は「横の関

係」というぐあいに使い分けることがポイントとなります。

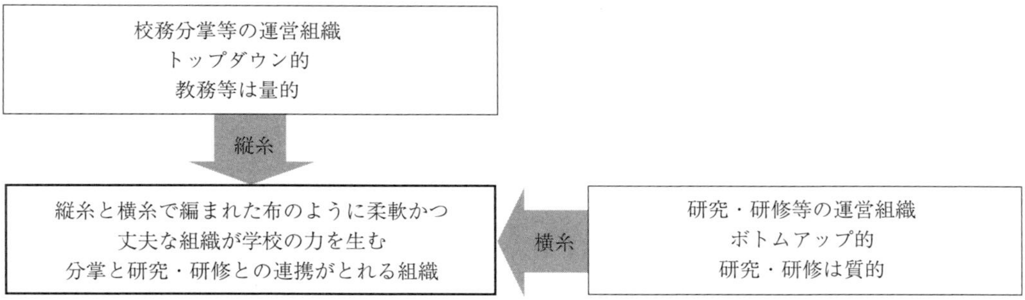

```
┌─────────────────────┐
│  校務分掌等の運営組織  │
│     トップダウン的    │
│    教務等は量的      │
└─────────────────────┘
          ↓ 縦糸
┌──────────────────────────────┐     ┌─────────────────────┐
│ 縦糸と横糸で編まれた布のように柔軟かつ │ ←横糸│ 研究・研修等の運営組織 │
│  丈夫な組織が学校の力を生む         │     │   ボトムアップ的    │
│  分掌と研究・研修との連携がとれる組織  │     │  研究・研修は質的    │
└──────────────────────────────┘     └─────────────────────┘
```

図Ⅵ-25 縦と横からなる学校の運営組織

　授業観察を通じて観察される『学力の３要素』の違いから生じる「学習しぐさ」や、ふだんの生活で気づいた子どもの学習・生活・健康などの状況が、教師の年齢や経験年数、役職などに関係なく、自由に語れる「横の関係」が、校内研究・研修のデメリットを解消し、バランスのとれた『学力の３要素』をはぐくむ源になります。

(2) 『学力の３要素』を意識した結果は

　教師が互いに切磋琢磨して学び取った『学力の３要素』のうち『関心・意欲・態度』を、導入、展開、まとめの学習指導で育て、育った姿を学習評価するようになった結果の子どもの変容を表Ⅵ-16に、教師の変容の様子を表Ⅵ-17（次ページ）に示していきます。

　教師の変容は、指導技法を磨き、『学力の３要素』を「ねらって育てる」指導の枠組みを会得した結果です。そして、子どもの学力向上を願う教師の情熱が具体的な「ねらって育てる」指導姿勢に反映して、子どもの変容につながっていったと考えられます。

表Ⅵ-16　子どもの変容

	『学力の３要素』を意識する前	『学力の３要素』を意識した後
休み時間での雑談が	テレビやマンガ、ゲームなどの話ばっかりだったけど、	授業内容やそれに関する興味あることを話してくる子どもが増えた。
教科書などの忘れ物が	教師の評価のみを意識して用意してきたり、忘れたことをごまかしたりする子どもが多かったが、	成績に影響しないことを理解した上で、学習に必要だから持ってこようと意識する子どもが増えた。

表Ⅵ-17　教師の指導姿勢の変容

	『学力の3要素』を意識する前	『学力の3要素』を意識した後
指導観	学習活動だけに目を向けていたが，	「軸」を通すことで，教科の最終目標を意識するようになった。
授業のめあて	形式的だったり，ただ作品を完成させることのみだったりしたのが，	話し合い・体験・作業を通して必要な力を身に付けることを意識するようになった。
授業の導入	冗談や学習内容と関係ない話だったが，	学習内容に関心を向ける話題を拾って話すようになった。
授業の展開	ともかく終わらせ，「作業・体験あって学びなし」だったのが，	導入5分，展開30〜35分，まとめ5〜10分で，学びを確認するようになった。
授業のまとめ	片づけをしてなんとなく終わっていたが，	授業で，気づいたこと，感じたこと等をふり返る時間をとるようになった。
単元・題材等学習終了時点	なんとなく発表会や作品が完成して「がんばったね！」で終わっていたが，	じっくり考えさせる時間をとり，学習を通して，子どもの学びの高まりをふり返る時間をきちんととるようになった。
授業中の話題	指導意図のないアドリブだったのだが，	学習内容に対しての関心を高め，広げられる話題を意図的にするようになった。
授業での問答	一問一答であったが，	分からなかったことや不思議に思ったことなどを子どもとともに考える余裕ができた。
授業中の言葉かけ	すぐに教える，教師なら何でも知っているという姿勢だったが，	子どもの発見を認め，子どもの質問に「どうしてだろう」と言えるようになった。
指導形態	一方的な一斉指導，プリントに頼りすぎる指導，個別学習に見えるバラバラ学習だったのが，	子どもの反応を見ながらの一斉指導，プリントの分量が減り，個別学習にも規律やリズムが出て，一貫性も出てきた。
ワークシート	すべてを詰め込み，とにかく枚数を増やしたが，	内容を精選し，授業内で有効に使おうと意識するようになった。
ノートの記述	書かせたい内容が書けているかを重視していたが，	感じてほしい，気づいてほしいことを文章に表してほしいと考えるようになった。
テスト（定期）	観点が明確でなく，差をつけるためだけの問題であったが，	教科で育てる目的をもった出題をして，考えさせる問題が多くなった。
評価の説明	明確な視点がなく自信をもって説明できなかったが，	最初の授業で観点を明確にし，一貫性をもって評価活動ができるようになった。
評価から評定へ	「A」「B」「C」の人数配分ばかりを気にしていたが，	自信をもって「A」「B」「C」をつけることができるようになった。
『関心・意欲・態度』	どう見取るか，どう評価資料を収集するかばかりを意識していたが，	どうやって育てるか，どう学習対象への関心の高まりを感じさせるかを意識するようになった。

参考文献

1. 文部科学省（2008）「小学校学習指導要領」
2. 文部科学省（2008）「中学校学習指導要領」
3. 中央教育審議会（2009）「児童生徒の学習評価の在り方（答申）」文部科学省
4. 中央教育審議会教育課程部会（2008）「幼稚園，小学校，中学校，高等学校及び特別支援学校の学習指導要領等の改善について（答申）」
5. 国立教育政策研究所教育課程研究センター編（2010）「評価規準の作成,評価方法の工夫改善のための参考資料」
6. B.S. ブルーム他著／渋谷憲一・藤田恵璽・梶田叡一訳（1973）『教育評価法ハンドブック――教科学習の形成的評価と総括的評価』第一法規
7. 金井達蔵編著（1985）『中学校 関心・態度――その理論と指導と評価』図書文化
8. 辰野千壽・石田恒好・北尾倫彦監修（2006）『教育評価事典』図書文化
9. 中内敏夫・三井大相編（1983）『これからの教育評価』有斐閣選書
10. 橋本重治（1971）『学習評価の研究』図書文化
11. 梶田叡一（1983）『教育評価［第2版補訂版］』有斐閣双書
12. 西岡加名恵（2003）『教科と総合に活かすポートフォリオ評価法――新たな評価基準の創出に向けて』図書文化
13. 西岡加名恵編著（2008）『「逆向き設計」で確かな学力を保障する』明治図書
14. Grant Wiggins, Jay McTighe（2005）"Understanding by Design", ASCD, Expanded 2nd Edition
15. 日本教育工学会編（2000）『教育工学事典』実教出版
16. 辰野千壽（2006）『学び方の科学』図書文化
17. 恩田彰（1989）「問題解決の教育的側面」日本創造学会編『創造性研究7 創造的な問題解決』共立出版
18. 高橋誠（1999）『問題解決手法の知識 第2版』日経文庫
19. 江川玟成（2005）『子どもの創造的思考力を育てる16の発音パターン』金子書房
20. 畑村洋太郎（2000）『失敗学のすすめ』講談社
21. 北澤弥弥吉郎・栗田一良・井出耕一郎編（1993）『新版 理科教育指導用語辞典』教育出版
22. 安彦忠彦編（1999）『新版 カリキュラム研究入門』勁草書房
23. 山鳥重（2008）『知・情・意の神経心理学』青灯社
24. 星野匡（1989）『発想法入門』日本経済新聞社
25. 中村祐治・堀内かおる・岡本由希子・尾崎誠編著（2006）『これならできる・授業が変わる・評価の実際――「関心・意欲・態度」を育てる授業』開隆堂出版
26. 中村祐治編集代表（2007）『日常の授業で学ぶ情報モラル』教育出版
27. 尾﨑誠・中村祐治（2005）「中学校技術科における関心・意欲・態度の評価に関する研究」『横浜国立大学教育人間科学部紀要Ⅰ（教育科学）』No.8
28. 北井淳一・木村奨・川崎武晴・中村祐治（2001）「問題解決的な学習における評価に関する研究」『横浜国立大学教育人間科学部紀要Ⅰ（教育科学）』No.4
29. 小倉修（2009）「技術・家庭科における『生活を工夫し創造する能力』の基本構造と働きかけに関する研究」平成20年度科学研究費補助金（奨励研究）研究成果報告書（課題番号 20934001）
30. 尾﨑誠（2008）「技術・家庭科における『関心・意欲・態度』を核に4観点を育て評価する指導法の開発」平成19年度科学研究費補助金（奨励研究）研究成果報告書（課題番号 19929001）
31. 尾﨑誠・小倉修・中村祐治（2009）「技術・家庭科において観点の学習特性を生かす指導と評価」『教材学研究』第20巻, pp.113-120
32. 尾﨑誠（2008）「言語活動を通した4観点の学力形成――技術・家庭科での実践研究」『日本教材学会通信』第12号, 2008, pp.6-7
33. 横浜国立大学教育人間科学部附属鎌倉中学校（2007）「学びの［質］を問う ～今，求められている学校での学びとは～」『研究紀要』第27集
34. 横浜国立大学教育人間科学部附属鎌倉中学校（2008）「平成20年度公開授業研究会 教科提案・指導案綴り」
35. 横浜国立大学教育人間科学部附属鎌倉中学校（2009）「学びの［質］を問う～『知識・技能』『能力』『態度』の学力3要素を養う授業づくり～」『研究紀要』第28集
36. 横浜国立大学教育人間科学部附属鎌倉中学校（2010）「平成22年度公開授業研究会 教科提案・指導案綴り」
37. 大和市立南林間小学校（2009）「豊かな学びをめざして――子どもの学びを広げる情報教育」大和市情報教育研究推進校 研究紀要
38. 坂井克之（2007）『前頭葉は脳の社長さん？――意思決定とホムンクルス問題』講談社ブルーバックス
39. J.P. バーンズ著／高平小百合・奥田次郎監訳（2006）『脳と心と教育』玉川大学出版部
40. 大木幸介（1993）『やる気を生む脳科学 神経配線で解く「意欲」の秘密』講談社ブルーバックス
41. OECD教育研究革新センター編／小泉英明監修（2005）『脳を育む 学習と教育の科学』明石書店
42. 本田恵子（2006）『脳科学を活かした授業をつくる 子どもが生き生きと学ぶために』みくに出版

おわりに

　本書の全体に流れている基本的な考え方は，『学力の3要素』である『知識・技能』『思考・判断・表現』『関心・意欲・態度』を「ねらって」「意図的・計画的に」育てよう，というものです。難しい理論や，特殊な技法を使うわけではなく，どの学校でも，どの先生でも，いつでも，どこでも，気軽に始めてもらえることを願い，執筆に当たりました。それは，全国のすべての子どもたちが，環境に左右されず，指導者との信頼関係のもとで，安心して学んでほしいという思いがあったからです。

　私たちの『学力の3要素』に関する研究は，中学校「技術・家庭科」における観点別評価（観点別学習状況による評価）についての研究が出発点でした。各都県の先生方と一緒に，評価の観点に着目した指導法や授業構成，学習評価などについて実践を積み重ね，それを持ち寄って理論にまとめ，それをまた各校の実践に戻し……という，牛歩の研究活動を地道に継続し，観点ごとの学習特性の違いを整理することができました。
　各地の小・中学校における研修会・研究会で，評価の観点を『学力の3要素』に置き換えてこの研究成果にふれたところ，どの校種・どの教科でも共通する，指導と評価のポイントが見えてきました。また，横浜国立大学教育人間科学部附属鎌倉中学校の校内研究では，学校全体で『学力の3要素』を意識した学習指導と学習評価の研究と実践に取り組むことができ，どの教科にも通用する共通のポイントを見出すことができました。それは，『学力の3要素』を意識することで，だれでも，校種を問わず，教科を問わず，そして指導者の経験年数を問わず，気軽に授業を改善できるということです。言葉かけや板書など，ほんのちょっとの工夫で，授業にメリハリが生まれ，子どもたちの目の輝きが変わったときの感動は，今でも鮮烈に覚えています。本書では，各地で見つけたさまざまなコツやポイントを整理し，一般化を試みることができました。

　「なんとなく」授業をやってしまっているな，と悩んでいる先生は，ぜひ『学力の3要素』を「ねらって育てる」授業を実践してみてください。そして，校務等で忙しい中でも，授業で子どもたちの目が輝くきっかけをつくるために，本書をご活用いただければ幸いです。
　最後になりましたが，本書を執筆するにあたり，多くの示唆を与えてくださり，資料提供も快諾してくださった，横浜国立大学教育人間科学部附属鎌倉中学校の西村隆男校長，種田保穂前校長，青木弘副校長，中田朝夫前副校長，教職員の皆様には，感謝の気持ちでいっぱいです。また，これまで牛歩の研究をともに続けている横浜国立大学教育人間科学部附属横浜中学校の小倉修先生，埼玉県公立中学校の北村聡先生や研究会メンバーの皆様，各地で私たちにご指導くださった先生方には，この場をお借りして感謝を申し上げます。

（中村祐治・尾﨑　誠）

「学力の3要素」を意識すれば授業が変わる！
―― 「なんとなく」から「ねらって育てる」授業へ ――

2011年11月 9日　初版第1刷発行
2016年 1月15日　初版第4刷発行

著　者	中 村 祐 治
	尾 﨑 　 誠
発行者	小 林 一 光
発行所	教 育 出 版 株 式 会 社

〒101-0051　東京都千代田区神田神保町 2-10
電話（03）3238-6965　　振替00190-1-107340

Ⓒ Y. Nakamura／M. Ozaki 2011　　組版　さくら工芸社
Printed in Japan　　　　　　　　　印刷　神谷印刷
落丁・乱丁本はお取替えいたします。　製本　上島製本

ISBN978-4-316-80306-7 C3037